Eine Tabelle zeichnen ......
Excel-Kalkulationstabellen ......
Tabellen anpassen ......
Wichtige Begriffe 78

5 Ansprechende Briefe gestalten 79
Arbeiten mit Designvorlagen 80
Hintergrundfarbe und Muster einstellen 82
Eigenes Briefpapier erstellen 84
Ein eigenes Bild verwenden 86
Seitenränder einrichten 88
Adresse und Text platzieren 90
Vorlagen speichern 92
Umschläge erstellen 94
Wichtige Begriffe 96

6 Dokumente richtig drucken 97
Dokumente vor dem Druck prüfen 98
Ein Dokument schnell drucken 100
Ein komplettes Dokument drucken 102
Drucken von Teilen eines Manuskripts 104
Weitere Druckeinstellungen 106
Drucker auswählen und einrichten 108
Wichtige Begriffe 110

7 Excel kennen lernen 111
Der Bildschirm von Excel 112
Mit den Menübändern arbeiten 114
Die einzelnen Menübänder 116
Das Register Datei 118
Das Arbeitsblatt 120
Ansichten von Tabellen 122
Wichtige Begriffe 124

8 Mit Excel Tabellen erstellen ... 125
Daten erfassen und ändern ... 126
Automatisches Ausfüllen von Zellen ... 128
Zellen und Zellbereiche markieren ... 130
Verschieben und Kopieren ... 132
Spaltenbreite und Zeilenhöhe verändern ... 134
Ein- und Ausblenden ... 136
Speichern und Drucken ... 138
Datei öffnen und neu erstellen ... 140
Wichtige Begriffe ... 142

9 Rechnen mit Excel ... 143
Grundrechenarten in Excel ... 144
Variablen und Formeln ... 146
Die Summenfunktion ... 148
Mittelwert, Maximum, Minimum ... 150
Prozente berechnen ... 152
Zahlenformat und Textformat ... 154
Währungsformat und Datumsformat ... 156
Formeln kopieren ... 158
Einen absoluten Bezug festlegen ... 160
Wichtige Begriffe ... 162

10 Tabellenlayout gestalten ... 163
Formatierung einer Tabelle ... 164
Überschriften zentrieren ... 166
Rahmen gestalten ... 168
Schattierungen und Füllfarben ... 170
Wiederholungszeile festlegen ... 172
Formatvorlagen ... 174
Wichtige Begriffe ... 176

11 Diagramme in Excel erstellen ... 177
Daten für ein Diagramm auswählen ... 178
Der richtige Diagrammtyp ... 180
Diagramme bearbeiten ... 182
Diagrammlayout ... 184
Bilder und Grafiken einfügen ... 186
Sparkline verwenden ... 188
Wichtige Begriffe ... 190

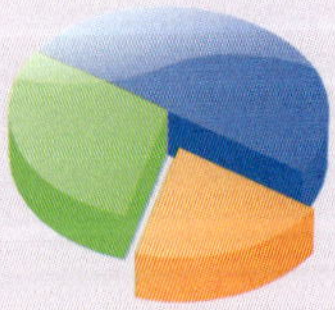

12 Mit Funktionen in Excel arbeiten 191
Der Funktions-Assistent 192
Funktionen mit mehreren Variablen 194
Wenn-Dann-Funktion 196
Fehler und Plausibilitätsprüfung 198
Spuren verfolgen 200
Namen für Zellen festlegen 202
Wichtige Begriffe 204

13 Daten mit Excel verwalten 205
Tabellen sortieren 206
Mehrere Sortierebenen 208
Filtern in Tabellen 210
Suchen und Ersetzen 212
Arbeitsblätter schützen 214
Arbeitsblätter sortieren 216
Arbeitsblätter verbinden 218
Wichtige Begriffe 220

Stichwortverzeichnis 221

Vorwort

Microsoft Office 2010? Word und Excel? Was macht man nur damit?

Zugegeben: Die Fragen klingen ein bisschen provokativ. Wenn Sie dieses Buch zur Hand genommen haben, wissen Sie wahrscheinlich sehr wohl, dass Microsoft Word eine Textverarbeitung, Microsoft Excel eine Tabellenkalkulation und Microsoft Office eine Sammlung von Programmen ist, in denen eben die beiden genannten Anwendungen enthalten sind. 2010 bezeichnet die Version – in diesem Fall die aktuellste. Vielleicht haben Sie das Programm auf Ihrem neuen Computer vorinstalliert vorgefunden oder es sich extra gekauft. In beiden Fällen wäre es aber zu schade, es nur gelegentlich und für einfache Aufgaben zu benutzen.

Was man mit einer Textverarbeitung macht, scheint klar zu sein: Texte verarbeiten. Sie erfassen die Texte selbst (über eine Tastatur) und bewahren sie in so genannten Dokumenten auf. Diese Texte können dann weiter bearbeitet werden. Oder einfach gesagt: Sie können diese schön gestalten und in Form bringen, gerade so, wie es benötigt wird: als Brief, als Bericht, als Broschüre oder in eine andere Fassung. Dass Word mehr kann, als eine Schreibmaschine, werden Sie schnell feststellen, wenn Sie nur einmal durch die Symbolleisten (die so genannten Menübänder) schalten. Da verliert man leicht den Überblick. Mit diesem Buch wird Ihnen die Einarbeitung nicht schwer fallen. Schritt für Schritt erarbeiten Sie sich die Grundlagen für die verschiedenen Funktionen und Arbeitsweisen.

Was unter Tabellenkalkulation zu verstehen ist, ergibt sich ebenfalls aus dem Wort, wenn auch nicht in der ganzen Dimension. Sie tragen Zahlen in eine Tabelle ein und können damit rechnen (kalkulieren). Aber nicht nur das. Excel kann auch Texte aufnehmen, sogar Bilder und die Berechnungsmöglichkeiten gehen weit über die einfachen Grundrechenarten hinaus. Sogar als kleine Datenbank lässt sich Excel gebrauchen. Sie finden dazu in diesem Buch die grundsätzliche Funktionalität in überschaubaren Einheiten. Lange büffeln und viele Seiten blättern um etwas zu lernen müssen Sie nicht. Jede wesentliche Funktion wird auf zwei Seiten klar gegliedert vorgeführt. Vermutlich haben sie das Buch schneller durch, als erwartet und trotzdem mehr gelernt über den Umgang mit beiden Programmen als nach gleichlanger Lektüre anderer Texte.

1 Word kennen lernen

In diesem Kapitel lernen Sie:

- ☑ wie Sie Word starten und beenden
- ☑ wie Sie sich im Word-Fenster zurechtfinden
- ☑ wie Sie effektiv mit den Menübändern arbeiten
- ☑ was sich hinter dem Datei-Menüband verbirgt
- ☑ wie Sie in Word Texte gut lesen können
- ☑ wie Sie die Ansichten des Textes wechseln

Ziel

Damit die Arbeit mit der Textverarbeitung Word überhaupt möglich wird, muss das Programm erst einmal gestartet werden. Und wenn die Arbeit erledigt ist, sollte Word beendet werden. Starten und Beenden sind unter Windows 7 keine große Sache, wie die folgende Anleitung zeigt.

1. Klicken Sie mit der Maus auf den Windows ***Start***-Button unten links in der Windows-Taskleiste.

2. Zeigen Sie mit dem Mauscursor auf ***Alle Programme***. Daraus wird nach einem kurzen Augenblick ***Zurück***. Wenn Ihnen das zu lange dauert, können Sie auch einfach auf ***Alle Programme*** klicken.

3. Klicken Sie auf den Ordner ***Microsoft Office***. Er öffnet sich und zeigt die installierten Office-Anwendungen an. Je nach installierter Office-Version, kann die Anzahl der Anwendungen variieren. ***Word*** ist aber bei allen Versionen dabei.

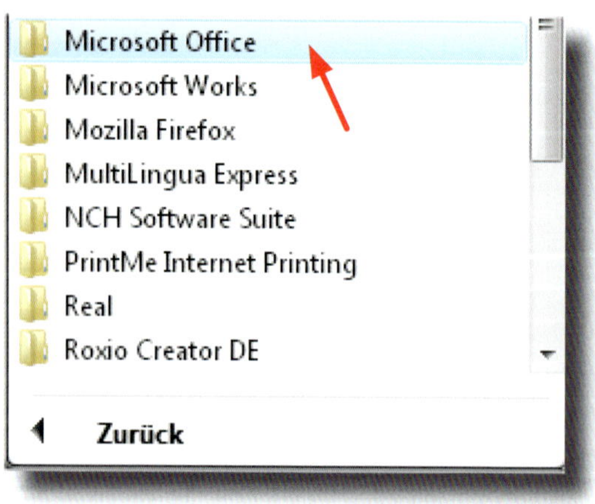

4 Ein Klick auf den Eintrag ***Microsoft Word 2010*** genügt, um Word zu starten und mit einem leeren Dokument zu öffnen.

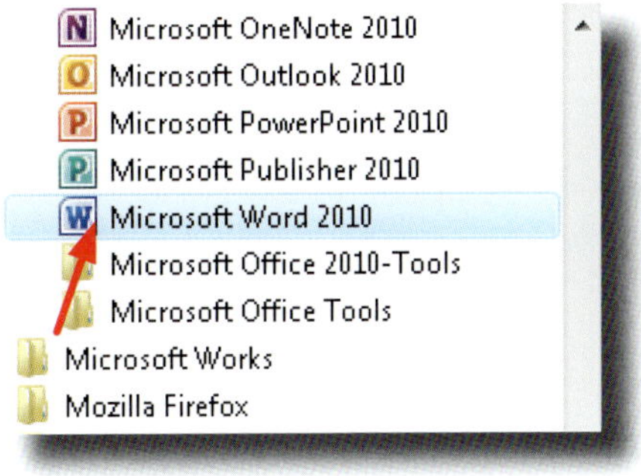

5 Um Word wieder zu beenden, klicken Sie rechts oben auf das kleine rote Kästchen mit dem weißen Kreuz.

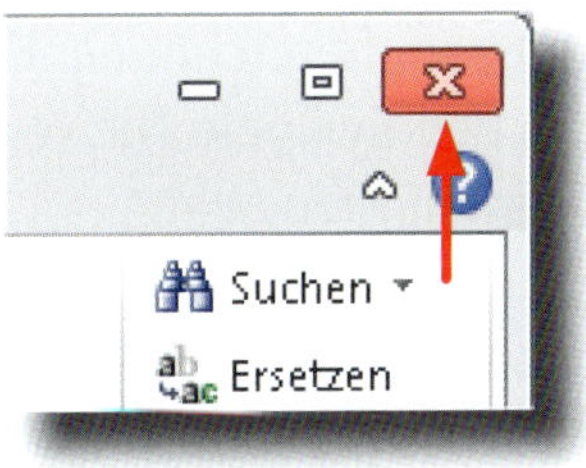

6 Haben Sie schon mit dem Dokument gearbeitet, fragt Word vor dem Schließen, ob noch gespeichert werden soll. Klicken Sie auf ***Speichern***, so wird das aktuelle Word-Dokument gesichert, bevor Word geschlossen wird. Andernfalls klicken Sie auf ***Nicht speichern***.

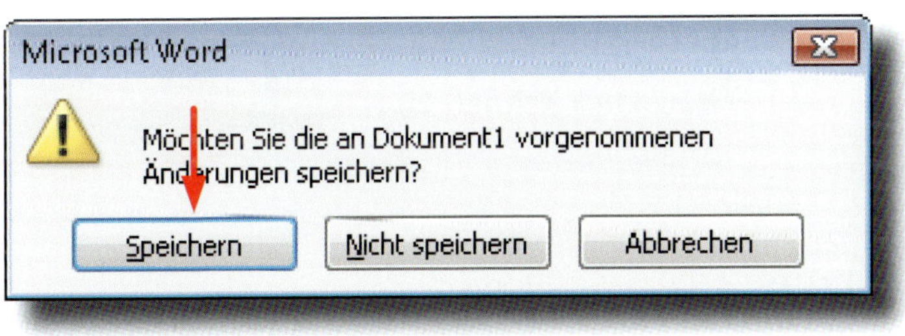

Gut zu wissen

Windows merkt sich, mit welchen Programmen man häufig arbeitet. Hat man Word einmal (oder mehrmals) aufgerufen, so erscheint es in der Liste der Programme, die das ***Start***-Menü direkt nach dem Anklicken zeigt. Sie müssen sich dann nicht mehr durch das Programme-Menü hangeln, wie zuvor beschrieben, sondern können Word ohne Umwege durch Anklicken aufrufen.

Ziel

Um einen Brief zu schreiben, sollten Sie wissen, wo Sie auf Ihrem Schreibtisch Papier, Schreibgeräte, Umschläge etc. finden. Nicht anders ist das mit Word. Deshalb werden in diesem Abschnitt die Elemente des Word-Fensters erläutert. Sie werden sich anschließend ohne Schwierigkeiten zurechtfinden.

1. In der ***Titelleiste*** finden Sie den Namen des Dokuments vor der Programmbezeichnung ***Microsoft Word***. Ganz rechts sind die unter Windows üblichen Symbole für Verkleinern des Fensters, Vollbild und Schließen des Programms zu sehen.

2. Ganz links in der ***Titelleiste*** finden Sie die ***Menüleiste für den Schnellzugriff***. Hier sind die Befehle für das schnelle Speichern (Diskettensymbol) und für das Rückgängigmachen und Wiederholen von Befehlen durch einen Mausklick schnell zu erreichen.

3. Das ***Menüband*** zeigt, je nach ausgewähltem Register, zahlreiche Schalter und Kataloge zur Bearbeitung unterschiedlicher Aufgaben an. Beim Start ist in der Regel das Register ***Start*** aktiviert.

4 Im Hauptteil des Word-Fensters finden Sie das Dokument, in dem Sie Ihren Text erfassen oder bearbeiten. Im leeren Dokument blinkt der Cursor vor dem Absatzendezeichen und zeigt so die Bereitschaft zur Texteingabe.

5 Auf der Registerkarte ***Ansicht*** kann in der Gruppe ***Anzeigen*** die Anzeige des Lineals am oberen Dokumentrand ein- und ausgeschaltet werden.

6 Die ***Statusleiste*** am unteren Rand gibt im linken Bereich Informationen über das Dokument aus und zeigt verschiedene Einstellungen an. Ganz rechts finden Sie die Regler zum Anpassen des Dokuments in der Größe (Zoomen).

Gut zu wissen

Wenn Sie auf das Wort ***Einfügen*** in der Statusleiste klicken, wechselt es zum Wort ***Überschreiben***. Dann wird der nächste Text, den Sie in einen Textblock einfügen, nicht mehr eingeschoben, sondern der vorhandene Text damit überschrieben. Erneutes Klicken wechselt wieder zurück zum Einfügemodus.

Ziel

Die Menübänder ermöglichen den spontanen Zugriff auf Funktionen, die im Zusammenhang mit der jeweils gerade durchgeführten Tätigkeit stehen. Deshalb ist es angebracht, zu Anfang einen Blick darauf zu werfen. Sie finden sich anschließend bei der konkreten Arbeit mit Word schneller zurecht.

1. Was zunächst wie eine Symbolleiste aussieht, kann durch Anklicken der Register vielfältig variiert werden.

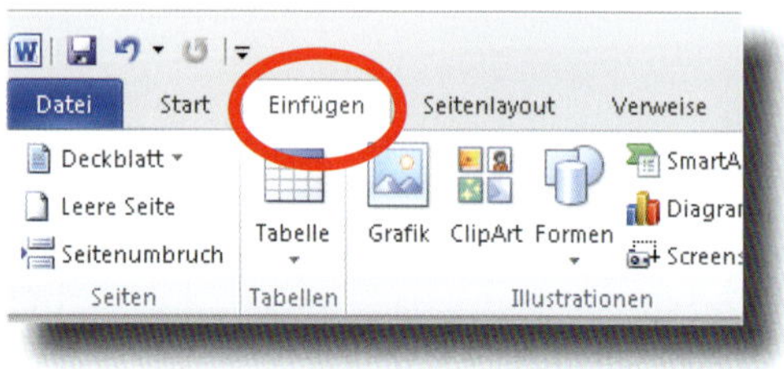

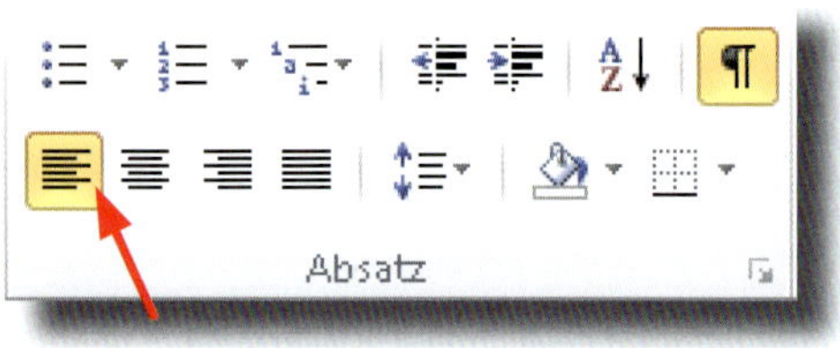

2. Es gibt Symbolschaltflächen, die nur angeklickt werden müssen, damit sie Wirkung zeigen, z. B. um den Text linksbündig, zentriert oder rechtsbündig auszurichten. Die Wirkung wird auf den Textteil ausgeübt, in dem der Cursor steht oder der zuvor markiert wurde.

3. Findet sich ein kleines schwarzes Dreieck unter oder neben dem Symbol, so können Menülisten oder Kataloge ausgeklappt werden. Aus diesen lassen sich dann weitere Befehle oder Optionen wählen.

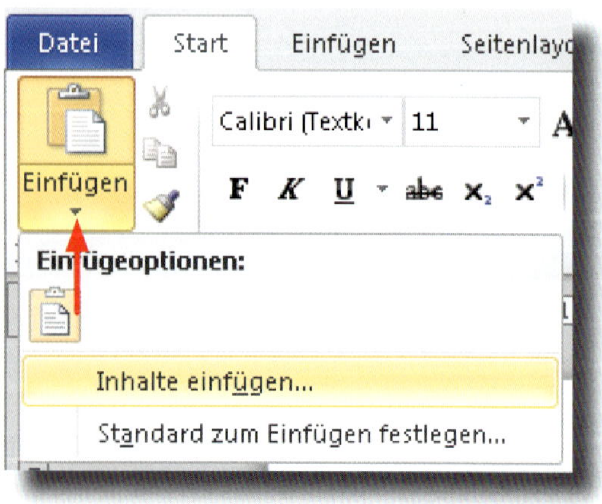

4 In manchen Gruppen findet sich rechts unten ein kleiner nach rechts unten weisender Pfeil. Klicken Sie darauf, so öffnet sich ein weiteres Fenster mit Einstellmöglichkeiten oder ein Katalog.

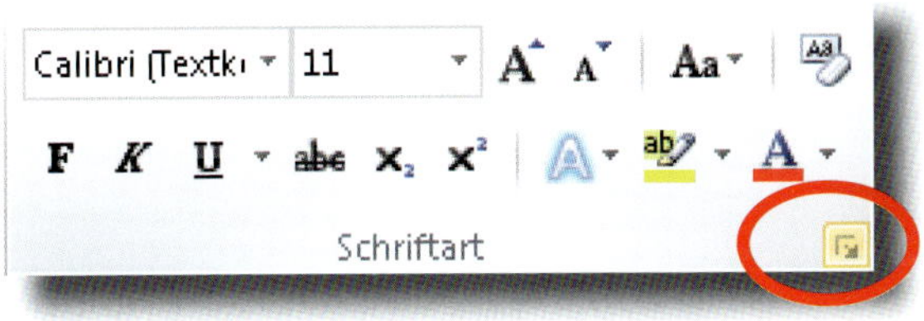

5 Findet sich im Menüband eine Scrollleiste, lassen sich darüber Kataloge öffnen. Diese enthalten z. B. Schriften, Farbpaletten oder Design- und Formatvorlagen.

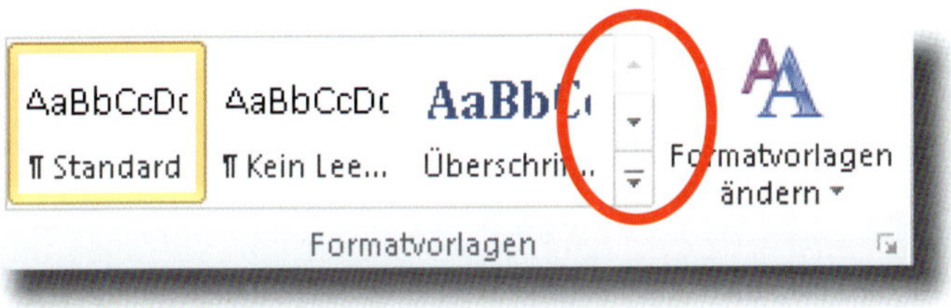

6 Wählen Sie eine solche Vorlage durch Anwählen mit dem Mauszeiger aus, wird die Auswirkung sofort im Dokument angezeigt (Livevorschau). Sie können so direkt nachvollziehen, welche Auswirkungen Ihre Entscheidungen haben. Übernommen in das Dokument wird es aber erst, wenn Sie die Vorlage durch einen Klick bestätigen.

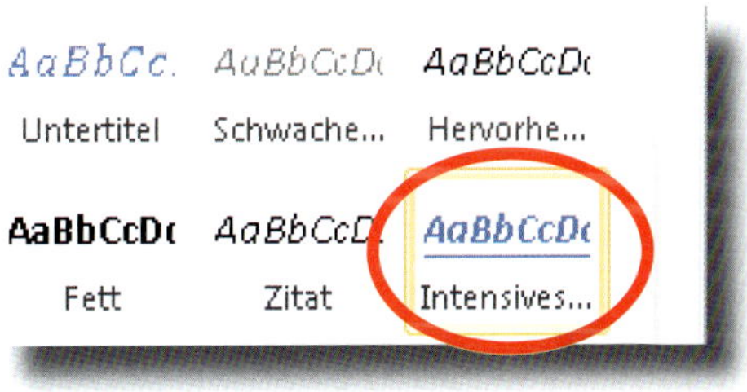

Gut zu wissen

Die Symbolleisten sind so sortiert, dass die am häufigsten benötigten Befehle und Werkzeuge links stehen und nach rechts mit abnehmender Bedeutung angeordnet sind. Das gilt auch für die Reihenfolge der Register.

Ziel

Nach einem ersten Blick auf Microsoft Word 2010 (oder einer anderen Anwendung aus Microsoft Office 2010) sieht es so aus, als wäre das Datei-Register nichts weiter als eines der üblichen Menübänder. Tatsächlich verbergen sich dahinter einige wesentliche Grundfunktionen. Auf diesen zwei Seiten erhalten Sie einen Überblick, manche Details werden in folgenden Kapiteln genauer behandelt.

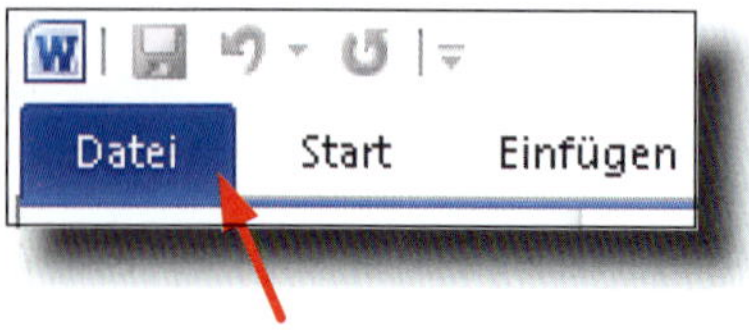

1 Ganz links finden Sie das ***Datei***-Register, nicht nur in Word, sondern auch in jeder weiteren Anwendung von Microsoft Office.

2 Das ***Datei***-Fenster ist dreigeteilt. Links finden sich verschiedene Menübefehle, rechts Informationen zum aktuell verwendeten Dokument. Im unteren Teil der linken Navigationsleiste sehen Sie zwei Menüpunkte: ***Optionen*** öffnet einen Dialog, der die Anpassung von Word ermöglicht. ***Beenden*** schließt alle Fenster (ggfs. nach einer Sicherheitsabfrage) und beendet Word.

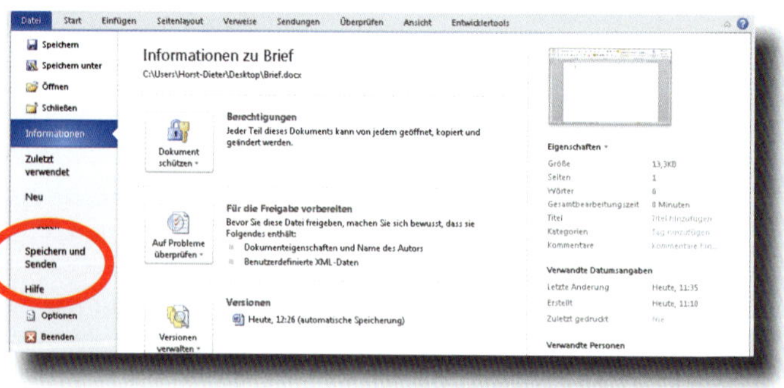

3 Wählen Sie den Befehl ***Öffnen***, erscheint der Dateibrowser, in dem Sie Ihre Dokumente auswählen können. Wenn Sie beim Abspeichern als Vorgabe den Ordner ***Dokumente*** wählen (und Unterordner nur innerhalb dieses Ordners anlegen), so haben Sie kaum Probleme, Dokumente wiederzufinden.

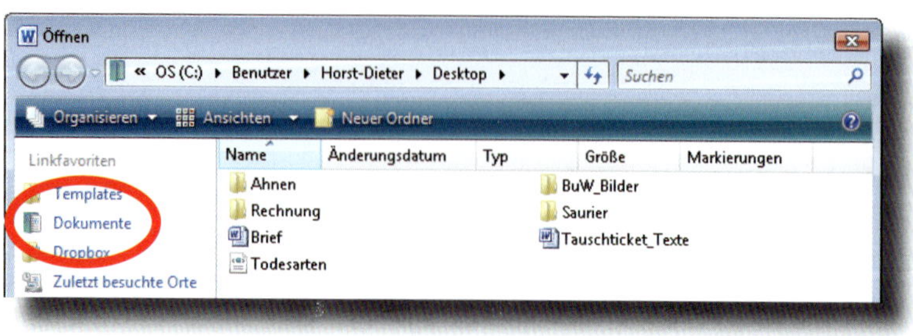

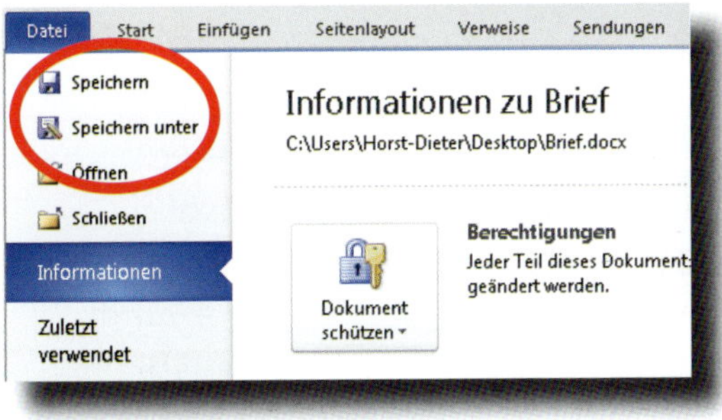

4 Über die Befehle ***Speichern*** und ***Speichern unter*** sichern Sie Ihre Dokumente. Der Befehl ***Speichern*** verzweigt automatisch zu ***Speichern unter***, wenn das Dokument noch nie gespeichert wurde. Dann müssen Sie Dateiname und Ordner angeben, um das Dokument speichern zu können.

5 Wählen Sie den Befehl ***Drucken***, so öffnen sich im mittleren Teil des Fensters Einstellmöglichkeiten und Optionen zum Drucken des Dokuments. Achtung: Ein Klick auf die Schaltfläche ***Drucken*** druckt ohne weitere Nachfrage und Einstellmöglichkeit.

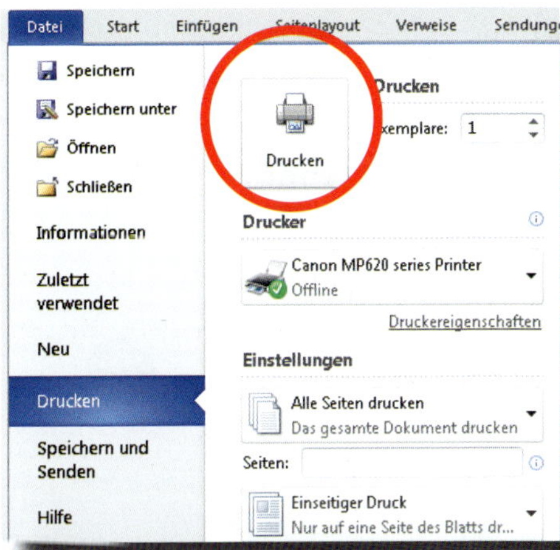

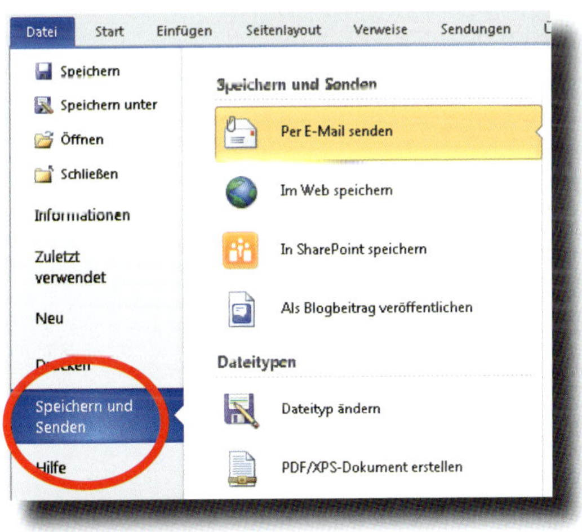

6 Über den Befehl ***Speichern und Senden*** können Sie Ihr Dokument auch als E-Mail versenden oder direkt faxen. In beiden Fällen ist allerdings eine Internetverbindung Voraussetzung.

Gut zu wissen

Um ein Dokument zu öffnen, das Sie erst kürzlich angelegt oder bearbeitet haben, müssen Sie den Dateibrowser nicht unbedingt bemühen. Schauen Sie in die Liste ***Zuletzt verwendet***. Ist Ihr Dokument dort aufgeführt, reicht ein einfacher Klick darauf, um es in Word zu öffnen. Übrigens: Der Befehl ***Schließen*** beendet nicht Word, sondern schließt lediglich das offene Dokument.

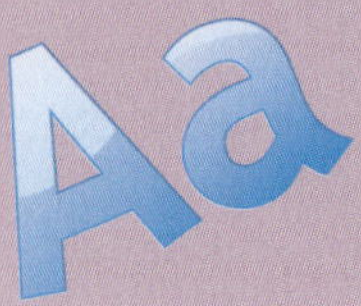

Ziel

In der Regel enthalten Dokumente in Word mehr Text, als auf dem Bildschirm dargestellt werden kann. Trotzdem ist es kein Problem, den vollständigen Text zu lesen und jederzeit Zugriff auf alle Stellen im Text zu haben. Das Wichtigste zum Lesen der Word-Dokumente erfahren Sie auf den folgenden zwei Seiten.

1. Um den Text fortlaufend anzuzeigen, benutzt man die ***Scrollleiste*** am rechten Rand. Man kann mit dem Dreieck oben zurück- und mit dem Dreieck unten vorwärtsscrollen. Sie können auch einfach mit der Maus den Schieber fassen und bei gedrückter Maustaste nach unten oder oben ziehen, bis Sie bei der gewünschten Textstelle angekommen sind.

2. Mit dem doppelten Dreieck unterhalb der Scrollleiste lässt sich durch den Text seitenweise vorwärts- und zurückblättern. Noch einfacher funktioniert das mit den Tasten Bild ↑ und Bild ↓.

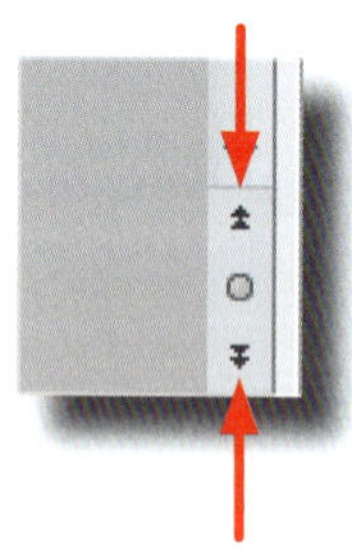

3. Um besser lesen zu können, zoomen Sie die Seite so groß wie auf dem Monitor möglich. Einfacher geht es auf dem Menüband ***Ansicht***. In der Gruppe ***Zoom*** klicken Sie einfach auf ***Seitenbreite***, um eine optimale Darstellung zu erreichen.

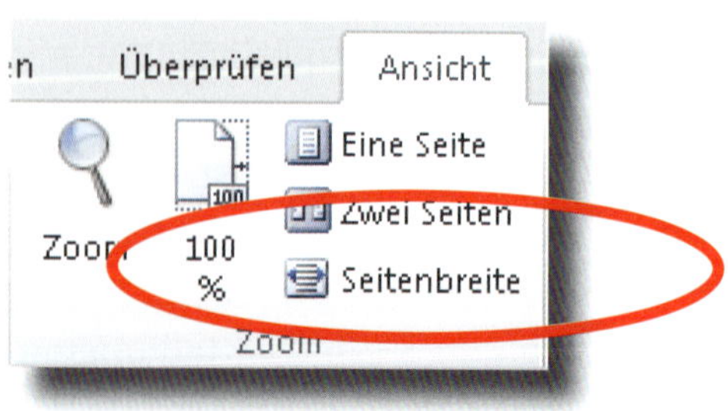

4. Noch einfacher geht es, wenn Sie alles störende (Menüband, Titelleiste, Statusleiste) ausblenden und eine Lesesituation schaffen, wie in einem Buch. Klicken Sie dazu in der Gruppe ***Dokumentenansichten*** auf die Schaltfläche ***Vollbild-Lesemodus***.

5. Sie haben nun zwei aufgeschlagene Seiten des Dokuments und können über die Schalter oben im Titel, in der Mitte und unten links und rechts (Pfeile) durch das Dokument blättern.

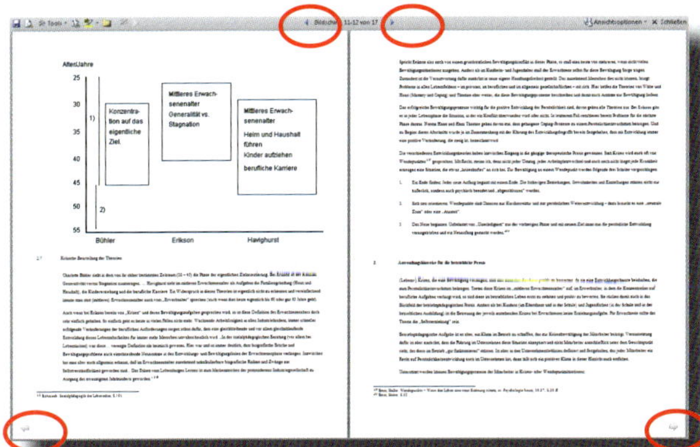

6. In der Titelleiste finden Sie rechts nicht nur eine Schaltfläche zum ***Schließen***, mit der Sie diesen Modus verlassen können, sondern auch eine Schaltfläche ***Ansichtsoptionen***, die Ihnen weitere Befehle und Einstellungen für den Lesemodus zur Verfügung stellen.

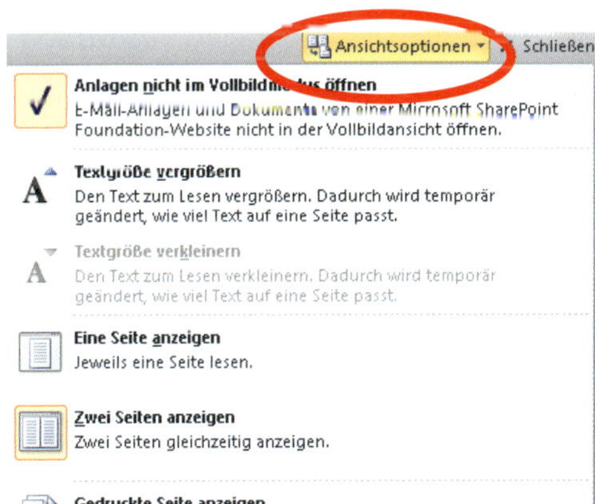

Gut zu wissen

Wählen Sie im Menüband ***Ansicht*** in der Gruppe ***Fenster*** die Schaltfläche ***Teilen***, können Sie das Dokument in einem Fenster an zwei Stellen einsehen. So lässt sich etwa eine Textstelle oben festhalten und unten eine zweite im gleichen Dokument dazu anzeigen.

Ziel

Word kennt verschiedene Ansichten. Jede ist für einen bestimmten Zweck gedacht und bringt entsprechende Vorteile mit. Sie lernen die verschiedenen Ansichten kennen und können Sie bei Bedarf einsetzen.

1. Voreingestellt ist in der Regel die Ansicht ***Seitenlayout*** und es dürfte damit die am meisten benutzte Ansicht in Word sein. Damit wird das Dokument weitgehend so dargestellt, wie es gedruckt wird. Umgeschaltet wird in der Regel über das Menü ***Ansicht*** in der Gruppe ***Dokumentenansichten***.

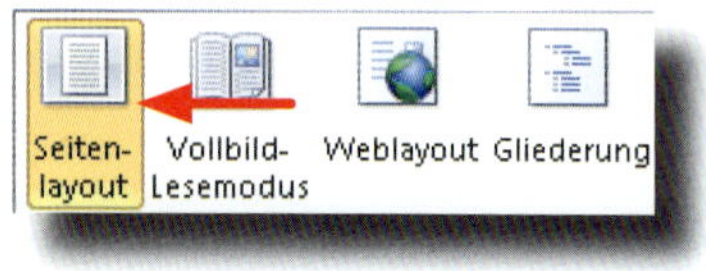

2. In der Ansicht ***Entwurf*** ist das ganze Fenster weiß ausgefüllt und sieht zunächst aus wie ein leeres Blatt. Den Seitenwechsel erkennen Sie an einer gepunkteten Linie. Da diese Ansicht nicht so viel Leerraum benötigt, lässt sich ein umfangreiches Dokument besser bearbeiten.

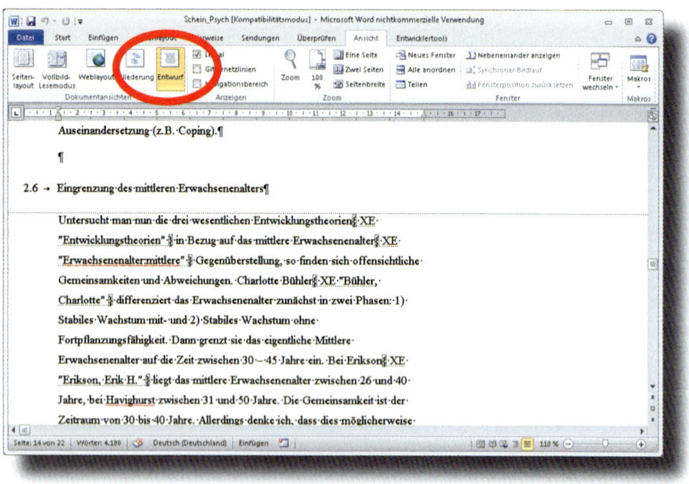

3. Die ***Gliederungsansicht*** ist geeignet für Dokumente, die klar strukturiert werden müssen. So lässt sich leicht erkennen, wo Überschriften- und Absatzebenen nicht stimmen. Auch die Korrektur ist einfach, da die entsprechenden Werkzeuge dazu in einer eigenen Symbolleiste angeboten werden.

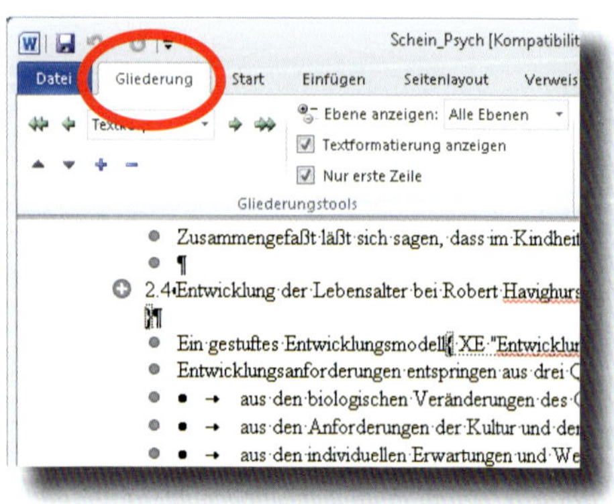

4 Wollen Sie Funktionen anderer Register im Menüband nutzen, schalten Sie einfach auf die entsprechenden Register um. Die Gliederungsansicht bleibt erhalten und kann über das Register ***Gliederung*** (vor Start) per Mausklick wieder erreicht werden. Wollen Sie diese Ansicht wieder verlassen, so klicken Sie auf ***Gliederungsansicht schließen.***

5 Sind mehrere Fenster geöffnet, dann können Sie in der Gruppe ***Fenster*** über die Schaltfläche ***Fenster wechseln*** ein Menü mit allen offenen Fenstern anzeigen lassen und jedes einzelne per Mausklick auswählen. Bei vielen offenen Fenstern hat man so einen besseren Überblick, als über die Windows-Taskleiste.

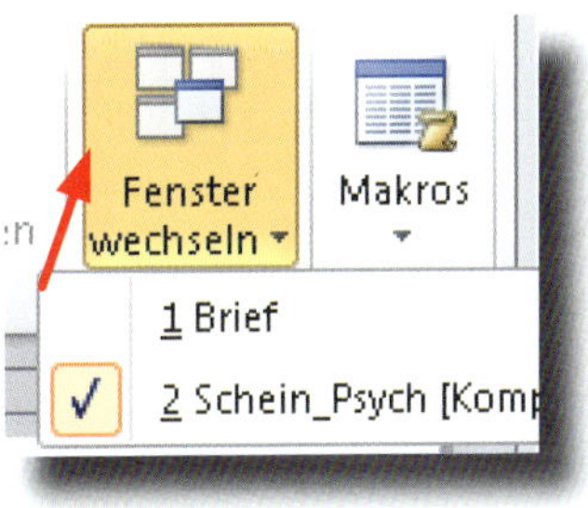

6 Möchten Sie zwei Dokumente nebeneinander anzeigen lassen, sei es um Texte zu vergleichen oder ergänzende Informationen aus einem anderen Dokument zu holen, dann wählen Sie in der Gruppe ***Fenster Nebeneinander anzeigen***. In einem speziellen Dialog werden Ihnen die anderen offenen Dokumente angezeigt. Sie können das Dokument, das neben dem aktuellen genutzt werden soll, per Mausklick auswählen.

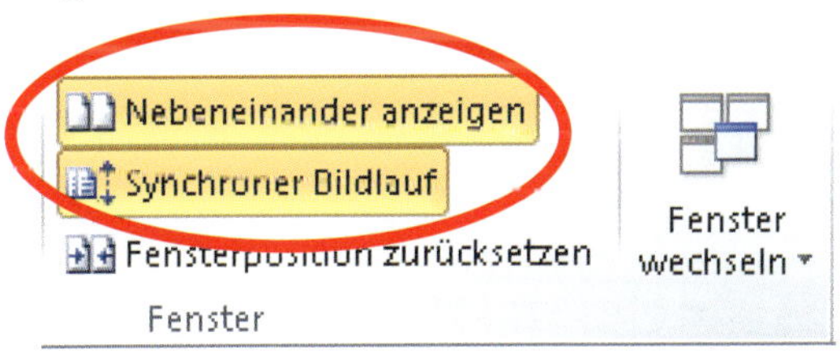

Gut zu wissen

Um zwischen verschiedenen Ansichten zu wechseln, muss man nicht unbedingt auf die Registerkarte ***Ansicht*** umschalten. In der Statusleiste direkt vor dem Zoomregler finden sich kleine Symbole, mit denen zwischen den verschiedenen Ansichten (***Seitenlayout***, ***Vollbild-Lesemodus***, ***Weblayout***, ***Gliederung***, ***Entwurf***) per Mausklick umgeschaltet werden kann.

Wichtige Begriffe

Ansichten: Text wird im Word-Fenster in verschiedenen Ansichten dargestellt. In der Ansicht ***Entwurf*** lässt sich am besten in Dokumenten arbeiten, die ***Seitenlayout***-Ansicht stellt das Dokument in der Form dar, in der es voraussichtlich gedruckt wird und die ***Gliederungs***-Ansicht zeigt strukturierte Dokumente übersichtlich an. Der Vollbild-Lesemodus ist vor allem zum Lesen von Texten gedacht.

Menüband: Ab Office 2007 ein Symbolleistenkonzept, das handlungsorientiert angelegt wurde. Befehle wurden nach Funktionen zusammengefasst und lassen sich über Schaltflächen, Menülisten und Kataloge erreichen. Die in vorherigen Versionen üblichen verschachtelten Menüs sind nicht mehr vorhanden.

Schnellstartleiste: Befindet sich links oben im Office-Fenster und enthält standardmäßig die Befehle ***Speichern***, ***Rückgängig*** und ***Widerholen***. Weitere Befehle können hinzugefügt werden.

2 Texte schreiben und bearbeiten

In diesem Kapitel lernen Sie:

- ☑ wie Sie ein neues Dokument anlegen und speichern
- ☑ wie Sie Text eingeben, markieren, kopieren und verschieben
- ☑ wie Sie Sonderzeichen und Symbole in den Text integrieren
- ☑ wie Sie die Rechtschreibung prüfen und korrigieren
- ☑ wie Sie mit dem Thesaurus die richtigen Worte finden
- ☑ wie Sie aus einem Word-Dokument ein PDF-Dokument machen

Ziel

Um per Hand etwas aufzuschreiben, benötigen Sie ein Blatt Papier. Um mit der Textverarbeitung Word schreiben zu können, benötigen Sie ein Dokument. Wie Sie ein solches Dokument anlegen, erfahren Sie auf den folgenden Seiten.

1. Word muss natürlich geöffnet sein. Wenn das noch nicht geschehen ist, starten Sie Word über das ***Start***-Menü.

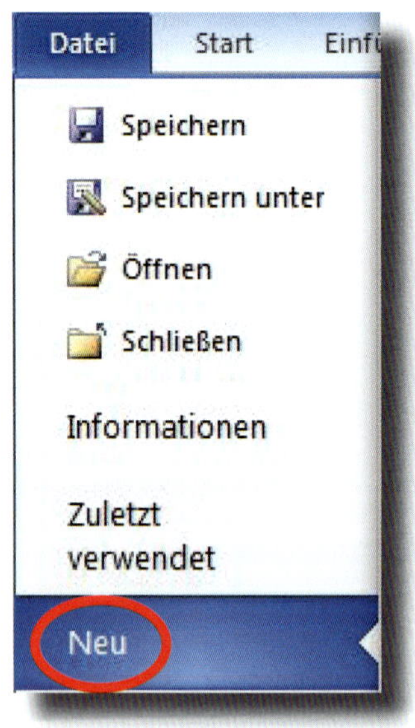

2. Wählen Sie das ***Datei***-Register links oben und klicken Sie auf ***Neu***.

3. Markieren Sie unter ***Verfügbare Vorlagen*** (links oben) den Eintrag ***Leeres Dokument***.

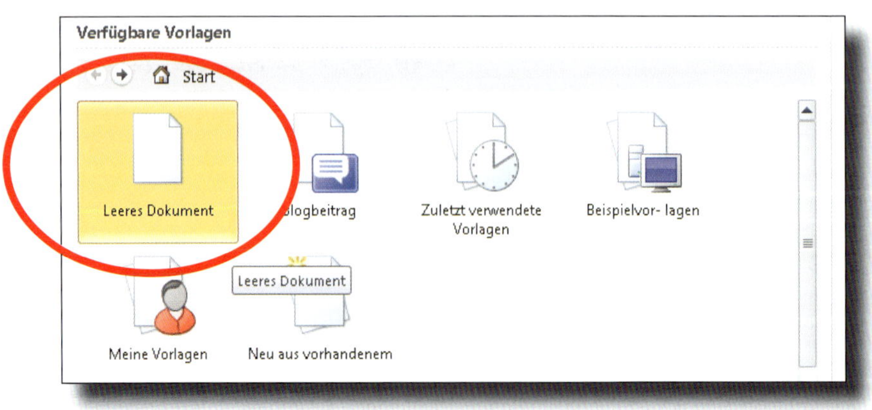

4 Ganz rechts unten finden Sie die Schaltfläche ***Erstellen***. Klicken Sie diese einmal an.

5 Word zeigt jetzt ein leeres Dokument an. Sie können sofort mit dem Schreiben beginnen.

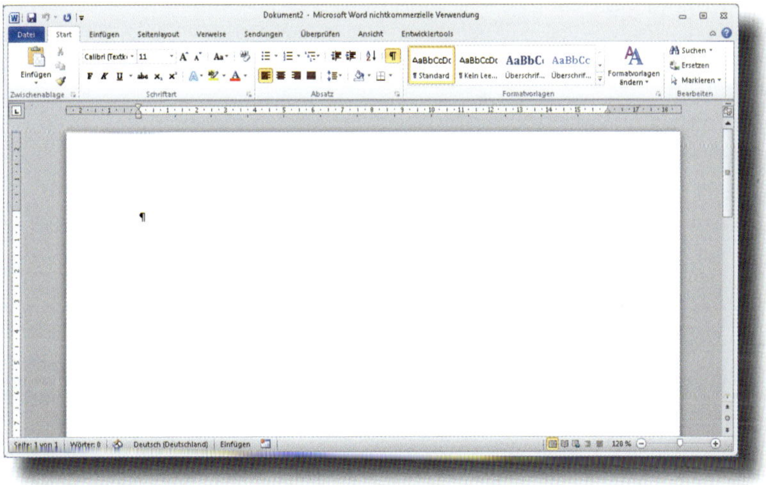

6 Wählen Sie die Dokumentansicht ***Entwurf***, um am zügigsten schreiben zu können.

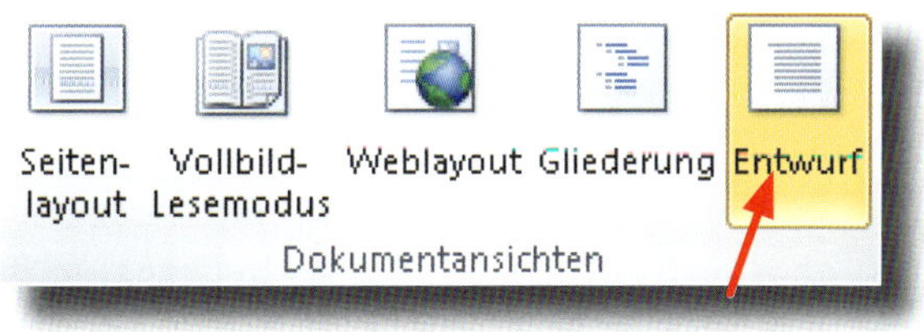

Gut zu wissen

Manche empfinden dieses simulierte Blatt Papier auf dem Monitor eher als störend; sie möchten lieber ohne diese blauen Ränder um das Dokument herum schreiben. In diesem Fall wählen Sie im Menüband ***Ansicht*** in der Gruppe ***Dokumentenansichten*** die Schaltfläche ***Entwurf***. Den Seitenwechsel erkennen Sie bei dieser Darstellung an einer gepunkteten Linie.

Ziel

Ein leeres Dokument erstellt man in der Regel, um Texte zu erfassen. Anders als bei der Arbeit mit der Schreibmaschine, sind Texte in einem Word-Dokument variabel einsetzbar und gestaltbar. Dazu müssen diese aber markiert werden. Sie lernen das Erfassen von Texten und das Markieren von Textstellen auf den nächsten Seiten.

1. Schreiben Sie einen beliebigen Text oder übernehmen Sie den Text aus der Abbildung.

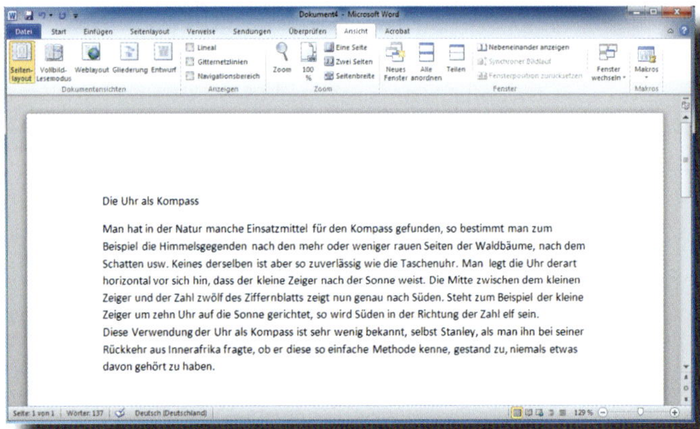

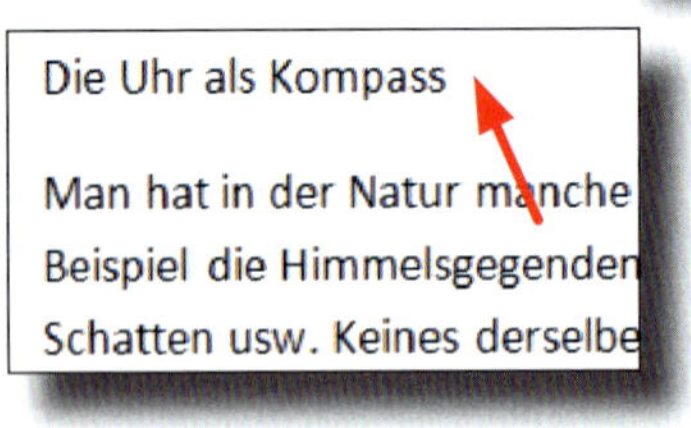

2. Drücken Sie die Enter-Taste nur, wenn ein Absatz erzeugt werden soll, keineswegs am Zeilenende.

3. Fahren Sie am linken Rand des Textes mit dem Mauszeiger bei gedrückter Maustaste abwärts, um den gesamten Text zu markieren.

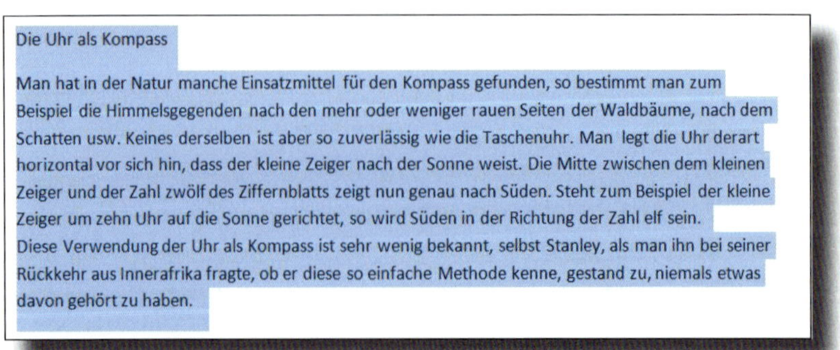

4. Klicken Sie irgendwo in den Text, um die Markierung aufzuheben. Der Cursor sollte in einem beliebigen Wort blinken. Drücken Sie zweimal die F8-Taste, um das Wort zu markieren.

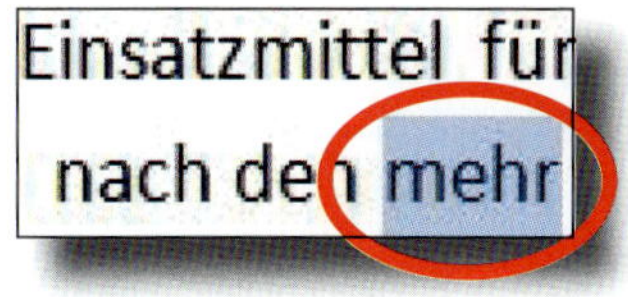

5. Drücken Sie ein weiteres Mal die F8-Taste. Nun ist der komplette Satz markiert.

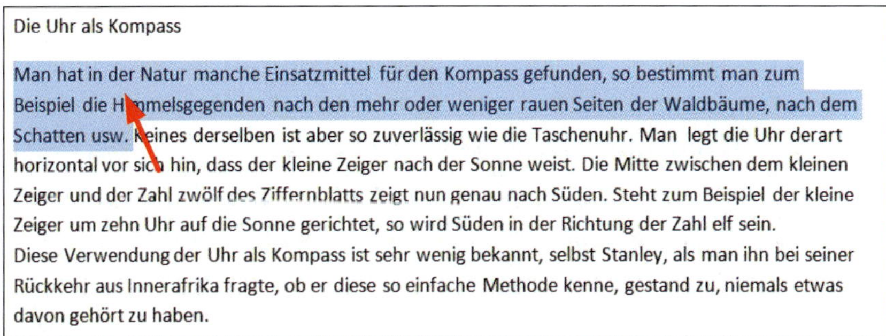
Die Uhr als Kompass

Man hat in der Natur manche Einsatzmittel für den Kompass gefunden, so bestimmt man zum Beispiel die Himmelsgegenden nach den mehr oder weniger rauen Seiten der Waldbäume, nach dem Schatten usw. Keines derselben ist aber so zuverlässig wie die Taschenuhr. Man legt die Uhr derart horizontal vor sich hin, dass der kleine Zeiger nach der Sonne weist. Die Mitte zwischen dem kleinen Zeiger und der Zahl zwölf des Ziffernblatts zeigt nun genau nach Süden. Steht zum Beispiel der kleine Zeiger um zehn Uhr auf die Sonne gerichtet, so wird Süden in der Richtung der Zahl elf sein.
Diese Verwendung der Uhr als Kompass ist sehr wenig bekannt, selbst Stanley, als man ihn bei seiner Rückkehr aus Innerafrika fragte, ob er diese so einfache Methode kenne, gestand zu, niemals etwas davon gehört zu haben.

6. Ein viertes Betätigen der F8-Taste markiert den gesamten Absatz, ein fünftes den kompletten Text.

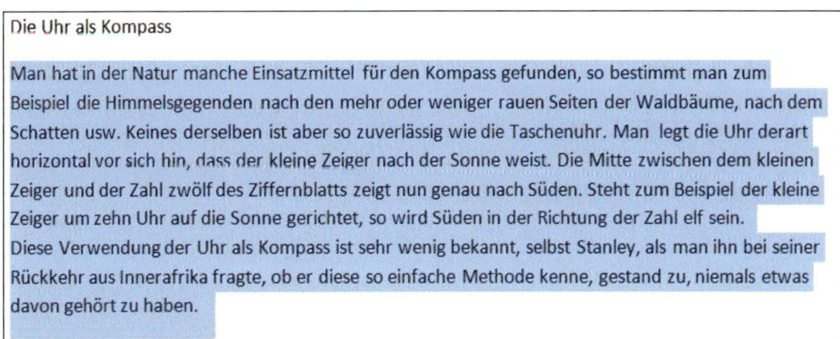
Die Uhr als Kompass

Man hat in der Natur manche Einsatzmittel für den Kompass gefunden, so bestimmt man zum Beispiel die Himmelsgegenden nach den mehr oder weniger rauen Seiten der Waldbäume, nach dem Schatten usw. Keines derselben ist aber so zuverlässig wie die Taschenuhr. Man legt die Uhr derart horizontal vor sich hin, dass der kleine Zeiger nach der Sonne weist. Die Mitte zwischen dem kleinen Zeiger und der Zahl zwölf des Ziffernblatts zeigt nun genau nach Süden. Steht zum Beispiel der kleine Zeiger um zehn Uhr auf die Sonne gerichtet, so wird Süden in der Richtung der Zahl elf sein.
Diese Verwendung der Uhr als Kompass ist sehr wenig bekannt, selbst Stanley, als man ihn bei seiner Rückkehr aus Innerafrika fragte, ob er diese so einfache Methode kenne, gestand zu, niemals etwas davon gehört zu haben.

Gut zu wissen

Ein Druck auf die Esc-Taste hebt den über die F8-Taste erzeugten Markierungsmodus wieder auf. Einfaches Hineinklicken in den Text reicht in diesem Fall nicht. Auch in anderen Situationen ist die Esc-Taste hilfreich, indem sie begonnene Aktionen und Modi wieder rückgängig macht.

Text kopieren und verschieben

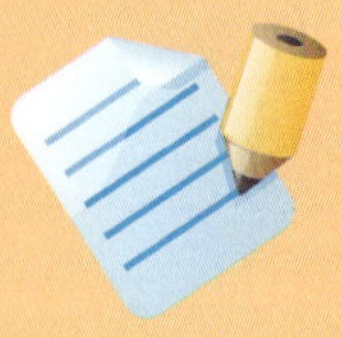

Ziel

Einmal erfasster Text kann beliebig oft wiederverwendet werden. Erneutes Abtippen ist nicht nötig. Wird er in die Zwischenablage übertragen (durch Kopieren oder Ausschneiden), kann er im gleichen oder auch in anderen Dokumenten neu eingesetzt werden. Auf den nächsten zwei Seiten erfahren Sie, wie Text kopiert und verschoben werden kann. Voraussetzung für die weiteren Schritte ist, dass der Text komplett markiert ist.

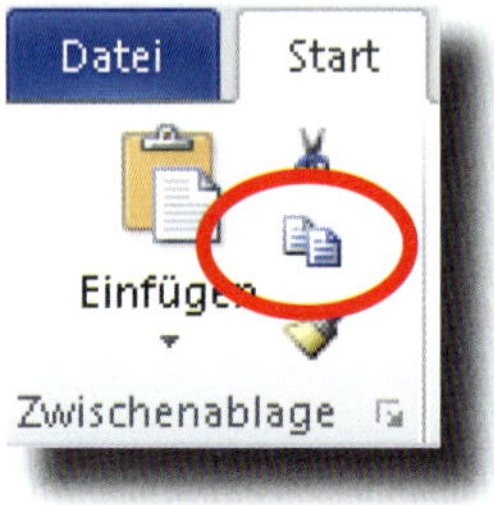

1 Klicken Sie in der Multifunktionsleiste ***Start*** auf die Schaltfläche ***Kopieren***. Der Text wurde in die Zwischenablage übernommen, verbleibt aber auch im Dokument.

2 Klicken Sie in der Multifunktionsleiste ***Start*** auf die Schaltfläche ***Ausschneiden***. Der Text wird in die Zwischenablage transportiert und aus dem Dokument entfernt.

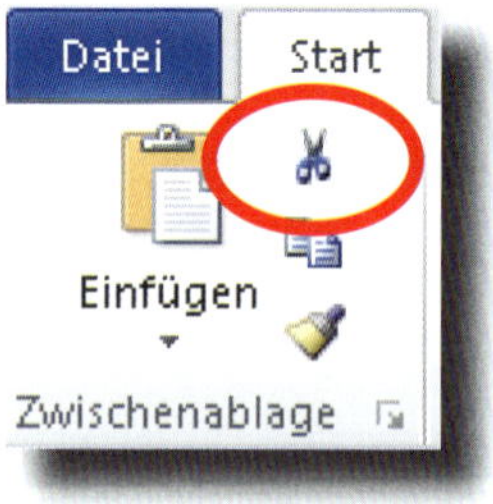

3 Klicken Sie auf die kleine Schaltfläche neben ***Zwischenablage***. Es öffnet sich links neben dem Dokument ein Fenster, das den Inhalt der Zwischenablage anzeigt.

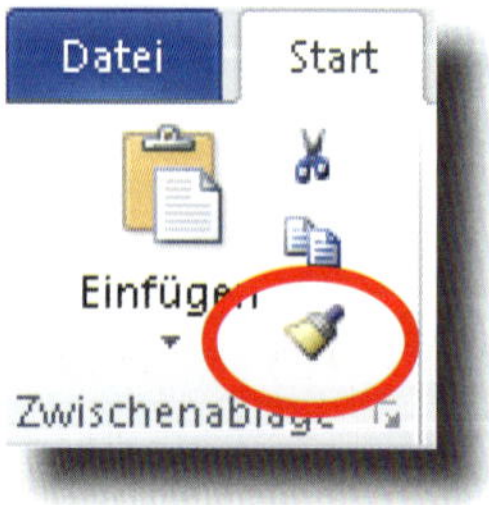

4 Neben dem Inhalt der Zwischenablage – der durch einen kurzen Textauszug angezeigt wird – finden Sie ein kleines schwarzes Dreieck. Klicken Sie darauf, öffnet sich ein Kontextmenü.

5 Wählen Sie aus dem Kontextmenü ***Einfügen***. Der Text erscheint wieder im Dokument. Er wurde aus der Zwischenablage dort abgelegt.

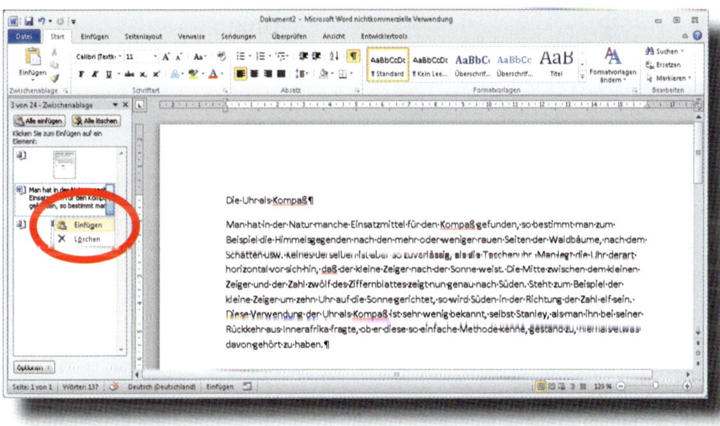

6 Klicken Sie auf das ***x*** rechts oben im Zwischenablagefenster. Es schließt sich und das Dokument nimmt wieder die ganze Breite des Word-Fensters ein.

Gut zu wissen

Noch einfacher geht es mit Tastenkombinationen: Um einen markierten Text zu kopieren, wählen Sie Strg + C, um ihn auszuschneiden Strg + X und um ihn an der Cursorposition wieder einzufügen Strg + V. Das funktioniert auch in anderen Dokumenten und in vielen anderen Windows-Anwendungen.

Sonderzeichen und Symbole einfügen

Ziel

Auf der Tastatur finden sich zahlreiche Sonderzeichen, etwa das Paragraphen (§) oder Dollarzeichen ($) oder das at-Zeichen (@), die in Kombination mit der Strg-Taste oder AltGr-Taste erreicht werden können. Es gibt aber zahlreiche andere Symbole oder Sonderzeichen, die nicht oder nur schwer über diese Methode in ein Dokument eingefügt werden können. In diesem Kapitelabschnitt erfahren Sie, wie einfach es ist, solche Zeichen in den Text zu integrieren.

1. Setzen Sie den Cursor an das Ende des Textes (mit der Maus dort hin klicken) und drücken Sie einmal die Enter-Taste.

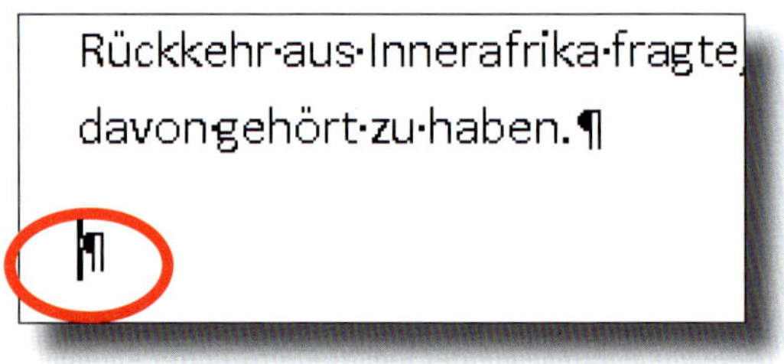

2. Aktivieren Sie die Multifunktionsleiste ***Einfügen*** durch Anklicken des gleichnamigen Registers.

3. Öffnen Sie den Symbolkatalog durch Anklicken von ***Symbol***.

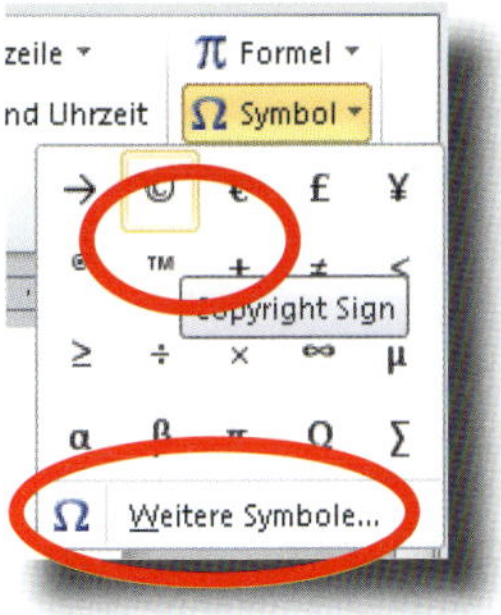

4 Wählen Sie das Copyright-Symbol durch Anklicken aus.

5 Klicken Sie stattdessen auf ***Weitere Symbole***, so stehen Ihnen in einem eigenen Dialog alle vorhandenen Sonderzeichen zur Verfügung. Auch hier können Sie das Copyright-Symbol durch Anklicken auswählen. Das Fenster mit den Symbolen bleibt offen, sodass mehrere Symbole ausgewählt werden können. Über ***Schließen*** beenden Sie die Arbeit damit.

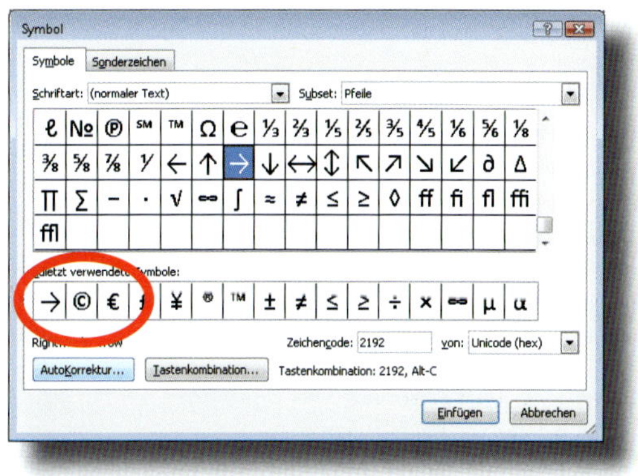

6 Das Copyright-Symbol wurde in das Dokument übernommen.

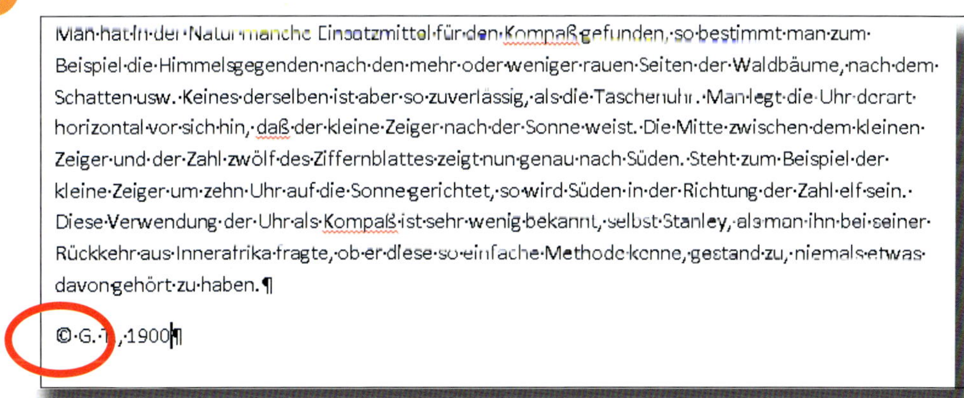
Man hat in der Natur manche Ersatzmittel für den Kompaß gefunden, so bestimmt man zum Beispiel die Himmelsgegenden nach den mehr oder weniger rauen Seiten der Waldbäume, nach dem Schatten usw. Keines derselben ist aber so zuverlässig, als die Taschenuhr. Man legt die Uhr derart horizontal vor sich hin, daß der kleine Zeiger nach der Sonne weist. Die Mitte zwischen dem kleinen Zeiger und der Zahl zwölf des Ziffernblattes zeigt nun genau nach Süden. Steht zum Beispiel der kleine Zeiger um zehn Uhr auf die Sonne gerichtet, so wird Süden in der Richtung der Zahl elf sein. Diese Verwendung der Uhr als Kompaß ist sehr wenig bekannt, selbst Stanley, als man ihn bei seiner Rückkehr aus Innerafrika fragte, ob er diese so einfache Methode kenne, gestand zu, niemals etwas davon gehört zu haben.¶

© G. T., 1900¶

Gut zu wissen

Wechseln Sie im Dialog ***Symbol*** auf die Registerkarte ***Sonderzeichen***, so erfahren Sie dort auch, mit welcher Tastenkombination die jeweiligen Sonderzeichen eingefügt werden können. Das Copyright-Zeichen lässt sich z. B. mit der Tastenkombination [Alt] + [Strg] + [C] in das Dokument einfügen.

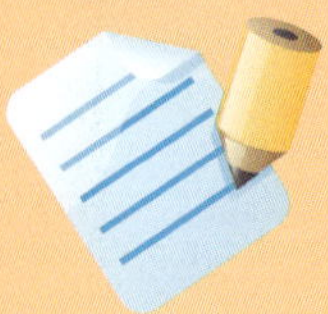

Ziel

Beim Tippen macht man Fehler. Das ist in einem Word-Dokument aber kein Problem, denn eine Rechtschreibkorrektur ist integriert – Sie sehen an den rot unterstrichenen Worten, dass Word Rechtschreibfehler auffallen. Manchmal hat man auch nicht gleich das richtige Wort parat. Hier kann der Thesaurus helfen. Wie mit diesen Werkzeugen richtig umgegangen wird, erfahren Sie in der folgenden Anleitung.

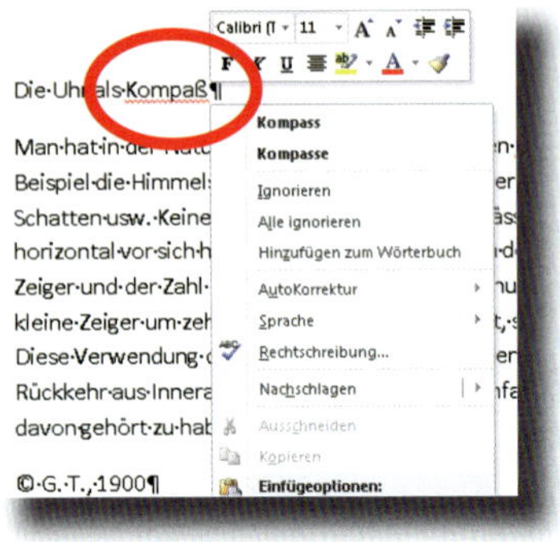

1. Klicken Sie mit der rechten Maustaste auf ein rot unterstrichenes Wort. Im Kontextmenü können Sie dann die richtige Schreibweise (das fett geschriebene Wort) auswählen.

2. In längeren Texten ist es umständlich, jedes einzelne Wort anzuklicken. Wählen Sie in der Multifunktionsleiste ***Überprüfen*** die Schaltfläche ***Rechtschreibung und Grammatik*** aus.

3. Word durchsucht nun das komplette Dokument und zeigt im Dialogfenster die Fehler der Reihe nach an. Um einen Fehler zu korrigieren, klicken Sie auf die Schaltfläche ***Ändern***.

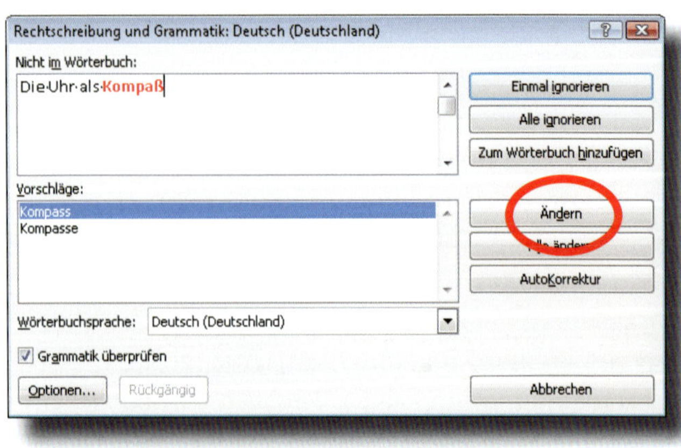

4 Ist das Dokument komplett durchgearbeitet, beenden Sie die Rechtschreibprüfung mit einem Klick auf ***OK***.

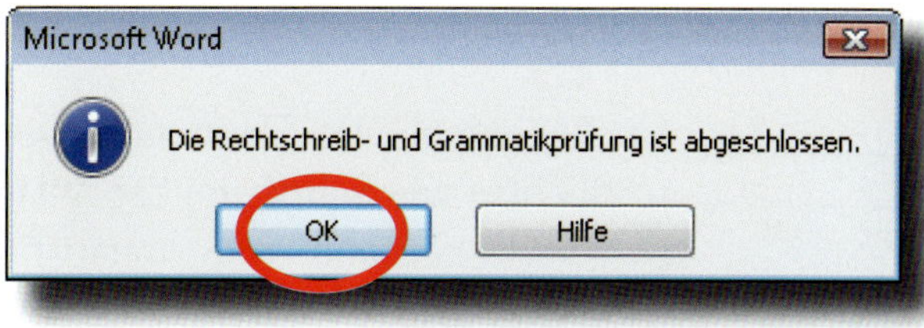

5 Sind Sie mit einem Wort nicht zufrieden und möchten es durch ein ähnliches, aber besser passendes ersetzen, setzen Sie den Cursor in das Wort und klicken in der Multifunktionsleiste ***Überprüfen*** auf ***Thesaurus***.

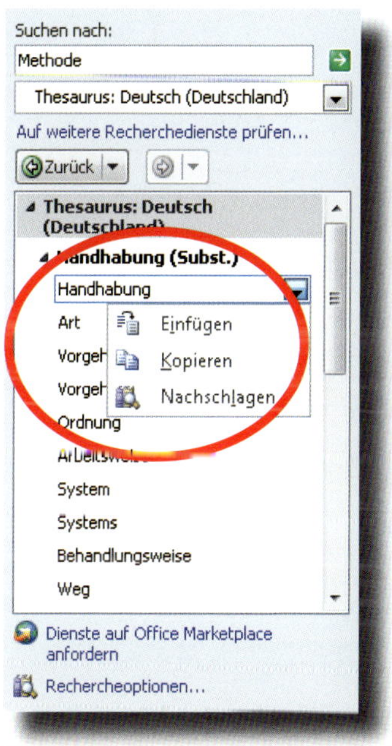

6 Am rechten Rand hat sich ein Dialog geöffnet, in dem Sie Alternativen zum ausgewählten Wort vorfinden. Klicken Sie ein solches Wort an, öffnet sich ein Ausklappmenü. Wählen Sie ***Einfügen***, um die Worte auszutauschen.

Gut zu wissen

Nicht immer liegt die Word-Rechtschreibprüfung richtig. Manchmal werden Eigennamen oder ungewöhnliche, aber korrekte Schreibweisen angezeigt. Dann klicken Sie auf den Menüeintrag (Kontextmenü) oder Schalter (Dialog) ***Ignorieren*** oder ***Alle ignorieren***. Findet Word ein Wort, das es nicht im Wörterbuch hat, können Sie über ***Hinzufügen zum Wörterbuch*** das Wort aufnehmen. Künftig wird es dann nicht mehr als Fehler markiert. Hat Word ein Wort grün unterstrichen, vermutet es einen Grammatikfehler. Auch dafür werden meist Lösungen angeboten.

Ziel

Ein Dokument, das Sie im Computer geschrieben haben, ist so flüchtig wie Schrift im Sand. Ein Windstoß kann die Schrift dort verwehen und ein Stromausfall das Dokument im Speicher endgültig löschen. Sie erfahren deshalb in diesem Abschnitt, wie Sie Ihre Texte dauerhaft sichern und somit Datenverlust vermeiden.

1. Öffnen Sie das ***Datei***-Menüband und wählen Sie den Eintrag ***Speichern unter***.

2. Klicken Sie auf ***Word-Dokument*** in der Liste, die sich rechts neben ***Dateityp*** im Dialog ***Speichern unter*** öffnet.

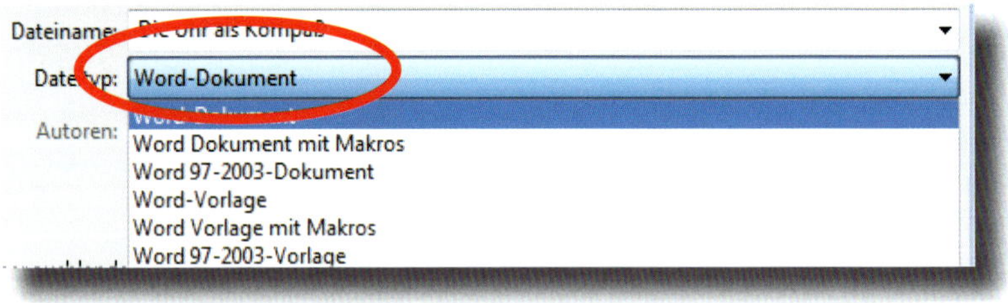

3. Wollen Sie das Dokument an andere Anwender weitergeben, die noch mit älteren Versionen von Word arbeiten, so wählen Sie den Eintrag ***Word 97-2003-Dokument*** aus.

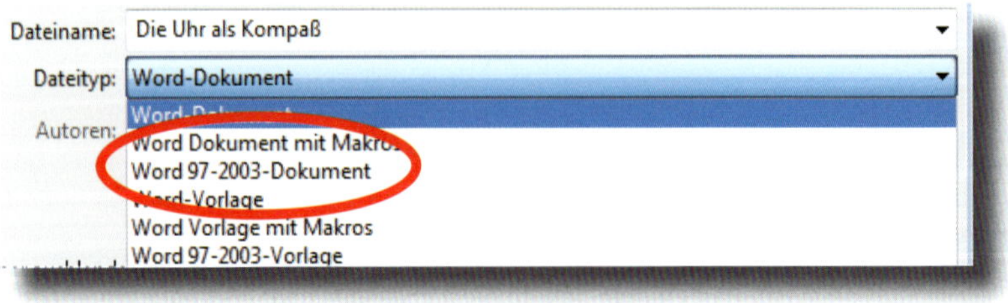

4 Geben Sie zuerst den Ordner an, in dem das Dokument gespeichert werden soll. Dieser Ordner sollte sich möglichst unterhalb von ***Dokumente*** befinden.

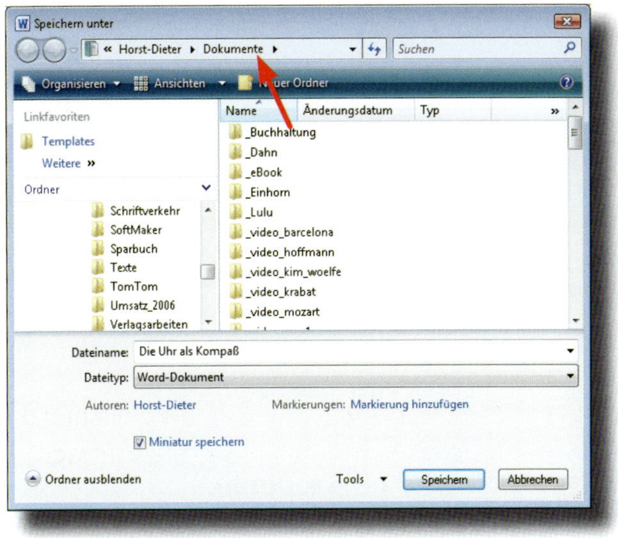

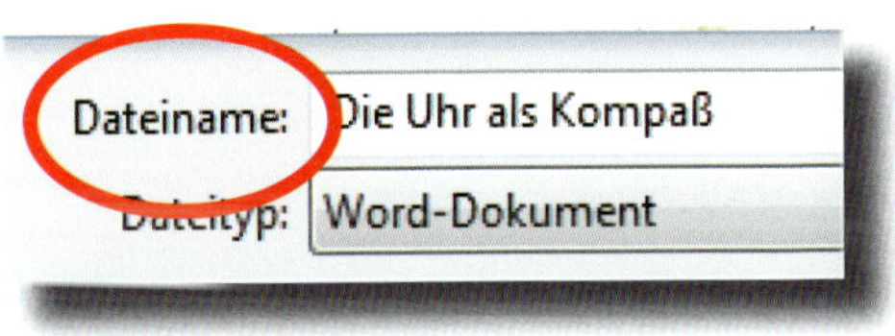

5 Bei ***Dateiname*** übernehmen Sie die Vorgabe von Word oder überschreiben sie mit einem eigenen aussagekräftigen Namen.

6 Mit einem Klick auf ***Speichern*** sorgen Sie dafür, dass nun das Dokument nicht mehr so ohne Weiteres verloren gehen kann.

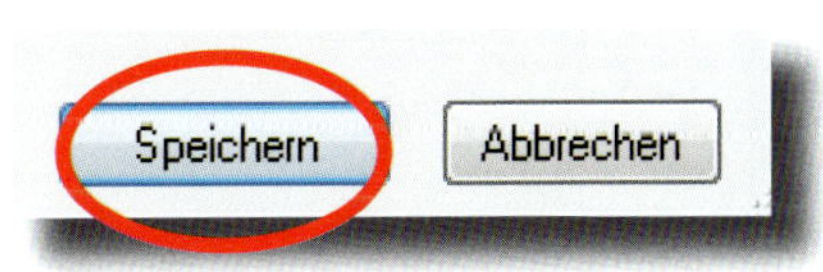

Gut zu wissen

Haben Sie ein Dokument einmal abgespeichert, dann reicht künftig ein Klick auf den Eintrag ***Speichern*** im ***Datei***-Menüband. Noch einfacher geht es mit einem Klick auf das Diskettensymbol in der Schnellstartleiste oder über die Tastenkombination Strg + S. Speichern Sie lieber zu häufig, als zu wenig. Haben Sie Ihr Dokument noch nicht gespeichert, dann gelangen Sie über diese Wege immer in den ***Speichern unter***-Dialog.

PDF- und XPS-Dokumente erzeugen

Ziel

Möchten Sie nicht, dass bei Weitergabe Ihres Dokuments andere darin ändern oder löschen können? Dann speichern Sie das Dokument einfach als PDF-Dokument ab. PDF ist ein Standardformat, das die Datei so anzeigt, wie sie auch ausgedruckt wird. Änderungen sind ohne spezielle Software daran nicht möglich. Ein alternatives, von Microsoft entwickeltes Format ist XPS. In der folgenden Anleitung erfahren Sie, wie Sie ein solches PDF- oder XPS-Dokument aus Ihrem Word-Dokument erzeugen können.

1. Klicken Sie auf das ***Datei***-Menüband und wählen Sie den Eintrag ***Speichern und Senden***.

2. Wählen Sie ***PDF/XPS-Dokumente erstellen*** in der Liste aus und klicken Sie anschließend auf die gleichnamige Schaltfläche rechts daneben.

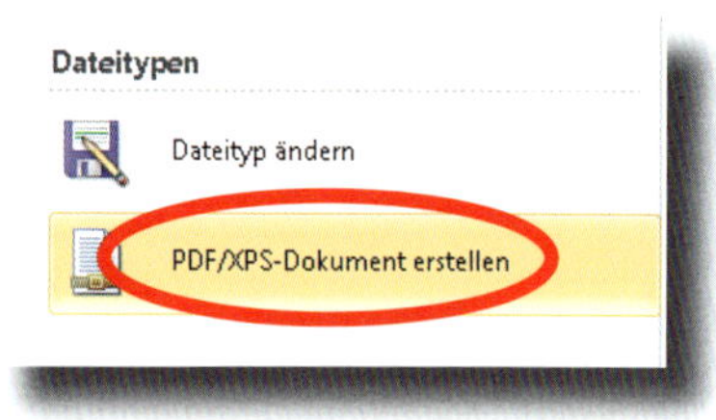

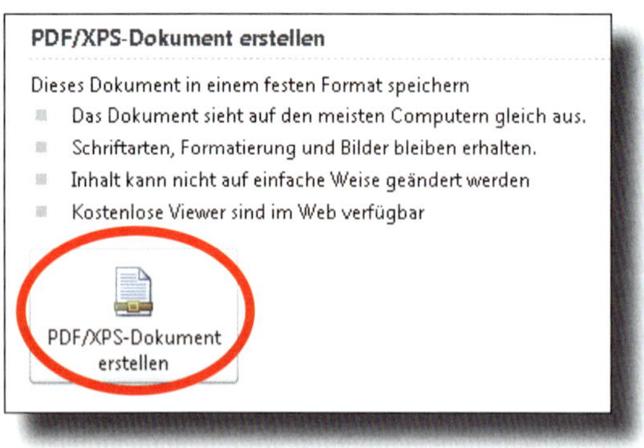

3. Legen Sie den Ordner fest, in dem die PDF-Datei gespeichert werden soll.

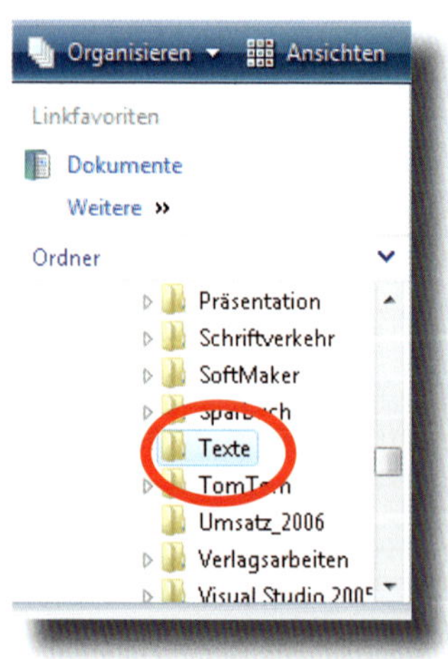

4 Geben Sie dem Dokument einen aussagekräftigen ***Dateinamen*** und prüfen Sie, ob bei ***Dateityp*** die Einstellung ***PDF*** gewählt ist.

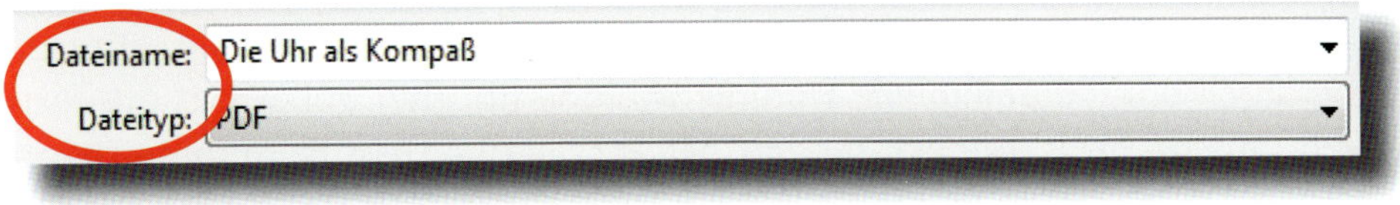

5 Wenn das PDF-Dokument nicht für den Druck (über eine professionelle Druckerei) bestimmt ist, aktivieren Sie das Kontrollkästchen vor ***Minimale Größe (Onlineveröffentlichung)***.

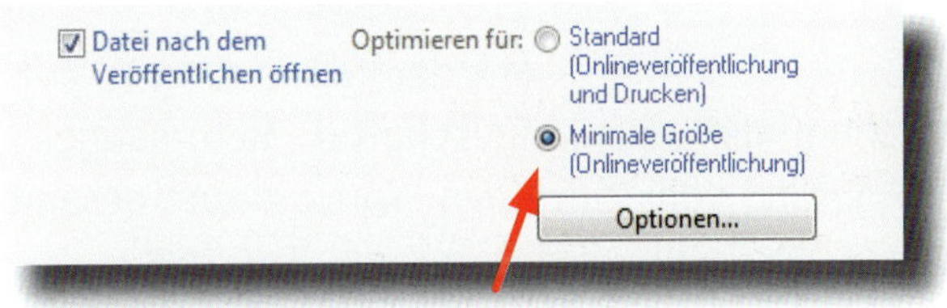

6 Um das PDF-Dokument zu erstellen, klicken Sie auf den Schalter ***Veröffentlichen***.

Gut zu wissen

Ein XPS-Dokument erzeugen Sie genau auf die gleiche Weise, Sie müssen nur im Schritt 4 bei ***Dateityp*** XPS auswählen. Klicken Sie auf die Schaltfläche ***Optionen***, so können Sie unter anderem festlegen, dass nur ein bestimmter Teil des Dokuments für die PDF/XPS-Erstellung genutzt wird. Das ist interessant für das Erstellen von Auszügen aus umfangreichen Manuskripten.

Wichtige Begriffe

Dokument: Gemeint ist ein ***elektronisches Dokument***, also eine Datei, die durch ein Programm wie Word verwaltet wird. Hier enthält es die Texte und Objekte (z. B. Bilder), die mit der Textverarbeitung Word in dieses Dokument eingefügt wurden.

Markieren: Um Textteile bearbeiten zu können, müssen diese zunächst markiert werden. Am einfachsten geschieht das mit der Maus. Durch Ziehen wird die Markierung über den jeweiligen Textteil gelegt. Alle Befehle (z. B. Änderung der Schriftgröße, Kopieren, Ausschneiden) beziehen sich jetzt auf den markierten Textteil. Die anderen Textbereiche bleiben davon unbeeinflusst.

Markierungsmodus: Mit der [F8]-Taste wird der so genannte Markierungsmodus eingeschaltet. Mehrmaliges Drücken sorgt dann für eine Markierung vom einzelnen Wort bis zum gesamten Text. Aufgehoben wird dieser Modus durch Drücken der [Esc]-Taste.

PDF: Abkürzung für ***Portable Document Format***, ist ein plattformunabhängiges Dateiformat für Dokumente. Es wurde von der Firma Adobe entwickelt. Zum Lesen sind spezielle Programme, z. B. Acrobat Reader erforderlich, die kostenlos für verschiedene Betriebssysteme erhältlich sind.

Thesaurus: Der Thesaurus verwaltet einen Wortschatz, in dem nach alternativen Entsprechungen zu Wörtern gesucht werden kann. Für die Suche muss das Ausgangswort im Text zunächst ausgewählt werden. Es reicht dabei, wenn der Cursor in das Wort gesetzt wird.

XPS: Abkürzung für ***XML Paper Specification***, ist ein Dateiformat für Dokumente, das von der Firma Microsoft entwickelt wurde.

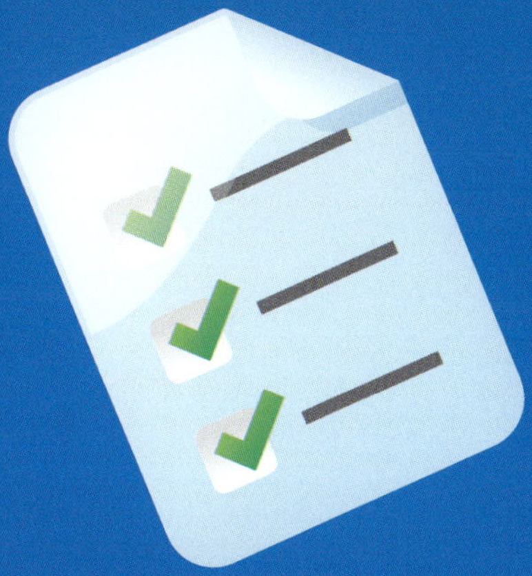

3 Texte formatieren

In diesem Kapitel lernen Sie:

- ☑ wie Sie eine Dokumentseite richtig anpassen
- ☑ wie Sie die Schrift im Dokument wählen und ändern
- ☑ wie Sie den Zeilenabstand festlegen
- ☑ wie Sie mit Aufzählungen und Nummerierungen arbeiten
- ☑ wie Sie Tabulatoren und Spalten nutzen
- ☑ wie Sie Seitenzahlen einsetzen
- ☑ wie Sie Formatvorlagen einsetzen

Ziel

Da es unterschiedliche Papiergrößen (DIN A4, DIN A5 oder andere Formate) gibt, sollte auch ein Word-Dokument so angepasst werden können, damit es beim Ausdruck keine Probleme gibt. Wie leicht das zu realisieren ist, erfahren Sie auf den nächsten beiden Seiten.

1. Aktivieren Sie das Register ***Seitenlayout*** im Menüband durch Anklicken.

2. Klicken Sie auf die Schaltfläche ***Ausrichtung***.

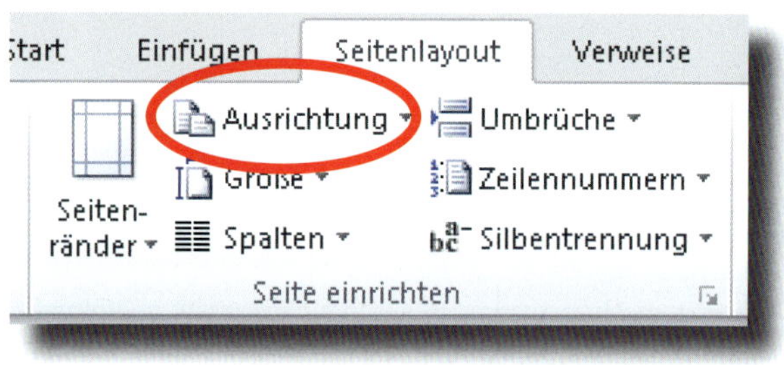

3. Entscheiden Sie sich für die gewünschte Ausrichtung. ***Hochformat*** ist in der Regel voreingestellt. Wollen Sie das Dokument quer drucken, wählen Sie ***Querformat***.

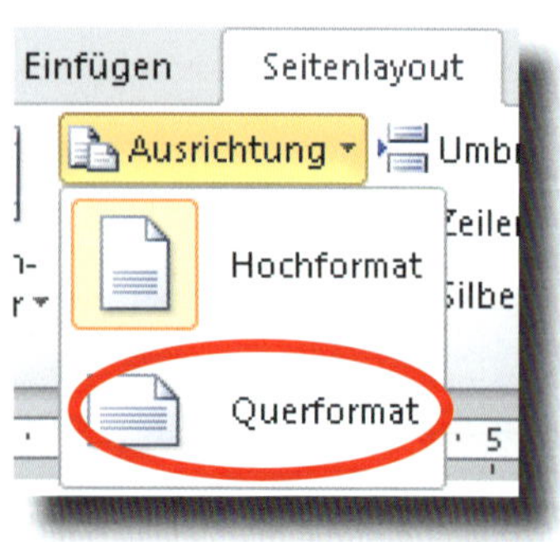

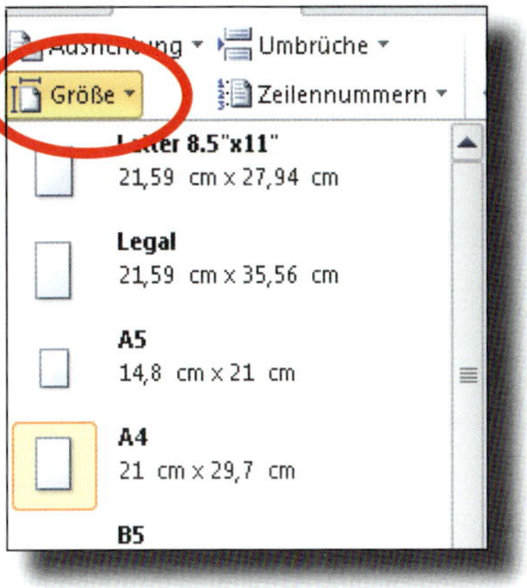

4 Um die Blattgröße anzupassen, klicken Sie auf ***Größe***. Anschließend wählen Sie aus der Liste das passende Papierformat aus.

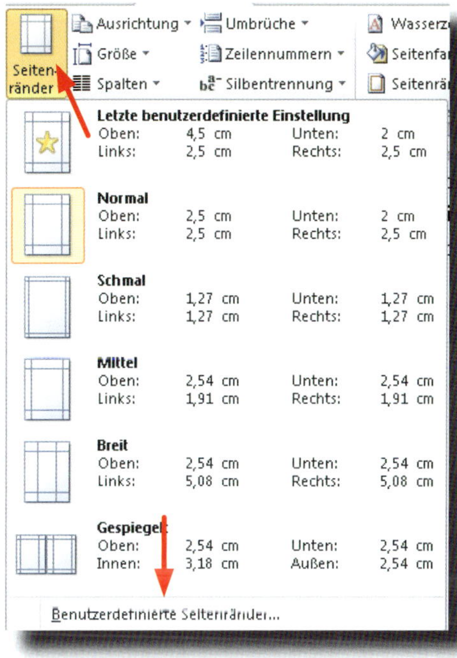

5 Nicht unwichtig sind die Ränder des Dokuments. Die Voreinstellungen können Sie anpassen, wenn Sie auf die Schaltfläche ***Seitenränder*** klicken.

6 Wählen Sie ***Benutzerdefinierte Seitenränder*** am unteren Rand des Katalogs ***Seitenränder***, öffnet sich ein Dialogfenster, in dem Sie auch individuell durch Eingabe der Maße in cm festlegen können.

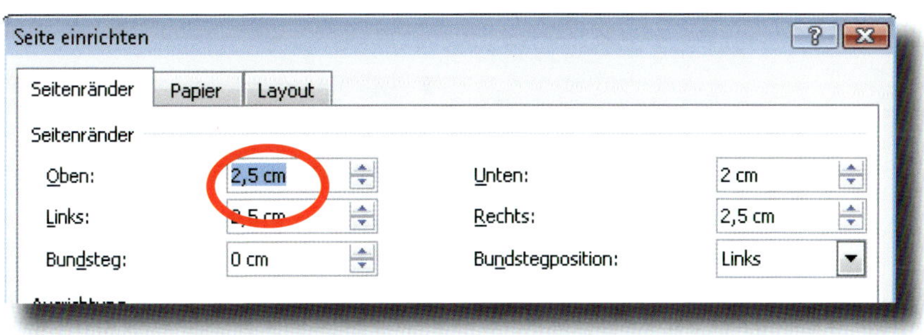

Gut zu wissen

Über den Dialog ***Seite einrichten*** können Sie auch die Seitengröße individuell festlegen (z. B. wenn Sie spezielle Papiergrößen verwenden) und weitere Layouteinstellungen vornehmen wie Kopf- und Fußzeilenränder, Zeilennummern u. a.

Ziel

Sie müssen sich nicht mit der Vorgabe für die Schrift, die Word Ihnen macht, zufriedengeben. Windows bringt zahlreiche Schriften mit, die sich leicht auswählen lassen. Auf den nächsten Seiten erfahren Sie nicht nur, wie Sie diese Auswahl vornehmen, sondern auch, wie Größe und Stil der Schrift angepasst werden können.

1. Markieren Sie die Textstelle, für die Sie eine andere Schrift festlegen wollen.

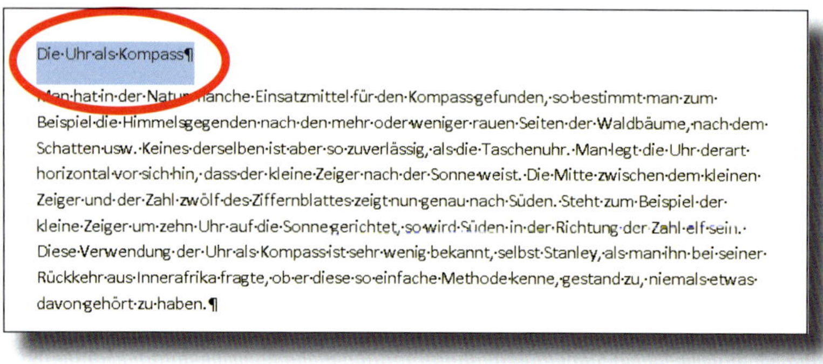

Die Uhr als Kompass¶

Man hat in der Natur manche Einsatzmittel für den Kompass gefunden, so bestimmt man zum Beispiel die Himmelsgegenden nach den mehr oder weniger rauen Seiten der Waldbäume, nach dem Schatten usw. Keines derselben ist aber so zuverlässig, als die Taschenuhr. Man legt die Uhr derart horizontal vor sich hin, dass der kleine Zeiger nach der Sonne weist. Die Mitte zwischen dem kleinen Zeiger und der Zahl zwölf des Ziffernblattes zeigt nun genau nach Süden. Steht zum Beispiel der kleine Zeiger um zehn Uhr auf die Sonne gerichtet, so wird Süden in der Richtung der Zahl elf sein. Diese Verwendung der Uhr als Kompass ist sehr wenig bekannt, selbst Stanley, als man ihn bei seiner Rückkehr aus Innerafrika fragte, ob er diese so einfache Methode kenne, gestand zu, niemals etwas davon gehört zu haben.¶

2. Klicken Sie im Menüband ***Start*** neben der Schriftart auf den kleinen Pfeil.

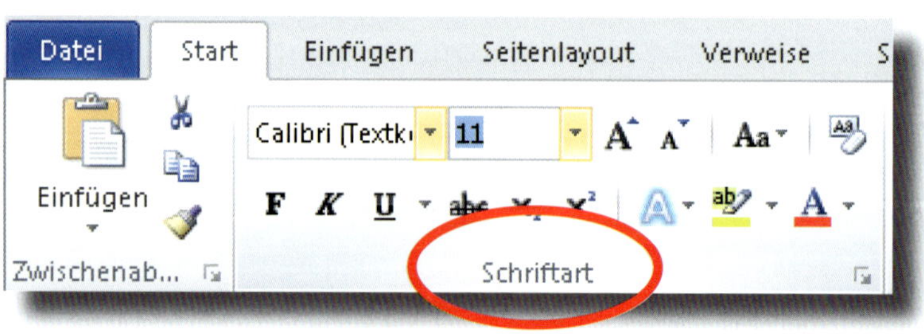

3. Suchen Sie sich aus der Liste der Schriften eine passende aus. Einfaches Anklicken genügt, um die Schrift auf den markierten Text anzuwenden.

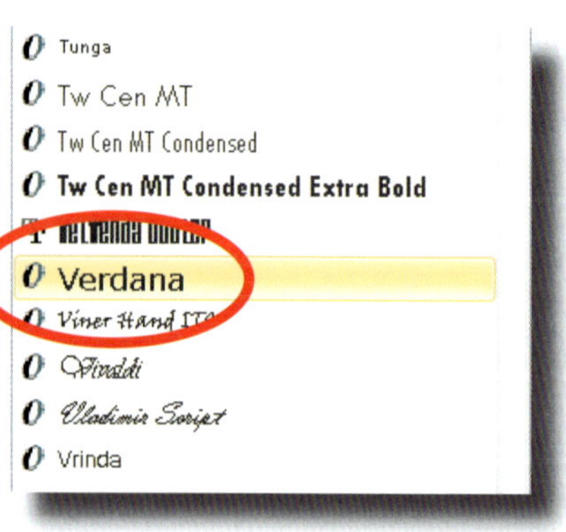

4 Wollen Sie die Schriftgröße ändern, so klicken Sie auf die Pfeilschaltfläche neben der Größenangabe in der Multifunktionsleiste. Sie können sich eine passende Größe aus der Liste auswählen.

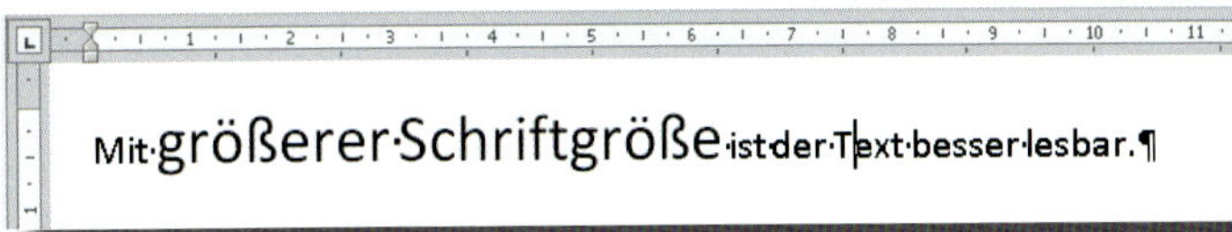

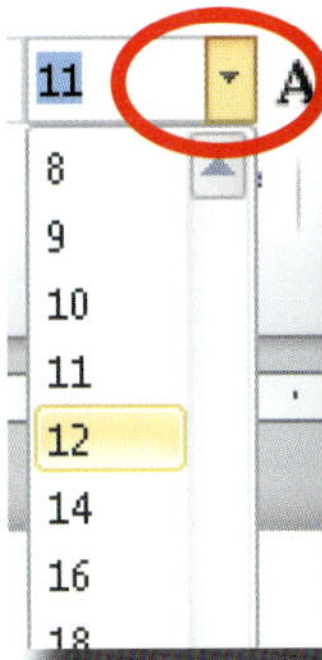

5 Um den markierten Text weiter hervorzuheben, können Sie noch die fette oder kursive Auszeichnung wählen. Beide lassen sich auch kombinieren.

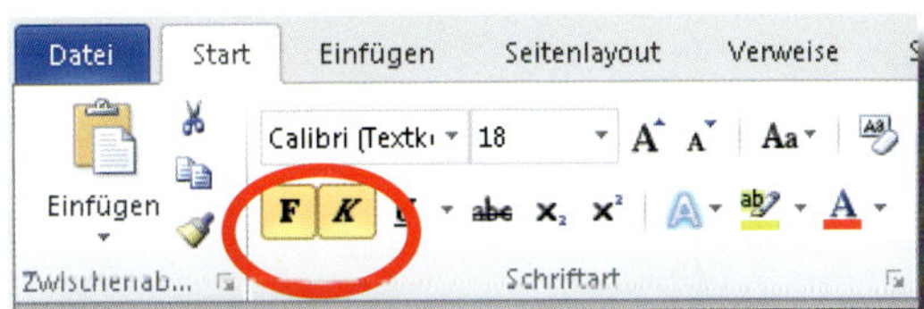

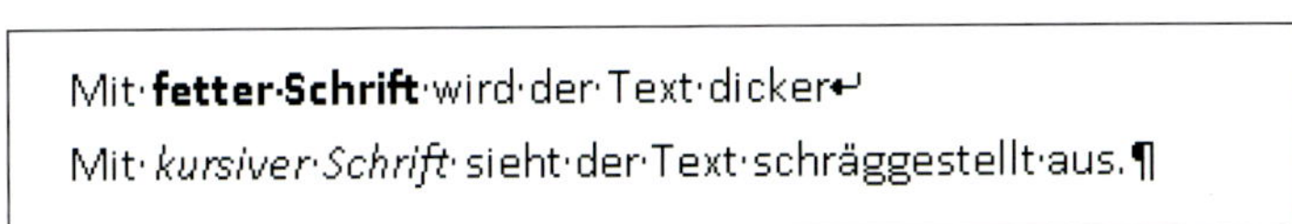

6 Ein weiteres Hervorhebungsmerkmal ist das Unterstreichen. Markieren Sie den Text, der unterstrichen werden soll und klicken Sie auf die Schaltfläche mit dem ***U***.

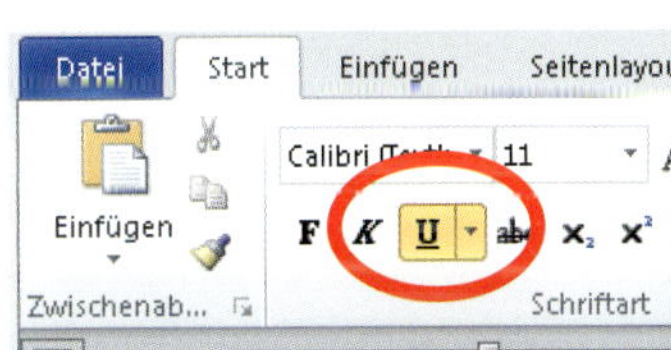

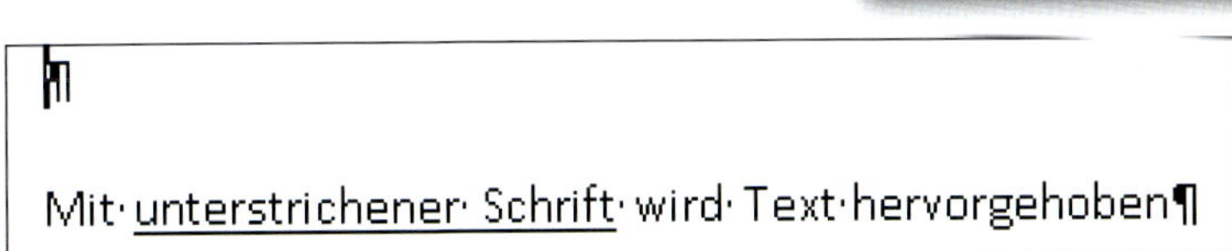

Gut zu wissen

Um Textabsätze auszurichten, d. h. linksbündig, zentriert, rechtsbündig oder im Blocksatz, benutzen Sie die Schaltflächen mit den Strichen in der Gruppe ***Absatz***. Sie erkennen an der Lage der Striche (die Textzeilen symbolisieren), wie der Text ausgerichtet wird. Dabei genügt es übrigens, wenn der Cursor im jeweiligen Absatz steht. Eine Markierung ist nicht nötig.

Ziel

Wie eng oder weit die einzelnen Zeilen eines Textes auseinanderstehen, ist nicht fest vorgegeben, sondern kann angepasst und geändert werden. Das ist so einfach wie bei der Schreibmaschine, bei der man zwischen ein-, eineinhalb- und zweizeilig einfach umschalten kann. Eine Textverarbeitung wie Word ist dabei aber viel flexibler. Sie lernen mit den folgenden Schritten, den Zeilenabstand nach Ihren Erfordernissen anzupassen.

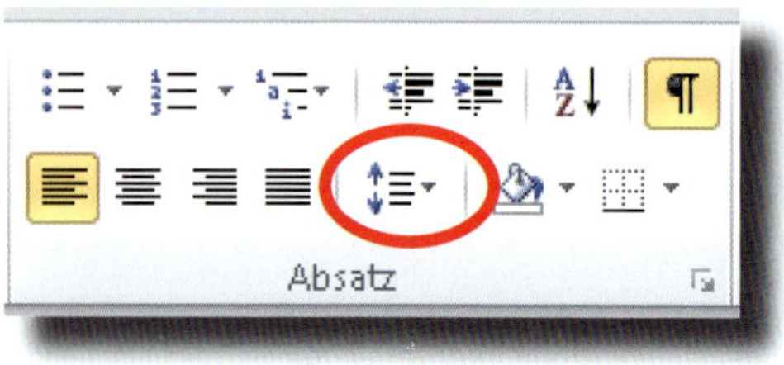

1. Setzen Sie den Cursor in den Absatz, für den Sie den Zeilenabstand ändern wollen und klicken Sie in der Gruppe ***Absatz*** auf die Schaltfläche ***Zeilenabstand***.

2. Um eineinhalbzeiligen Abstand festzulegen, klicken Sie auf ***1,5***.

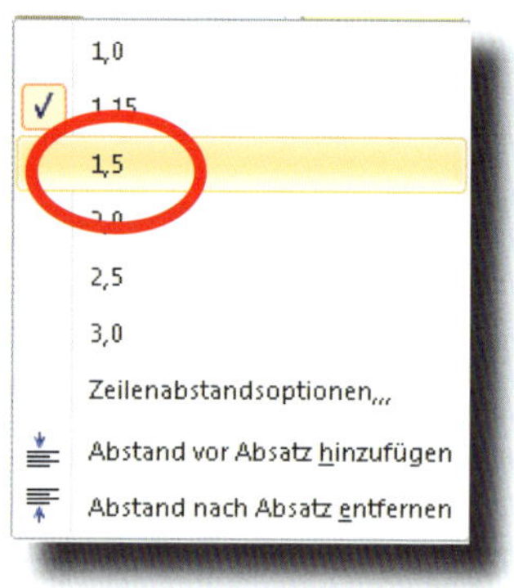

3. Möchten Sie die Absätze voneinander etwas deutlicher abgrenzen, so wählen Sie aus dem Zeilenabstands-Menü den Eintrag ***Abstand vor Absatz hinzufügen***.

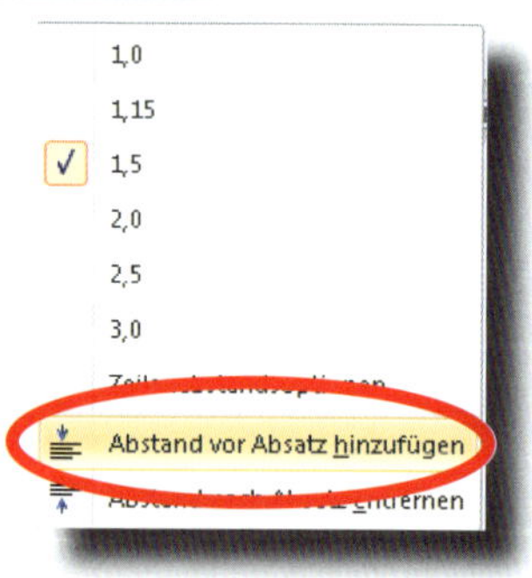

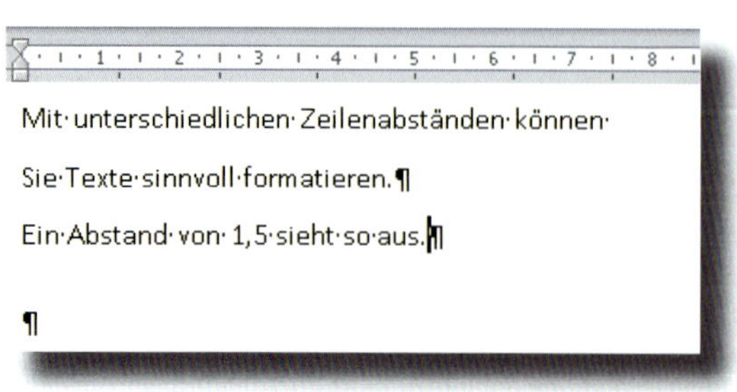

4 Ist eine noch differenziertere Anpassung des Zeilenabstands gewünscht, öffnen Sie das Dialogfenster ***Absatz***, indem Sie auf die kleine Pfeilschaltfläche rechts neben ***Absatz*** klicken.

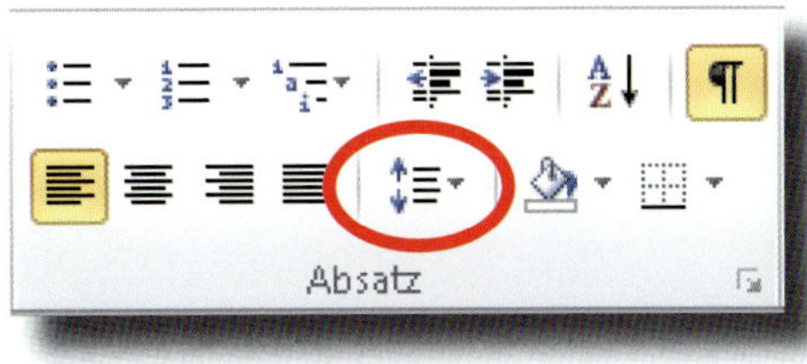

5 Öffnen Sie die Liste bei ***Zeilenabstand*** und wählen Sie den Eintrag ***Genau***.

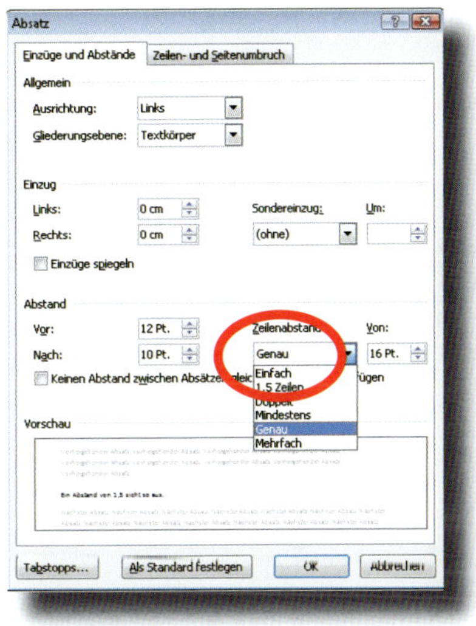

6 Wählen Sie bei ***Von:*** die gewünschte Punktzahl für den Zeilenabstand aus. Faustregel: Immer etwas größer als die Schriftgröße.

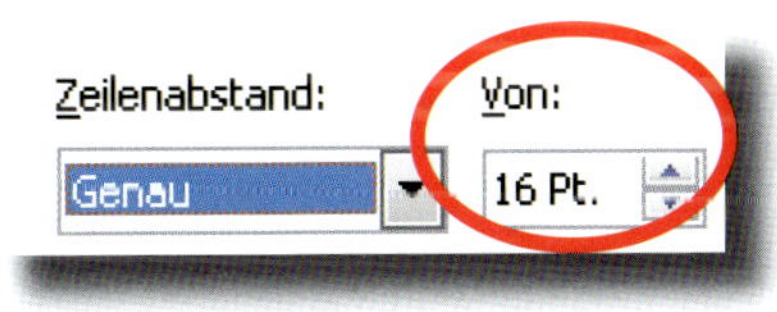

Gut zu wissen

Eine gute Lösung, um das Schriftbild etwas aufzulockern und nicht gleich so viel Luft wie bei eineinhalbzeiligem Abstand zu bekommen, ist der vorgegebene Zeilenabstand von ***1,15***, den Sie aus der Liste auswählen können. Der Text wirkt gleich viel lesbarer, ohne dass allzu viel Platz verschenkt wird.

Ziel

Listen mit Aufzählungen oder fortlaufender Nummerierung dienen oft der übersichtlichen Darstellung von Informationen. Word bietet hierzu einige Funktionen, die das Arbeiten mit diesen Listen sehr erleichtern. In den folgenden Schritten lernen Sie schnell, souverän damit umzugehen.

1. Klicken Sie auf die Schaltfläche ***Aufzählungszeichen*** in der Gruppe ***Absatz***.

2. Wählen Sie aus dem Katalog ein passendes Aufzählungszeichen aus.

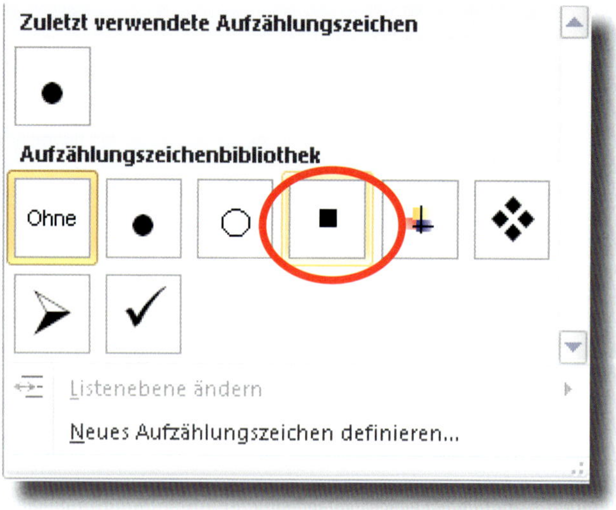

3. Schreiben Sie den nötigen Text für den Aufzählungspunkt und drücken Sie die [Enter]-Taste. Word erzeugt sofort einen weiteren Aufzählungspunkt.

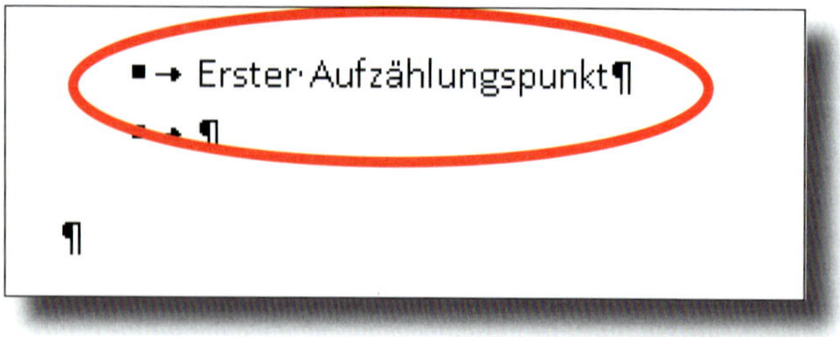

4 Um die Aufzählungsfolge zu beenden, drücken Sie einfach zweimal die Enter-Taste.

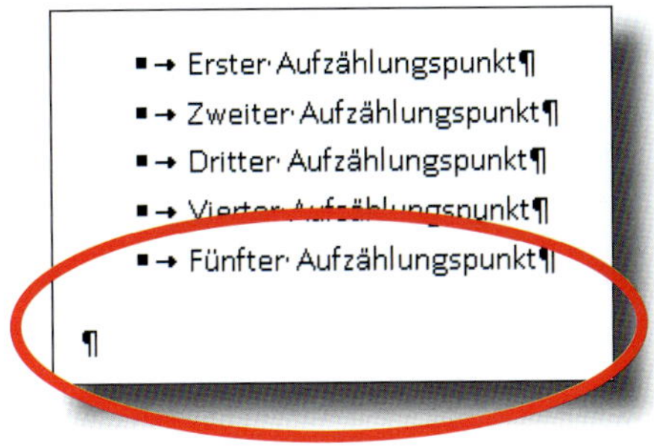

5 Wollen Sie statt Aufzählungspunkte eine Nummerierung haben, wählen Sie die Schaltfläche ***Nummerierung***.

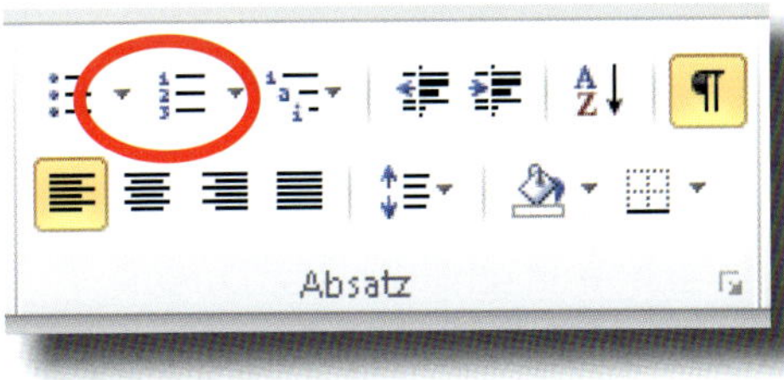

6 Im Katalog klicken Sie die gewünschte Nummerierungsvorlage an. Wie Sie sehen, stehen nicht nur Zahlennummerierungen zur Verfügung.

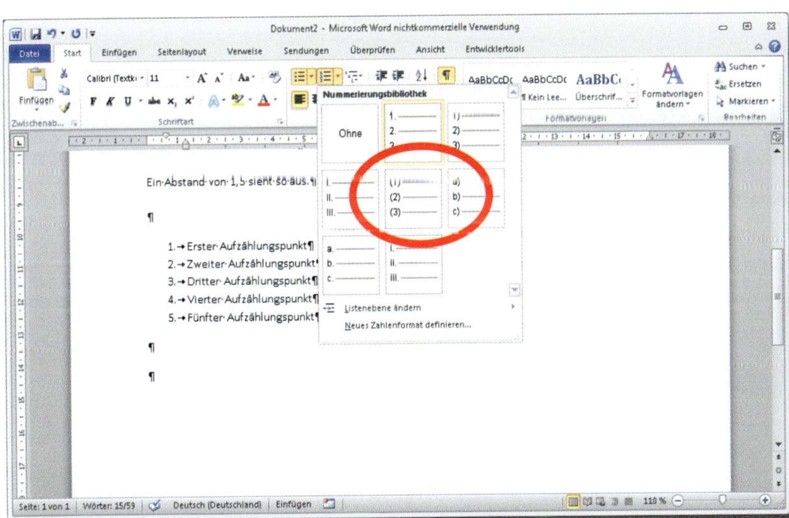

Gut zu wissen

Sie müssen eine Nummerierung übrigens nicht immer mit eins beginnen. Wollen Sie eine nummerierte Liste nach einer Textunterbrechung weiterführen, so klicken Sie die erste Nummerierungszeile mit der rechten Maustaste an und wählen aus dem Kontextmenü ***Nummerierungswert festlegen***. Im Dialog können Sie nun bei ***Wert festlegen*** die gewünschte Zahl einstellen.

Ziel

Auch Tabulatoren kennen Sie vielleicht noch von der Schreibmaschine. Sie drücken die Tabulatortaste und schon springt der Wagen eine festgesetzte Distanz weiter. Auf diese Weise stehen Texte in einer Spalte immer genau untereinander. So ähnlich funktioniert das auch mit Word. Auch die einspaltige Darstellungsweise in einem Word-Dokument ist keine unabänderliche Tatsache. Mit Tabulatoren und Spalten können Sie nach Durcharbeitung der folgenden Seiten gut umgehen.

1. Ein Druck auf die ⭾-Taste, und schon macht der Textcursor einen Sprung. Sie erkennen das an einem Pfeil. Keine Sorge – dieser Pfeil wird beim Ausdruck nicht mitgedruckt.

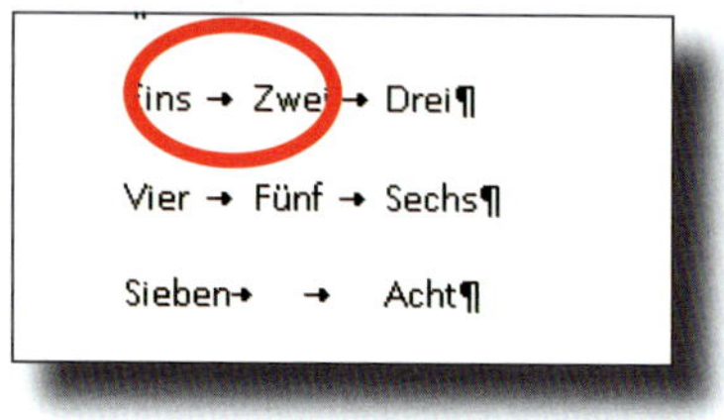

2. Die Standardtabulatorabstände liegen 1,25 cm auseinander. Um diese Maße anzupassen, öffnen Sie den Absatzdialog über die kleine Pfeilschaltfläche rechts neben ***Absatz*** und klicken unten links auf ***Tabstopps***.

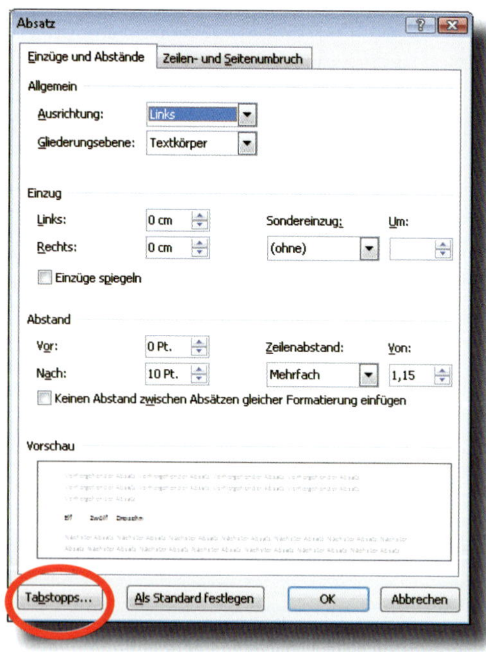

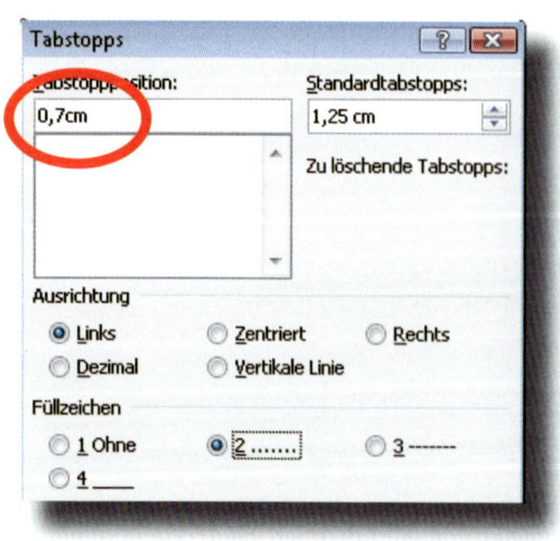

3. Geben Sie bei ***Tabstoppposition*** einen Wert ein, legen Sie die Ausrichtung und ggfs. die Füllzeichen fest, die von einem zum nächsten Tabulatorstop eingefügt werden sollen.

4 Klicken Sie auf ***Festlegen***. Wiederholen Sie den Vorgang (Schritt 3 und 4) solange, bis Sie alle Tabstopppositionen bestimmt haben.

5 Möchten Sie Ihren Text in Spalten anordnen, wählen Sie dasRegister ***Seitenlayout*** des Menübandes und klicken in der Gruppe ***Seite einrichten*** auf die Schaltfläche ***Spalten***.

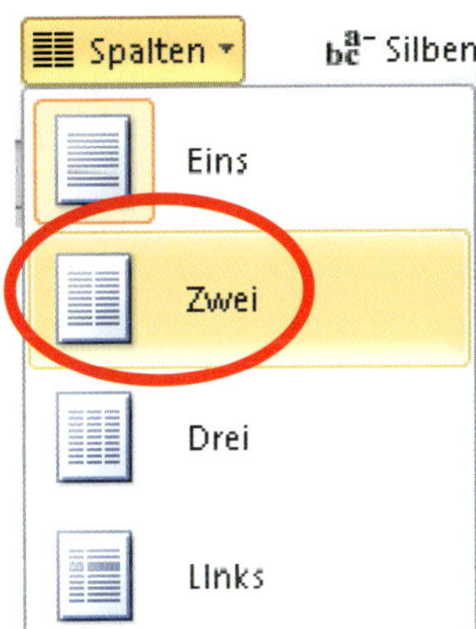

6 Aus der Liste können Sie nun die gewünschte Spaltenzahl wählen.

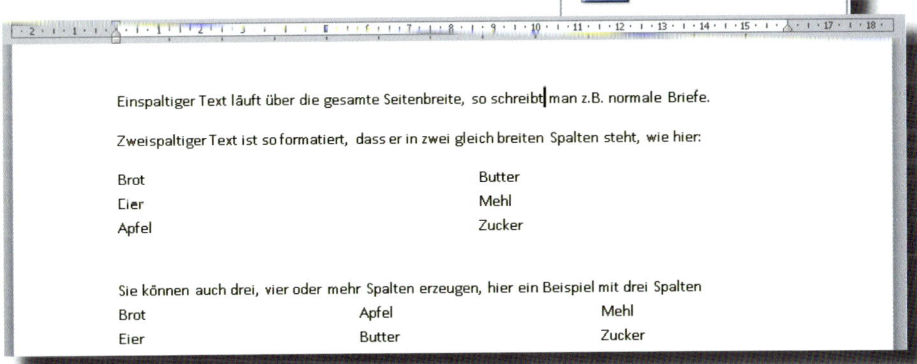

Gut zu wissen

Haben Sie sich für den Listeneintrag ***Weitere Spalten*** entschieden, können Sie in einem eigenen Dialog nicht nur die Spaltenzahl beliebig festlegen, sondern auch noch deren individuelle Breite und den Abstand der Spalten voneinander.

Ziel

Mehrseitige Dokumente werden gerne mit Kopf- und Fußzeilen versehen, die wiederkehrende Informationen für jede Seite enthalten sollen. Solche Fußzeilen müssen nicht für jede Seite neu festgelegt werden, sondern lassen sich einmal einrichten und gelten dann für alle Seiten des Dokuments. Wie das funktioniert, sehen Sie auf den folgenden Seiten.

1. Wechseln Sie auf das Register ***Einfügen*** im Menüband und klicken Sie auf die Schaltfläche ***Kopfzeile***.

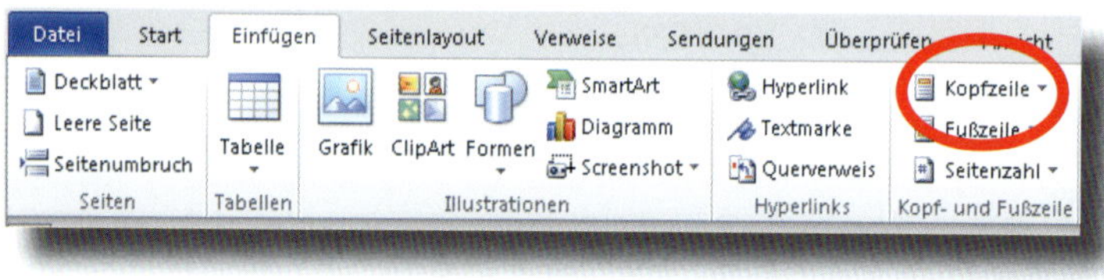

2. Wählen Sie eine beliebige Kopfzeilenvorlage aus.

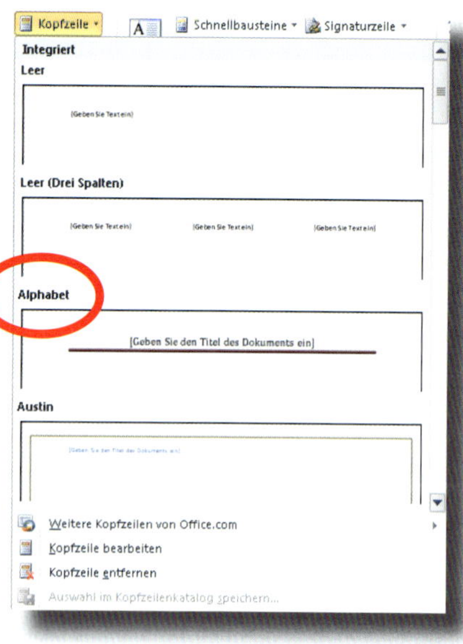

3. Schreiben Sie den Text in den Platzhalter, den Sie in der Kopfzeile haben möchten.

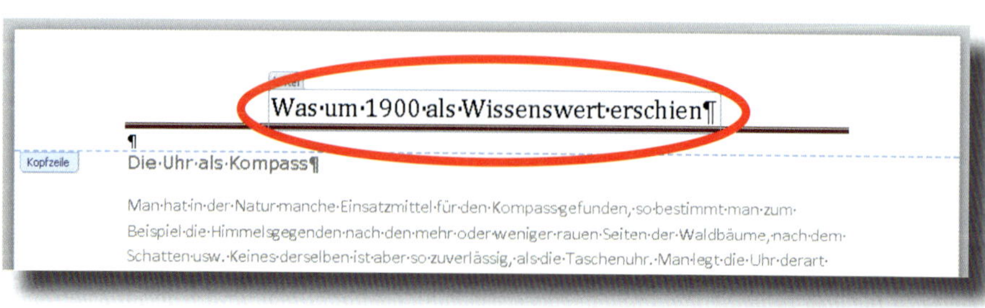

4 Um eine Fußzeile hinzuzufügen, klicken Sie im Menüband auf das Register ***Einfügen*** und in der Gruppe ***Kopf- und Fußzeile*** auf die Schaltfläche ***Fußzeile***.

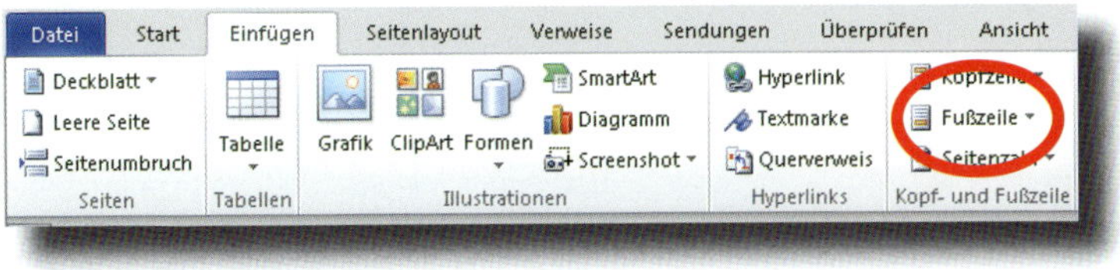

5 Wählen Sie eine Vorlage für die Fußzeile aus dem Katalog aus. Wenn Sie die Fußzeile selbst gestalten möchten, entscheiden Sie sich für die Fußzeile ***Leer***.

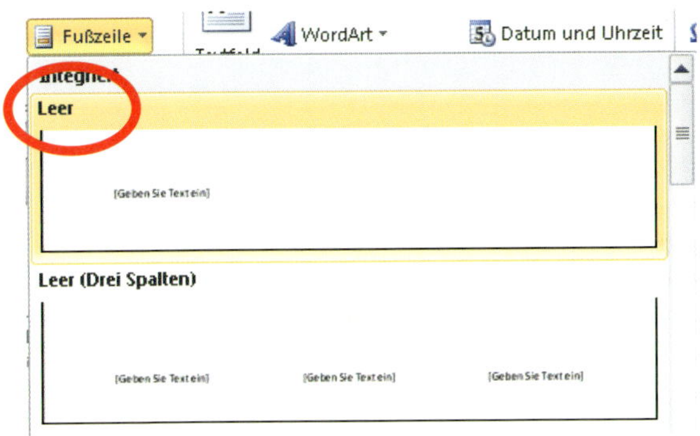

6 Schreiben Sie den Text, den Sie in der Fußzeile haben wollen, direkt in den Platzhalter (z. B. Ihren Namen).

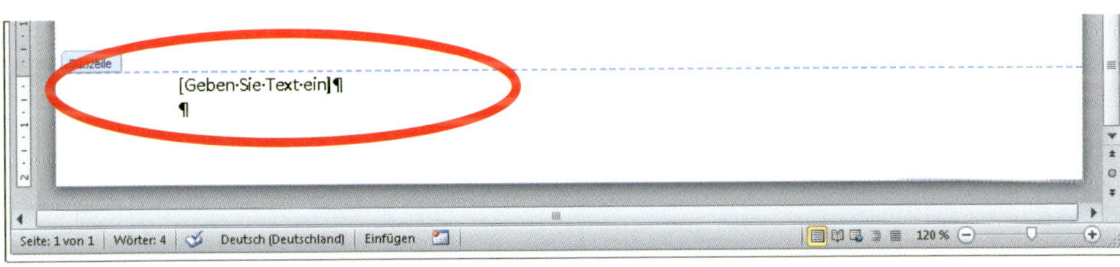

Gut zu wissen

Befinden Sie sich zur Bearbeitung in der Kopf- oder Fußzeile, so finden Sie im Menüband ein neues Register ***Entwurf*** mit speziellen Werkzeugen für die Bearbeitung der Kopf- und Fußzeilen. Schauen Sie sich insbesondere die ***Schnellbausteine*** einmal an, mit denen Sie vorgefertigte Platzhalter für Informationen, die häufig gebraucht werden, integrieren können. Über die Schaltfläche ***Kopf- und Fußzeilen schließen*** (ganz rechts) verlassen Sie diesen Bereich wieder.

Ziel

Umfangreiche Manuskripte geraten nach dem Ausdruck gerne einmal durcheinander. Um sie wieder in die richtige Reihenfolge zu bringen, sind Seitenzahlen unerlässlich. Man könnte das Manuskript per Hand durchpaginieren oder im elektronischen Dokument am Ende einer jeden Seite eine Seitenzahl eintragen. Aber das ist umständlich und der elektronischen Textverarbeitung wenig angemessen. Platzhalter für Seitenzahlen, die sich auch bei Veränderungen des Manuskripts immer wieder neu anpassen und außerdem noch automatisch an der richtigen Stelle stehen, sind viel bequemer. Wie Sie das erreichen, erfahren Sie hier.

1. Die einfachste Lösung ist die, eine Vorlage für Kopf- oder Fußzeilen auszuwählen, in die schon die Seitenzahl integriert ist.

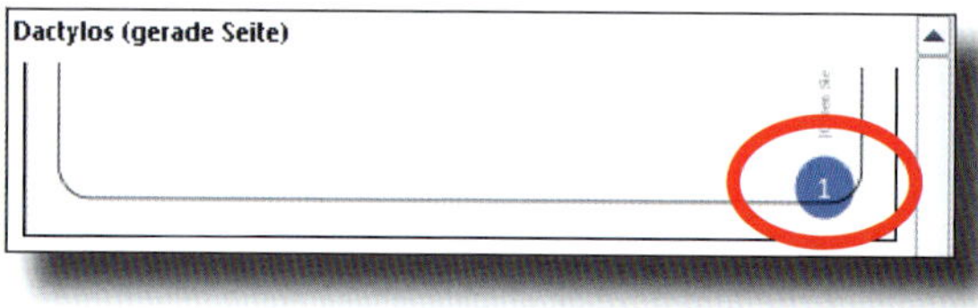

2. Im Register ***Einfügen*** klicken Sie in der Gruppe ***Kopf- und Fußzeilen*** auf die Schaltfläche ***Seitenzahlen***.

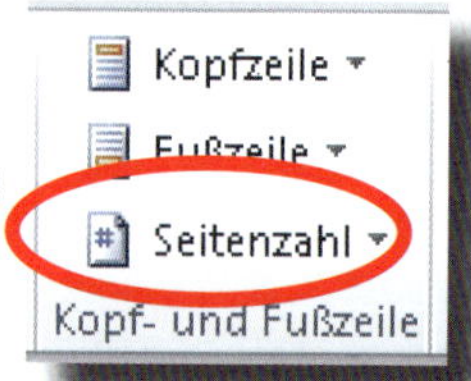

3. Wählen Sie die Liste ***Seitenanfang***, können Sie aus verschiedenen Vorlagen für eine Seitennummerierung am Beginn der Seite auswählen, z. B. auch eine Nummerierung, die gleichzeitig die Anzahl der Gesamtseiten mit angibt.

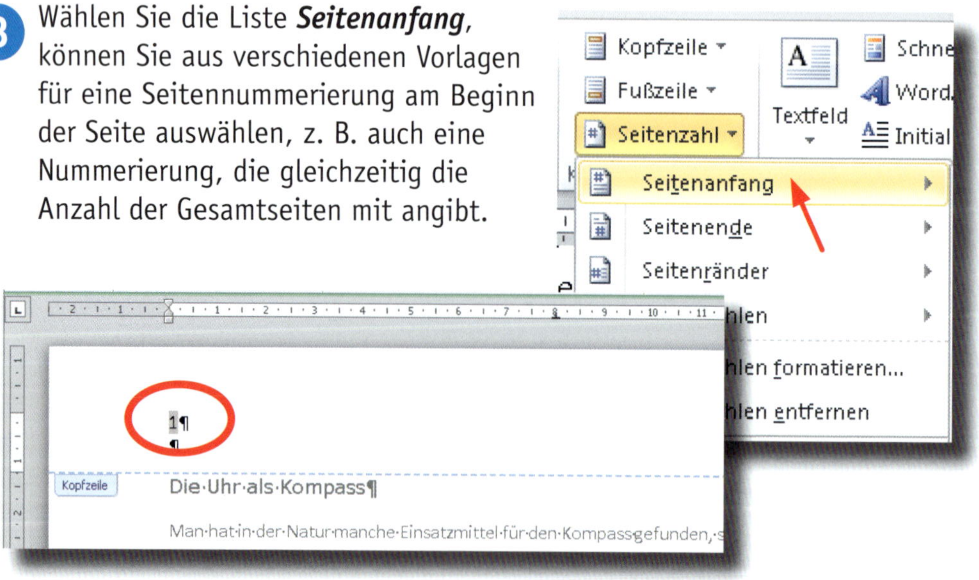

4 Wählen Sie die Liste ***Seitenende***, können Sie aus verschiedenen Vorlagen für eine Seitennummerierung am Ende der Seite auswählen, z. B. auch eine Nummerierung, die mit grafischen Elementen kombiniert wird.

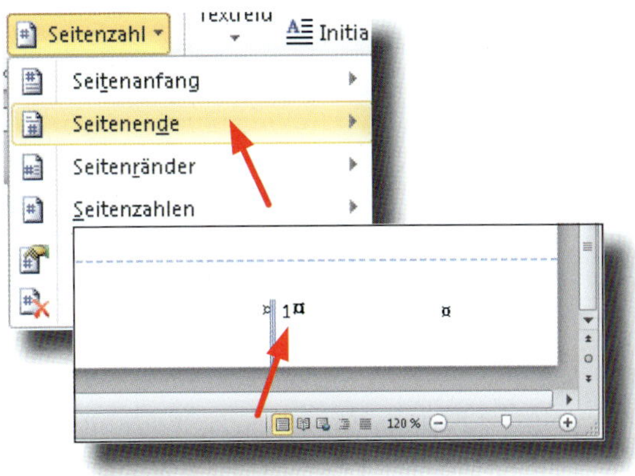

5 Wählen Sie die Liste ***Seitenränder***, können Sie aus verschiedenen Vorlagen für eine Seitennummerierung am Rand der Seite auswählen.

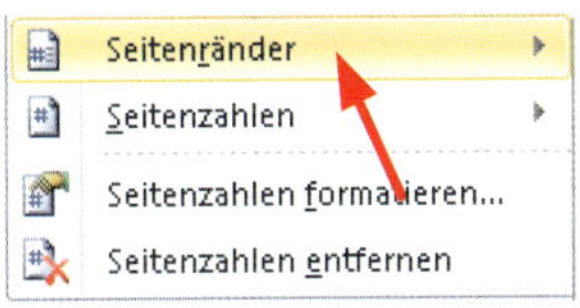

6 Möchten Sie eine bereits fertig formatierte Seitenzahl an eine beliebige Stelle in der Kopf- oder Fußzeile setzen, wählen Sie eine Vorlage aus der Liste ***Seitenzahlen*** und passen diese dann mit den üblichen Formatwerkzeugen an.

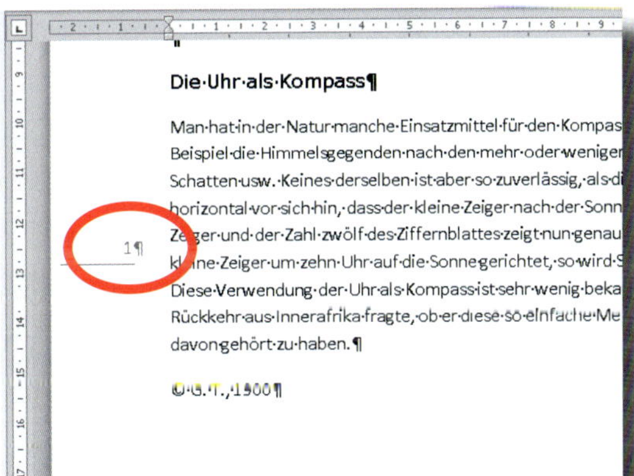

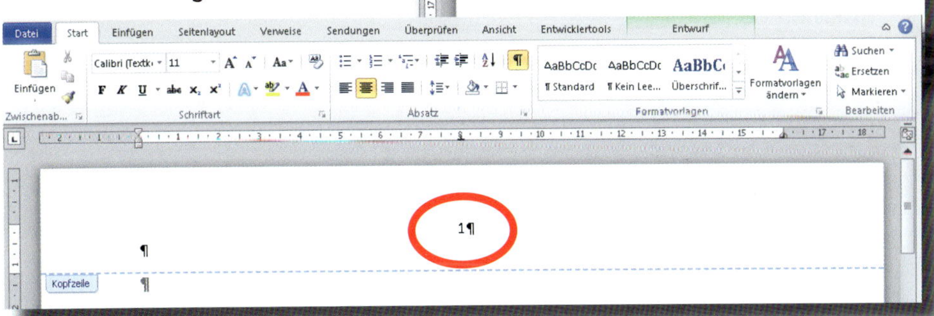

Gut zu wissen

Die Schaltflächen für ***Kopf- und Fußzeilen*** sowie ***Seitenzahlen*** finden Sie auch im Register ***Entwurf*** bei der Bearbeitung von Kopf- und Fußzeilen. Ebenso können Sie über die Schaltfläche ***Seitenzahlen*** und das Menü ***Seitenzahlen formatieren*** eigene Formate für Seitenzahlen entwickeln und speichern.

Ziel

Das Rad immer wieder neu zu erfinden, ist nicht jedermanns Sache und eigentlich auch nicht nötig. Anstatt Textabschnitte aufwändig immer neu zu formatieren, können Sie auf vorgefertigte Formatvorlagen zurückgreifen.

1. Setzen Sie den Cursor in eine Zeile oder einen Absatz Ihres Dokuments und wählen Sie die kleine Schaltfläche unterhalb der Scrollleiste neben den Formatvorlagen im Register ***Start***.

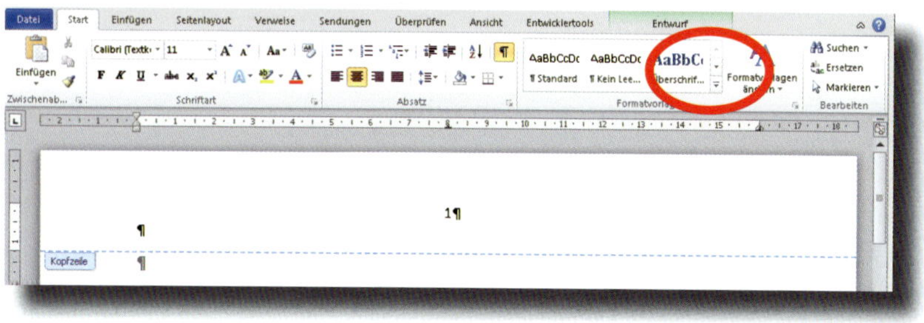

2. Zeigen Sie mit dem Mauszeiger auf die verschiedenen Schnellformatvorlagen. Sie sehen das Ergebnis sofort im Dokument (Livevorschau). Haben Sie ein passendes Format gefunden, übernehmen Sie es durch einfaches Anklicken.

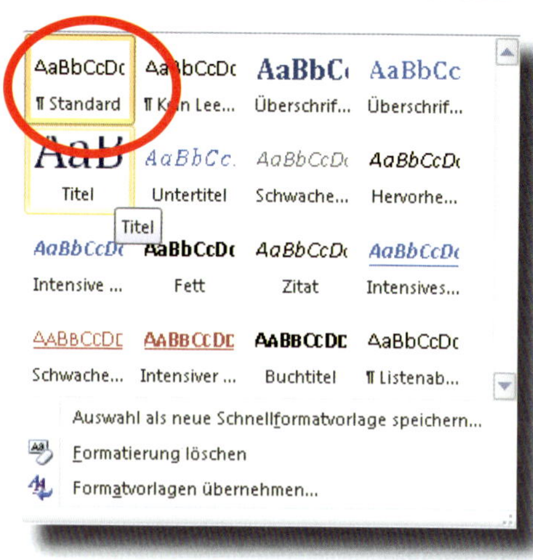

3. Wofür eine Schnellformatvorlage geeignet ist, erkennen Sie an der Bezeichnung unter dem Muster, z. B. ***Intensives Hervorheben*** ist geeignet, um Worte oder markierte Textstellen besonders hervorzuheben.

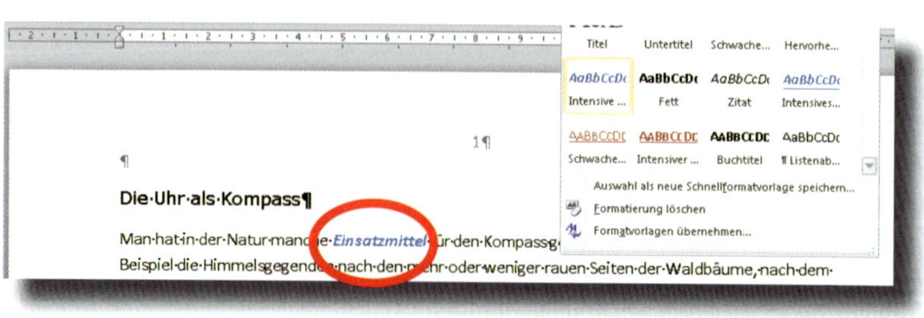

4 Klicken Sie auf die kleine Pfeilschaltfläche rechts neben ***Formatvorlagen***.

5 Aus dem Dialogfeld ***Formatvorlagen***, das sich im rechten Teil des Fensters geöffnet hat, können Sie ebenfalls bequem die Formatvorlagen auswählen.

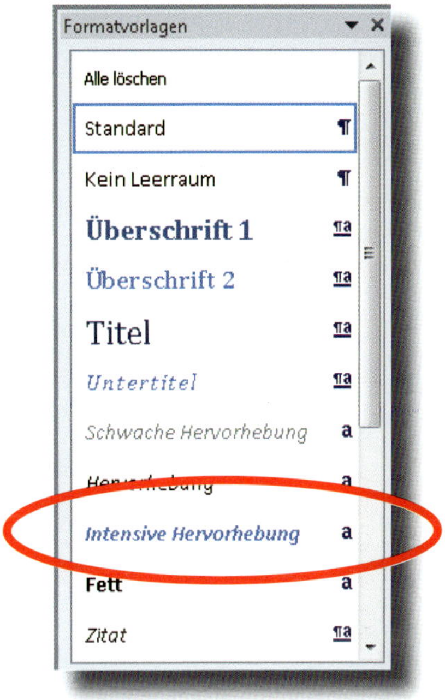

6 Wahlen Sie die Schaltfläche ***Formatvorlagen ändern*** und aus der Liste ***Stil-Set***. Nun stehen Ihnen weitere vorbereitete Formatvorlagen zur Verfügung, mit denen Sie Ihren Text gestalten können. Auch die Livevorschau funktioniert dabei.

Gut zu wissen

Im Dialogfenster können Sie ganz schnell erkennen, ob es sich um eine Absatzformatvorlage (Absatzendezeichen neben dem Formatnamen) oder um eine Zeichenvorlage (kleines a) handelt. Einige kombinierte Formate gibt es ebenfalls, erkennbar am Absatzendezeichen + ***a***.

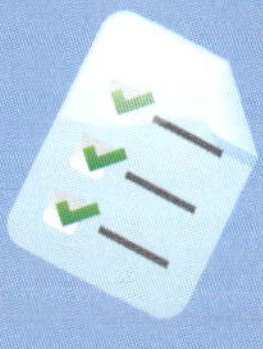

Ziel

Vorgefertigte Formatvorlagen sind eine feine Sache, aber manchmal möchte man doch das eine oder andere Detail anders haben. Das ist kein Problem. Wie Sie Anpassungen an den Formatvorlagen vornehmen, erfahren Sie auf den folgenden Seiten.

1. Setzen Sie den Cursor in einen Absatz oder markieren Sie einen Textabschnitt. Klicken Sie auf die Schaltfläche ***Formatvorlagen ändern***.

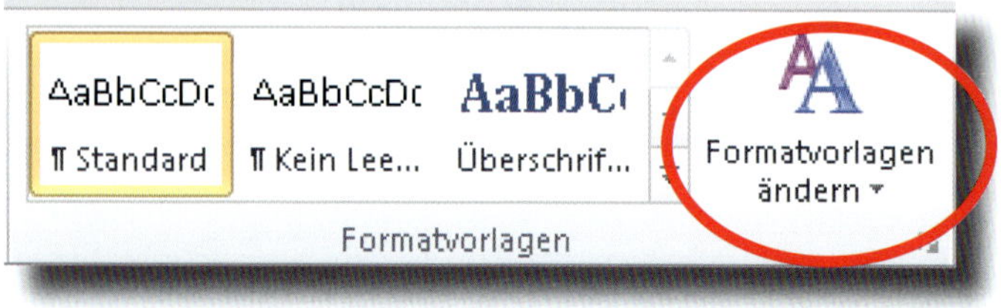

2. Wählen Sie aus der Liste ***Farben*** eine der vorhandenen Paletten aus.

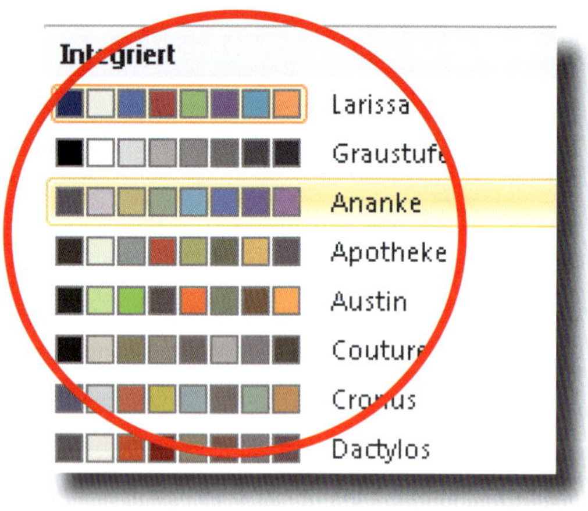

3. Klicken Sie erneut auf ***Formatvorlagen ändern***, wählen Sie ***Schriftarten*** und aus dem Katalog eine der vorhandenen Schriftartzusammenstellungen für den Absatz aus.

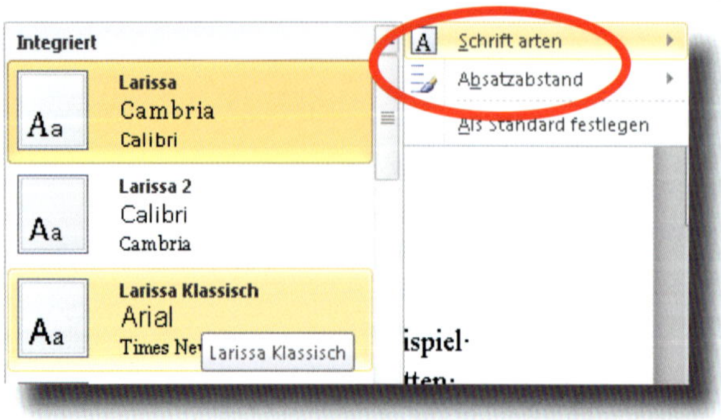

4 Wählen Sie ***Formatvorlagen ändern > Stil-Set > Als Schnellformatvorlagen-Satz speichern***.

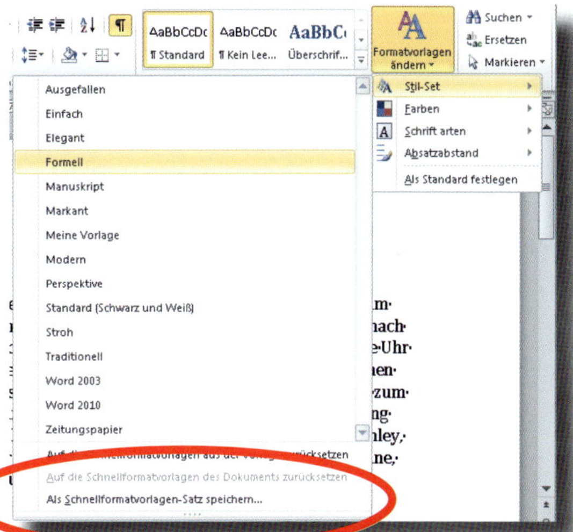

5 Geben Sie einen Dateinamen ein und klicken Sie abschließend auf ***Speichern***.

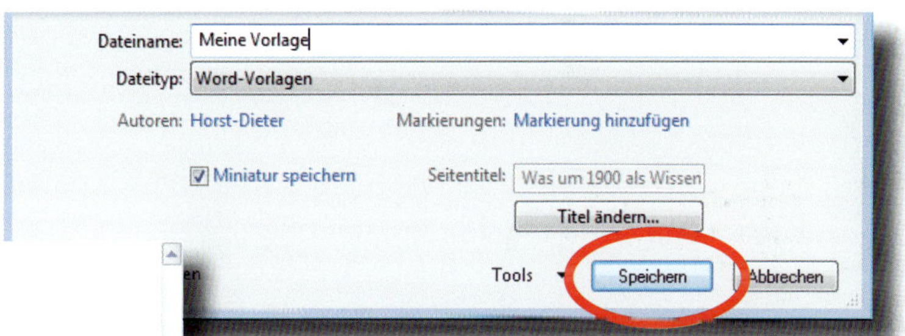

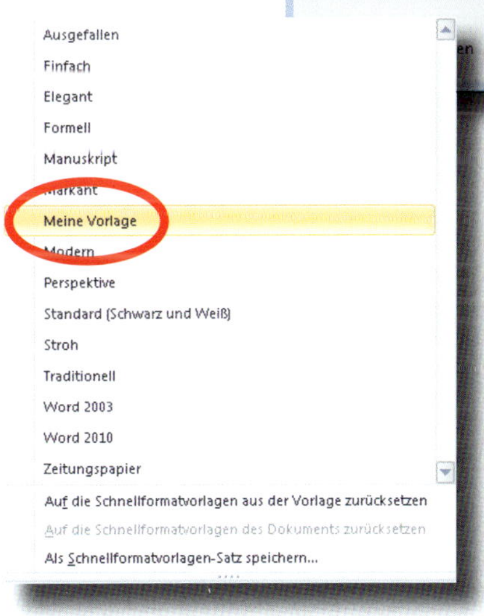

6 Wählen Sie danach ***Formatvorlagen ändern > Stil-Set***, so finden Sie Ihre soeben erstellte Formatvorlage wieder.

Gut zu wissen

Derart erstellte Schnellformatvorlagen können Sie im Formatvorlagen-Dialogfenster allerdings nicht wiederfinden. Klicken Sie auf ***Standard festlegen***, dann wird die aktuell ausgewählte Formatvorlage künftig bei allen neuen Dokumenten als Standard erscheinen.

Wichtige Begriffe

Formatvorlagen: Formatvorlagen enthalten Gestaltungselemente (Schriftart, -größe, Farbe, Zeilenabstand usw.), die Absätzen, Zeichen oder markierten Textteilen zugeordnet werden können.

Kopf- und Fußzeilen: Bestimmte Informationen (Titel, Name, Datum, Seitenzahl u. a.) können auf jeder Seite im Kopf- und Fußbereich wiederholt werden, ohne dass sie mehrfach eingegeben werden müssen.

Schriftarten: Word kann mit unterschiedlichen Schriftarten umgehen. Sie sollten allerdings nicht zu sehr mischen. Meist reicht eine Schriftart für ein Dokument. Eine zweite kann für Überschriften eingesetzt werden. Mit mehr Schriften sollten Sie besser nicht in einem Dokument arbeiten.

Seitenlayout: Damit wird festgelegt, welche Größe und Format das Dokument hat, wie die Ränder aussehen, welchen Abstand die Kopf- und Fußzeilen haben usw.

Tabulatoren: sind feste Ansprungspunkte im Dokument. Damit kann man Texte oder Zahlen exakt untereinander ausrichten. Die Standard-Tabulatorpositionen sind jeweils 1,25 cm entfernt. Angesprungen werden sie mit der [⇆]-Taste. Individuelle Einstellungen sind möglich.

4

Grafiken und Tabellen einfügen

In diesem Kapitel lernen Sie:

- ☑ wie Sie Grafiken und Fotos in Ihre Dokumente integrieren
- ☑ wie Sie Bilder im Dokument anpassen
- ☑ wie Sie Grafiken im Dokument ansprechend formatieren können
- ☑ was ClipArts sind und wie sie in Ihr Dokument kommen
- ☑ wie Sie Tabellen in das Dokument einfügen
- ☑ wie Sie eine Excel-Tabelle in das Dokument integrieren
- ☑ wie einfach Tabellen in Word anzupassen sind

Ziel

Nur Text kann langweilig sein. Besser ist es, wenn man Dokumente durch Grafiken und Bilder etwas auflockern kann. Bei der Arbeit mit der Schreibmaschine musste man Platz lassen und später die Bilder hineinkleben. Das ist mit Word viel einfacher zu realisieren. Wie das funktioniert, erfahren Sie auf den nächsten beiden Seiten. Einzige Voraussetzung: Die Bilder müssen auf der Festplatte (oder einem anderen Datenträger) gespeichert sein.

1. Setzen Sie den Cursor an die Stelle, an der das Bild eingefügt werden soll (in eine leere Zeile oder aber auch mitten in einen Text). Klicken Sie dann in der Multifunktionsleiste ***Einfügen*** in der Gruppe ***Illustrationen*** auf die Schaltfläche ***Grafik***.

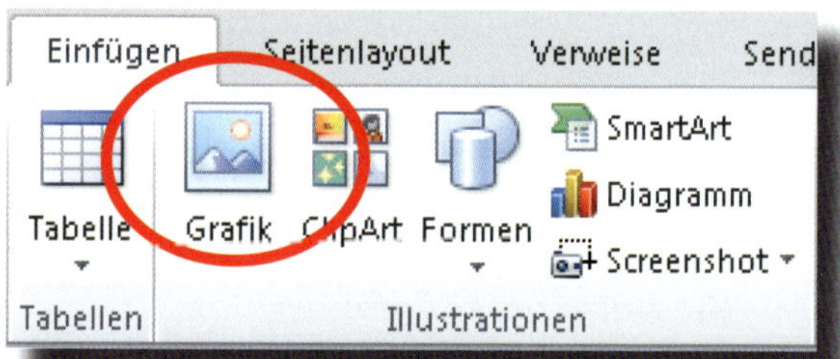

2. Suchen Sie das Bild auf Ihren Datenträgern und markieren Sie es durch Anklicken im Dateibrowser.

3. Klicken Sie auf ***Einfügen***, um das Bild in das Dokument zu übertragen.

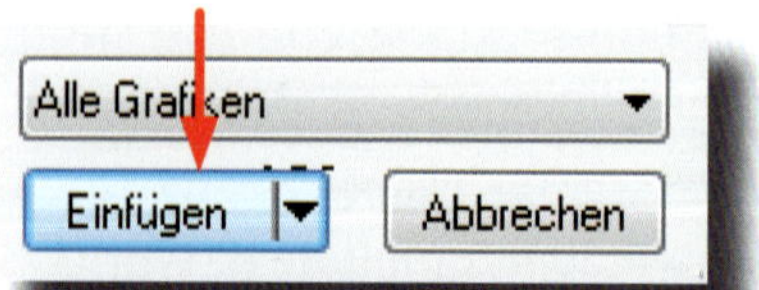

4 Um das Bild zentriert in die Spalte einzupassen, klicken Sie in der Multifunktionsleiste ***Start*** in der Gruppe ***Absatz*** auf die Schaltfläche für ***Zentriert***.

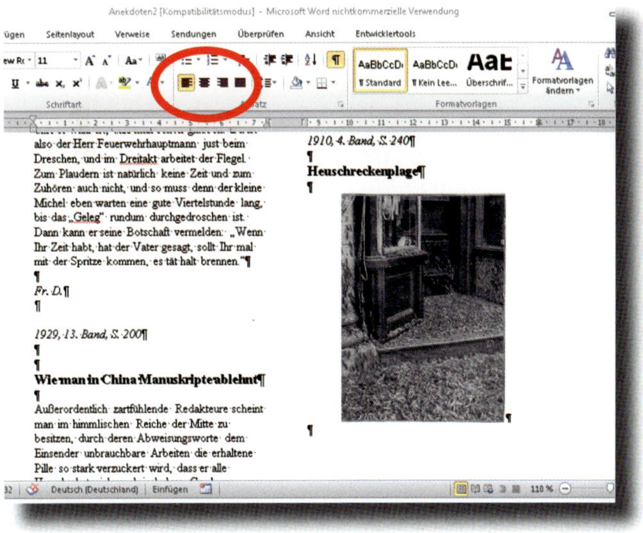

5 Soll das Bild nicht direkt ins Dokument eingefügt werden, können Sie bei ***Einfügen*** die Liste über das kleine Dreieck rechts öffnen und ***Mit Datei verknüpfen*** wählen. Dann sollte das Dokument aber immer mit der Grafik zusammen am gleichen Ort gespeichert bleiben.

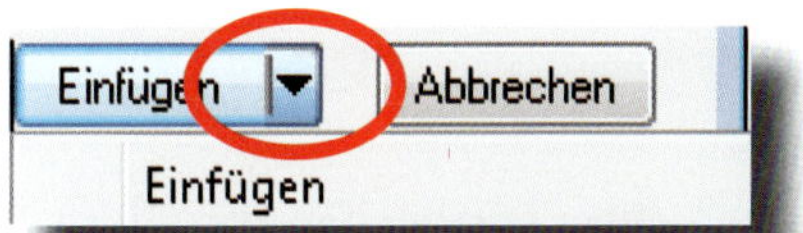

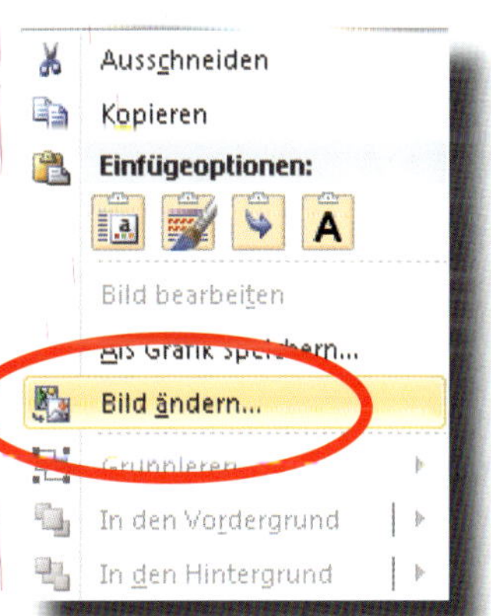

6 Möchten Sie ein anderes Bild einsetzen, müssen Sie nicht die ganzen Einstellungen erneut vornehmen. Klicken Sie mit der rechten Maustaste auf das Bild und wählen Sie ***Bild ändern***. Sie können dann im Dateibrowser ein anderes Bild auswählen.

Gut zu wissen

Bilder blähen ein Dokument mächtig auf. Es wird immer größer und umfangreicher. Deshalb sollten Sie vor dem Einfügen der Bilder diese auf die benötigte Größe anpassen (in Ihrer Bildbearbeitung). Sie können zwar auch die Bildgröße in Word ändern – wie der nächste Abschnitt zeigen wird –, aber das sollte nur in Grenzen geschehen, denn die Dateigröße wird dabei nicht verringert.

Ziel

Bilder müssen nicht an der Stelle im Dokument bleiben, an der Sie diese eingefügt haben. Sie können Platz und Größe der Bilder verändern. Das ist in Word keine große Kunst und auf zwei Seiten ausreichend erklärt. Folgen Sie einfach der folgenden Schritt-für-Schritt-Anleitung.

1. Doppelklicken Sie auf das Bild. Die Umrandungen werden wieder sichtbar und Sie sehen, dass in der Multifunktionsleiste ein neues Register – ***Bildtools*** > ***Format*** – hinzugekommen ist.

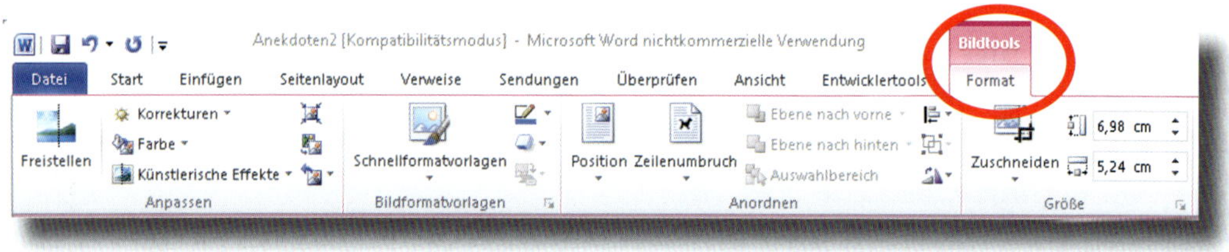

2. Öffnen Sie die Liste bei ***Position*** in der Multifunktionsleiste.

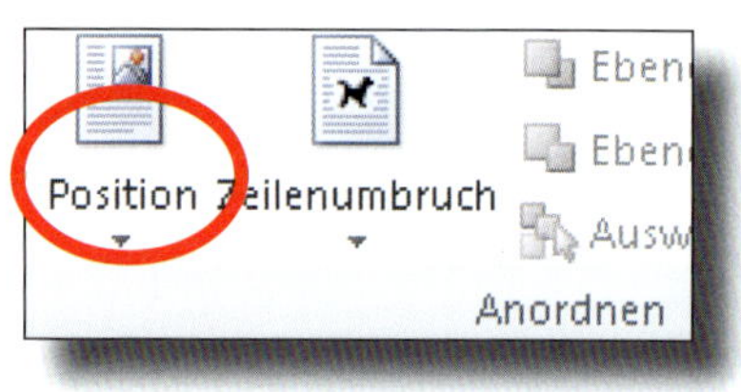

3. Suchen Sie sich im Katalog der Positionen eine passende für Ihr Bild in Ihrem Dokument aus.

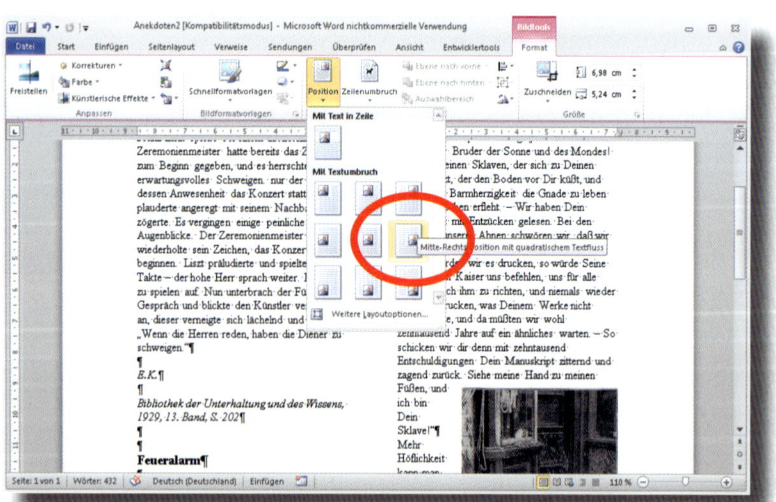

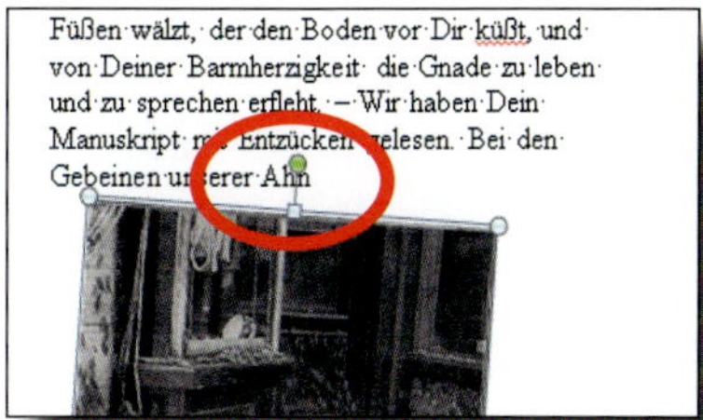

4 Ihr Bild muss keineswegs rechtwinklig und gerade im Dokument stehen. Fahren Sie mit dem Cursor auf den grünen runden Punkt, der oben aus dem Bild herausragt. Der Cursor verändert sich zu einem Rund aus vier Pfeilen. Wenn Sie jetzt bei gedrückter linker Maustaste den Cursor bewegen, bewegt sich das Bild mit. Lassen Sie los, wenn Ihnen die Position gefällt.

5 Um das Bild in der Größe zu ändern, fahren Sie mit dem Mauscursor in eine der Ecken. Der Cursor verwandelt sich in einen Pfeil, der in zwei Richtungen zeigt. Mit gedrückter Maustaste können Sie das Bild vergrößern oder verkleinern.

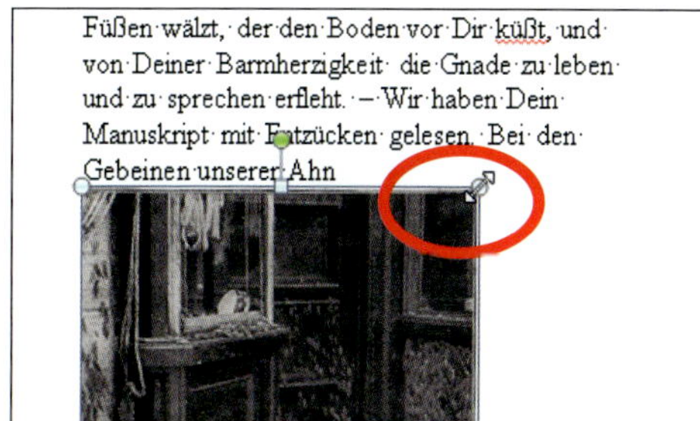

6 Um das Dokument nicht zu groß werden zu lassen, klicken Sie in der Gruppe ***Anpassen*** auf ***Bilder komprimieren***. Bestätigen Sie den nächsten Dialog mit ***OK***.

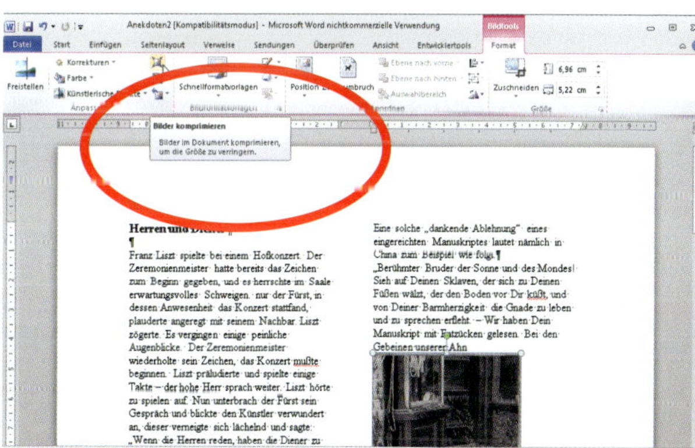

Gut zu wissen

Bilder sprechen meist für sich. Trotzdem ist es manchmal für die Verständlichkeit hilfreich, Bildunterschriften hinzuzufügen. Schreiben Sie diese aber nicht einfach unter das Bild. Klicken Sie mit der rechten Maustaste in das Bild oder die Grafik und wählen Sie aus dem Kontextmenü ***Beschriftung einfügen***. Im folgenden Dialog können Sie die Beschriftung (und einige Einstellungen dazu) anpassen. Auf diese Weise bleiben die Bildunterschriften immer dem Bild zugeordnet und stören nicht den Text.

Ziel

Nicht immer ist man mit einem Foto zufrieden, wenn man es erst einmal im Dokument sieht. Sie müssen aber jetzt nicht gleich das Bildbearbeitungs-Programm starten. Einige Anpassungs- und Formatierungsoptionen hat Word bereits integriert. Sie werden die Wichtigsten kennen lernen und künftig nutzen können.

1. Nutzen Sie die vorbereiteten ***Schnellformatvorlagen***, um das Bild mit einem Rahmen oder ausgefallenen Rand zu versehen.

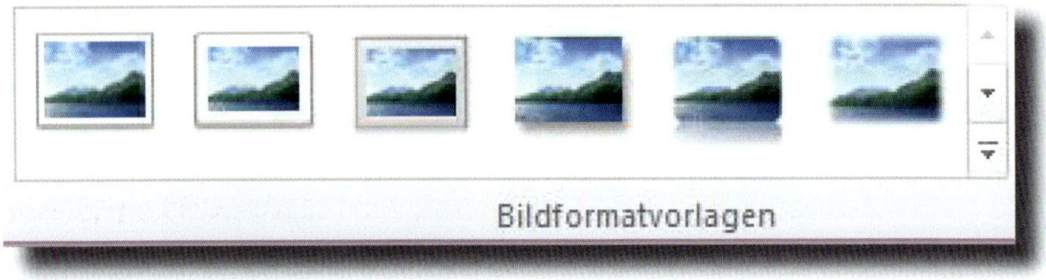

2. Über ***Zuschneiden > Auf Form zuschneiden*** können Sie das Bild in eine vorgegebene grafische Form pressen.

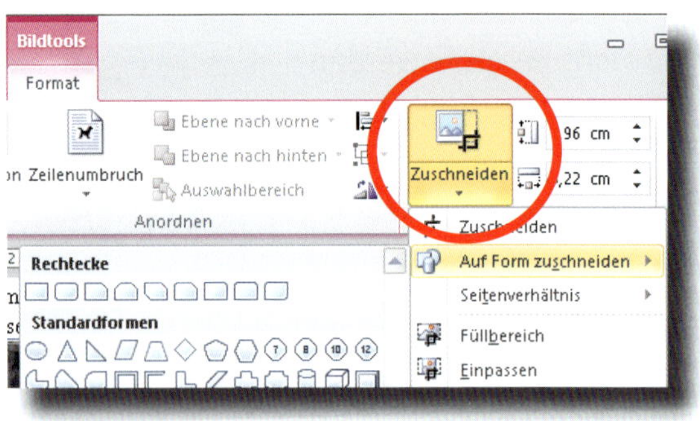

3. Wählen Sie ***Bildeffekte***, um dem Bild grafische Effekte – zum Beispiel Schattenwurf – hinzuzufügen.

4 Klicken Sie auf ***Korrekturen***, um das Bild aufzuhellen oder abzudunkeln. Suchen Sie dazu aus dem Katalog ein Muster aus.

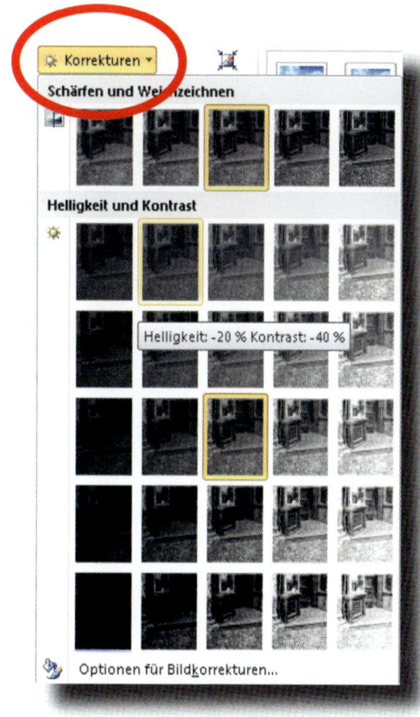

5 Klicken Sie auf ***Korrekturen > Optionen für Bildkorrekturen***, um die Darstellung des Bildes weiter zu optimieren. Ausgangsposition ist bei allen Einstellungen immer 0 %.

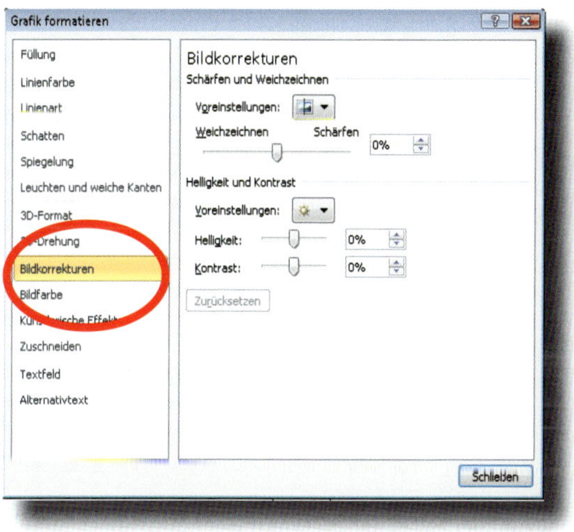

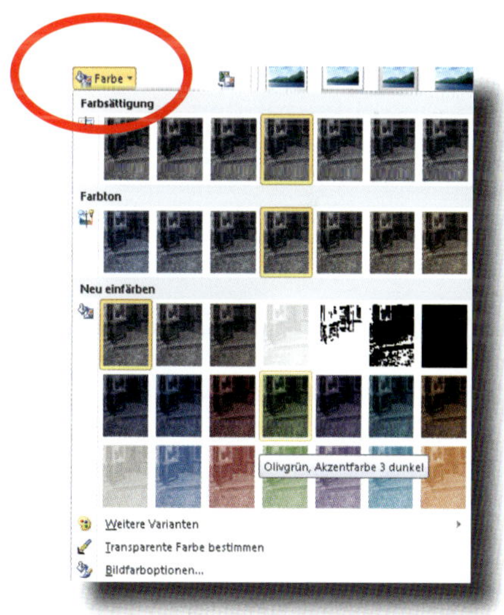

6 Wählen Sie ***Farbe***, um dem Bild einen Farbton (z. B. Sepia, um Bilder alt aussehen zu lassen) zu geben. Suchen Sie dazu die passende Vorlage im Katalog.

Gut zu wissen

Wenn Sie viel an einem Bild herumprobiert haben, kann es sein, dass Sie lieber noch einmal die Ausgangsposition hätten, um einen neuen Versuch zu starten. Nichts leichter als das. Klicken Sie einfach auf ***Grafik zurücksetzen*** und alles ist so, als hätten Sie nie irgendetwas mit dem Bild angestellt.

Ziel

ClipArts sind kleine grafische Objekte, die vielfältig zur Gestaltung der Dokumente eingesetzt werden können. Mit Word (bzw. Microsoft Office) werden bereits eine Reihe solcher ClipArts mitgeliefert. Weitere kann man über das Internet suchen und herunterladen. Sie werden nach den folgenden beiden Seiten wissen, wie Sie mit diesen grafischen Objekten umgehen müssen.

1. Aktivieren Sie das Register ***Einfügen*** und wählen Sie die Schaltfläche ***ClipArt*** aus.

2. Geben Sie in das Feld bei ***Suchen nach*** einen Begriff ein, der auf die zu suchende Grafik passen könnte und bestätigen Sie mit ***OK***.

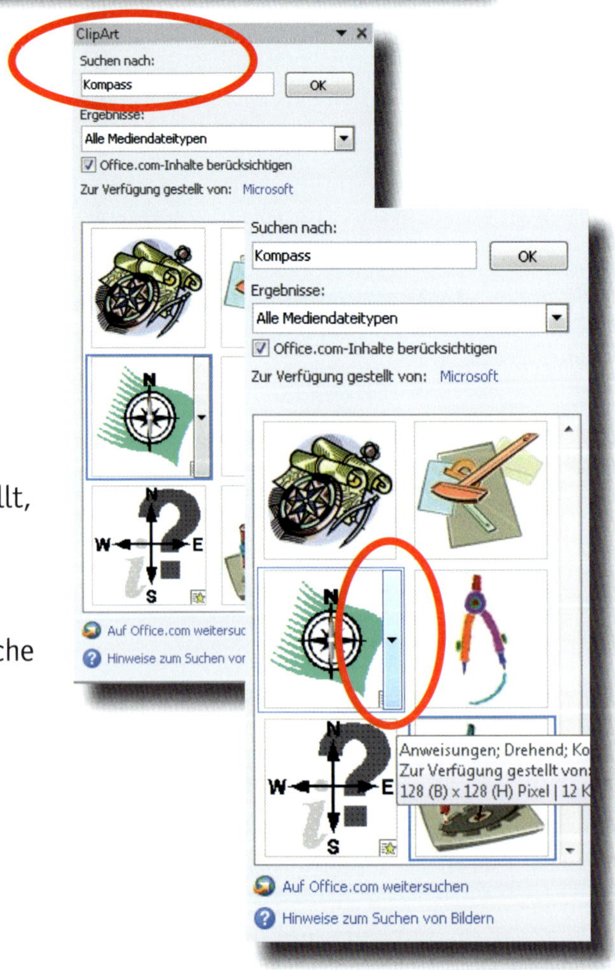

3. Haben Sie ein Bild gefunden, das Ihnen gefällt, dann fahren Sie es mit dem Mauscursor an. Am rechten Rand des Bildes sollte jetzt eine Schaltfläche erscheinen.

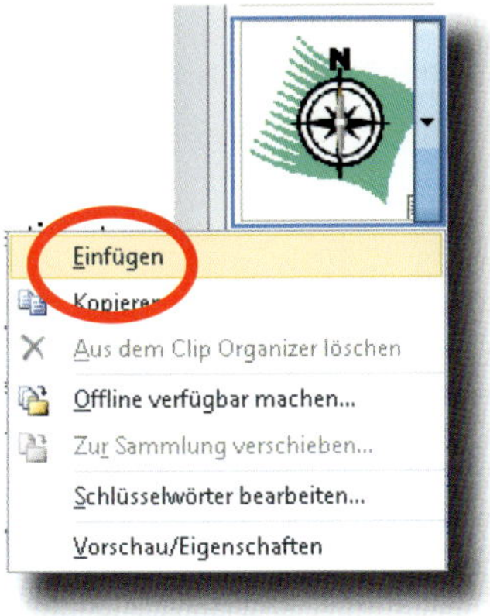

4 Klicken Sie auf die Schaltfläche und wählen Sie ***Einfügen***. Die ClipArt-Grafik wird nun in das Dokument an der Cursorposition eingefügt. Soll das nicht geschehen, sondern ein anderer Platz gesucht werden, können Sie über ***Kopieren*** das Bild in die Zwischenablage übertragen.

5 Ist die ClipArt-Grafik zu groß (oder zu klein), so fassen Sie mit dem Mauszeiger eine der Ecken und ziehen nach innen oder nach außen.

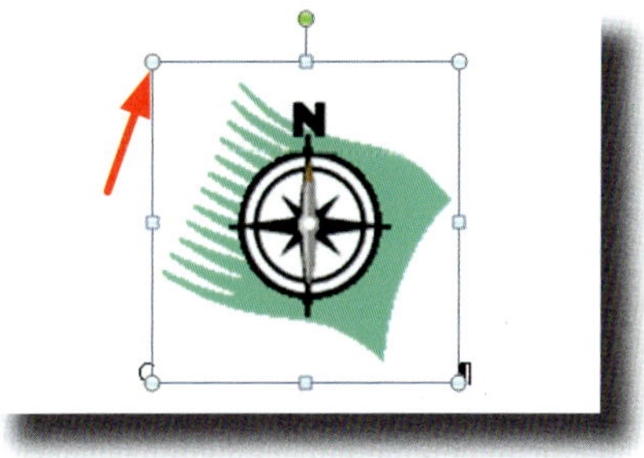

6 Finden Sie keine geeignete ClipArt-Grafik, klicken Sie auf ***Auf Office.com weitersuchen*** und suchen bei Microsoft direkt nach einer passenden Grafik. Finden Sie dort eine, können Sie diese kostenlos herunterladen.

Gut zu wissen

Über ***Organisieren von Clips*** können Sie Ihre ClipArt-Grafiken gut verwalten. Insbesondere wenn Sie erst einmal zahlreiche ClipArts heruntergeladen und/oder zugekauft haben, werden Sie über diesen Organisationsbrowser froh sein.

Ziel

Manche Informationen bietet man besser strukturiert und übersichtlich an, zum Beispiel in Tabellen. Word hat eine hervorragende und leicht zu bedienende Tabellenfunktion, die Sie auf den folgenden Seiten kennen lernen werden.

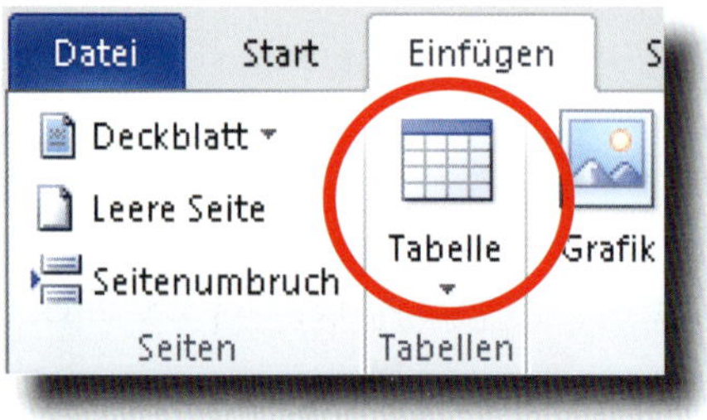

1. Klicken Sie im Register ***Einfügen*** auf die Schaltfläche ***Tabelle***.

2. Markieren Sie in der ausgeklappten Tabelle so viele Spalten, wie Sie in der Tabelle haben möchten und mindestens zwei Zeilen.

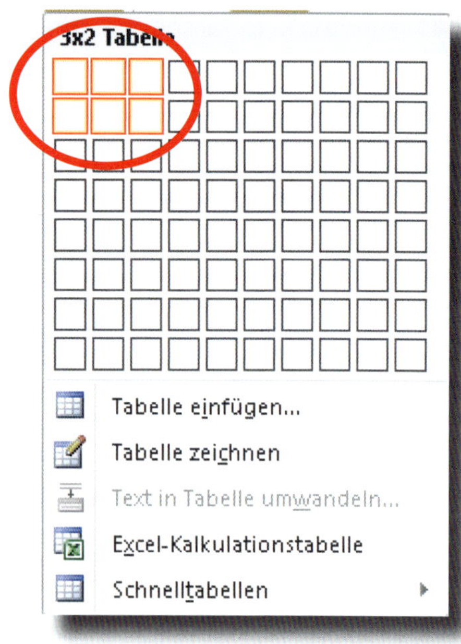

3. Es haben sich neue Register in der Multifunktionsleiste geöffnet. Wählen Sie aus den ***Tabellenformatvorlagen*** eine aus, die Ihnen gefällt. Tragen Sie nun die Überschriften in die erste Zeile und Texte (und/oder Werte) in die folgenden Zeilen der Tabelle ein.

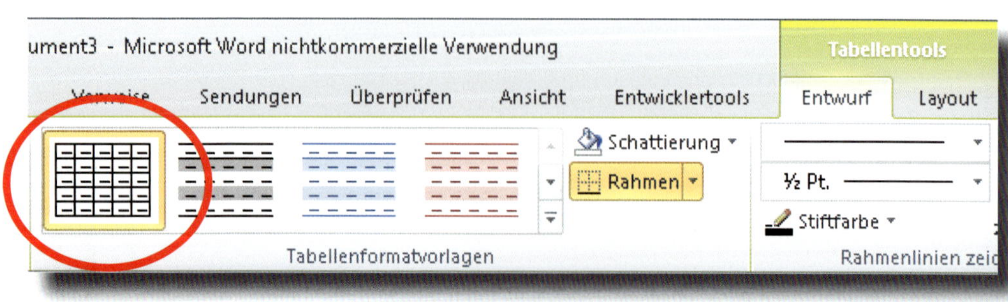

4 Von Feld zu Feld gehen Sie mit der ⇆-Taste. Haben Sie das letzte Feld der letzten Zeile erreicht, bewirkt ein erneuter Druck auf die ⇆-Taste die Erweiterung der Tabelle um eine zusätzliche Zeile.

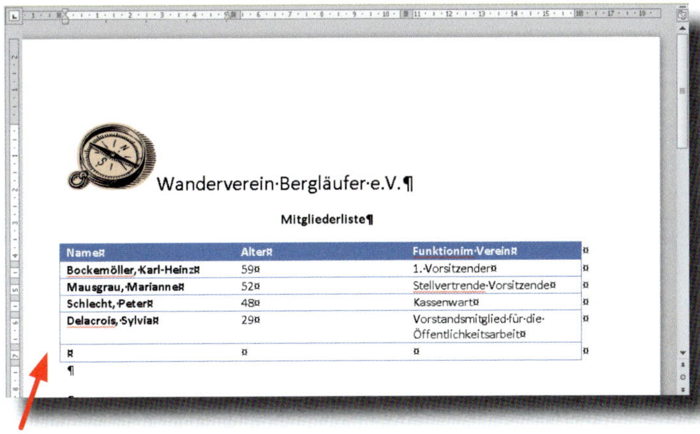

5 Passt Ihnen die gleichmäßige Breite der Spalten nicht, so fahren Sie mit dem Mauszeiger in das Lineal auf die Spaltenzeichen. Der Cursor verändert sich in einen nach links und rechts zeigenden Pfeil. Sie können nun die Breite der jeweiligen Spalte beliebig anpassen.

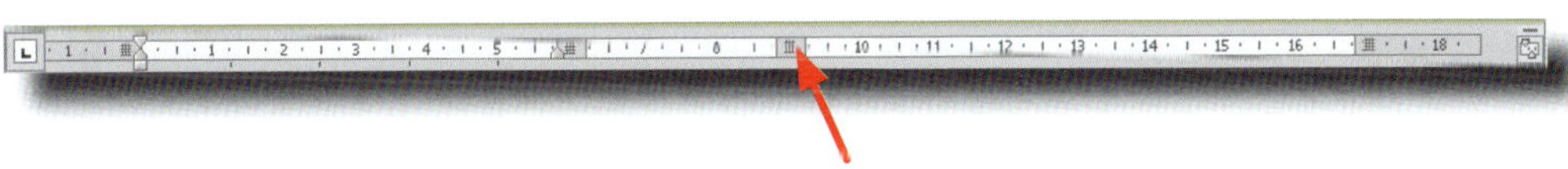

6 Wird die Tabelle sehr lang und geht über mehr als eine Seite, ist es sinnvoll, die Überschriften auf jede Seite zu übertragen. Dazu markieren Sie die komplette erste Zeile und wählen im Register ***Layout*** den Schalter ***Überschriften wiederholen***.

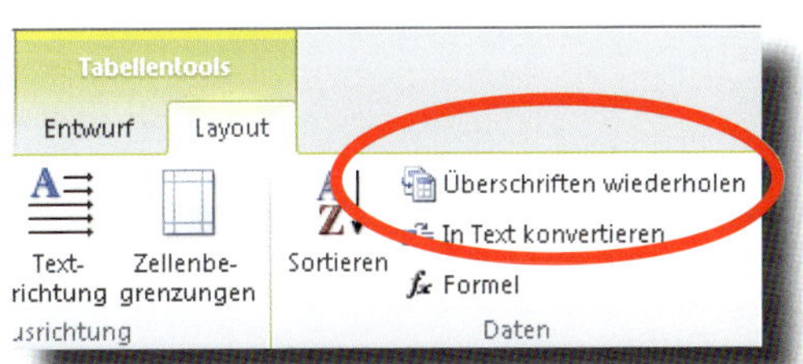

Gut zu wissen

Wählen Sie bei den Tabellentools das Register ***Layout***, können Sie über die Schaltfläche ***AutoAnpassen*** dafür sorgen, dass sich die Spaltenbreite immer automatisch an die Inhalte anpasst.

Ziel

Sie benötigen eine Tabelle, die nicht den üblichen Regeln entspricht? Gleichmäßige Zeilen und Spalten sind nicht gefragt, sondern ein uneinheitliches Durcheinander von Zellen, die unterschiedlichste Informationen aufnehmen sollen? Kein Problem! Word lässt Sie beliebige Tabellen zeichnen und verlangt gar nicht, dass alles exakt zusammenpasst. Wie das geht, können Sie gleich ausprobieren.

1. Klicken Sie im Register ***Einfügen*** auf ***Tabelle*** und anschließend auf ***Tabelle zeichnen***. Der Cursor verwandelt sich in einen Bleistift.

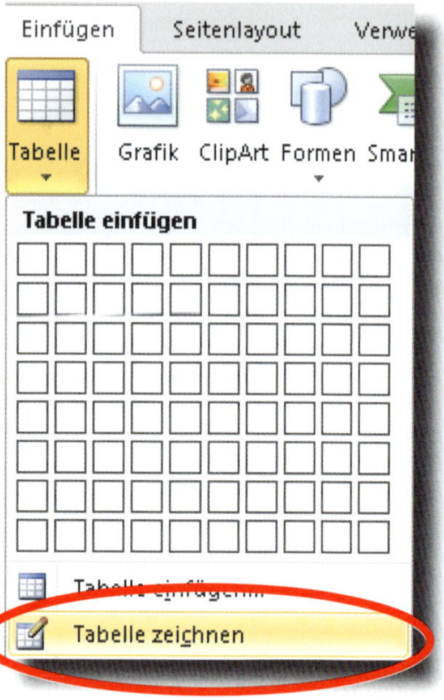

2. Legen Sie im Register ***Entwurf*** bei ***Strichstärke*** eine passende Rahmendicke fest.

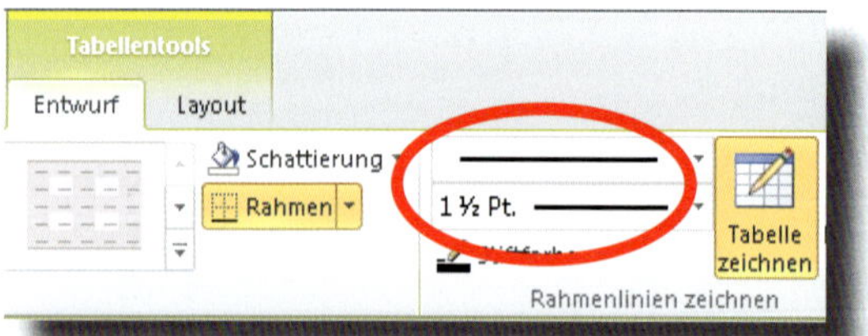

3. Malen Sie mit dem Bleistift im Dokument eine beliebige Zelle. Sobald Sie die Maustaste loslassen, wird ein Rahmen gezeichnet.

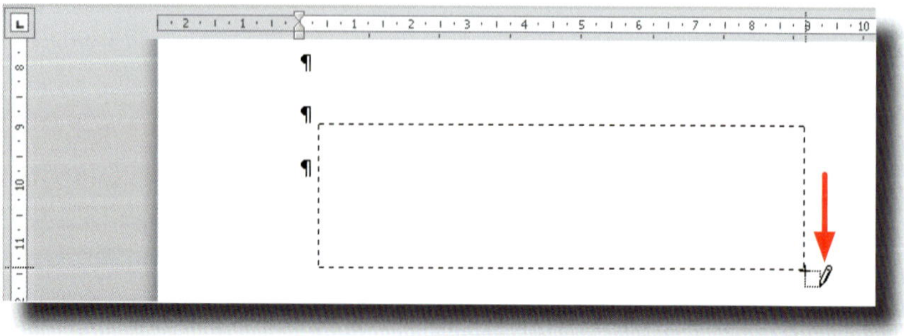

4 Zeichnen Sie weitere Rechtecke. Wenn sie nicht ganz exakt an die anderen passen, dann fügt Word diese automatisch an, wenn die Lücke nicht zu groß ist.

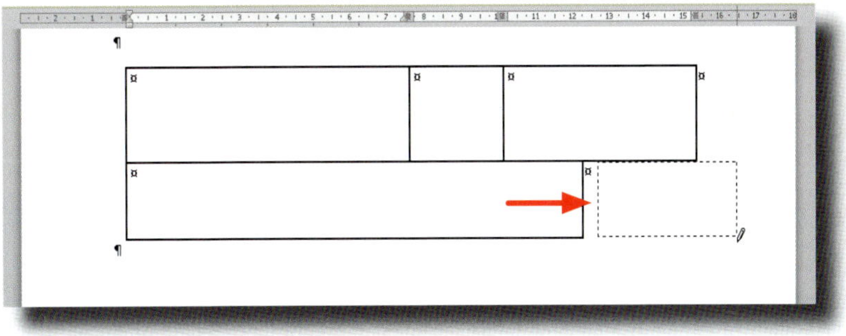

5 Über ***Schattierung*** können Sie die Tabelle mit einer ***Designfarbe*** einfärben.

6 Sind Sie mit der Tabelle nicht ganz zufrieden, dann können Sie auf die Schaltfläche ***Radierer*** klicken. Der Cursor verwandelt sich in einen Radiergummi. Klicken Sie damit eine Rahmenlinie in der Tabelle an, so verschwindet diese.

Gut zu wissen

Sie können auch die ***Tabellenformatvorlagen*** für die frei gezeichnete Tabelle verwenden. Allerdings müssen Sie dann damit rechnen, dass die einzelnen, von Ihnen schön angeordneten Zellen unter Umständen umgeordnet und alle links- oder rechtsbündig ausgerichtet werden.

Ziel

Word bietet Ihnen einen einfachen Weg, Excel-Kalkulationstabellen in einem Dokument zu erstellen und zu bearbeiten. Außerdem hat es einige Schnelltabellen parat, die Sie einfach in Ihre Dokumente einfügen und nutzen können. Auf den folgenden beiden Seiten lernen Sie beide kennen.

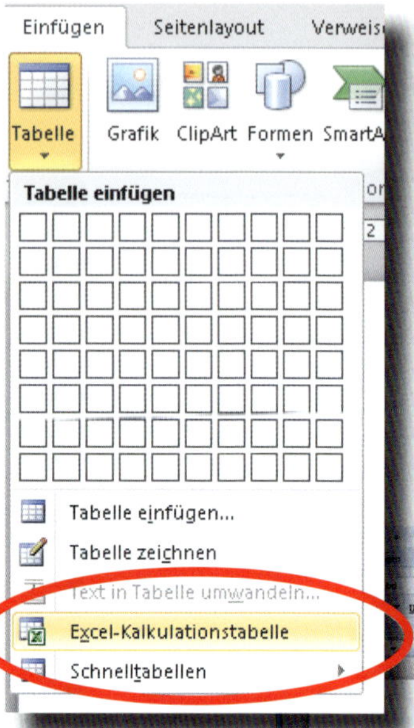

1. Klicken Sie auf die Schaltfläche ***Tabelle*** und wählen Sie ***Excel-Kalkulationstabelle***.

2. Word öffnet eine Excel-Kalkulationstabelle im Dokument. Das Menüband enthält nun die Funktionen von Excel.

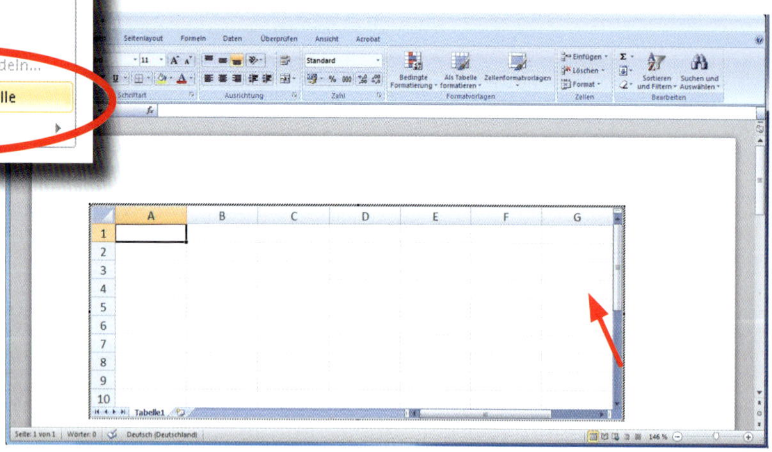

3. Sie können in dieser eingefügten Kalkulationstabelle so arbeiten, wie Sie es auch in Excel tun würden (Näheres dazu erfahren Sie ab Kapitel 7: ***Excel kennen lernen***).

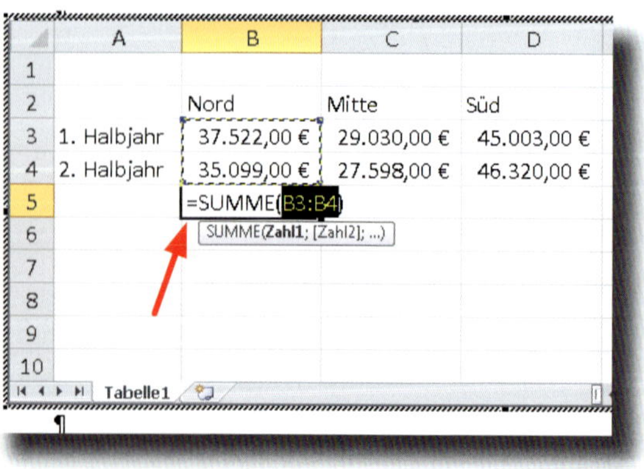

4 Klicken Sie auf einen freien Bereich neben die Kalkulationstabelle. Das Excel-Fenster schließt sich und hinterlässt die Tabelle mit allen zuvor eingefügten Objekten (z. B. Diagrammen) im Word-Dokument.

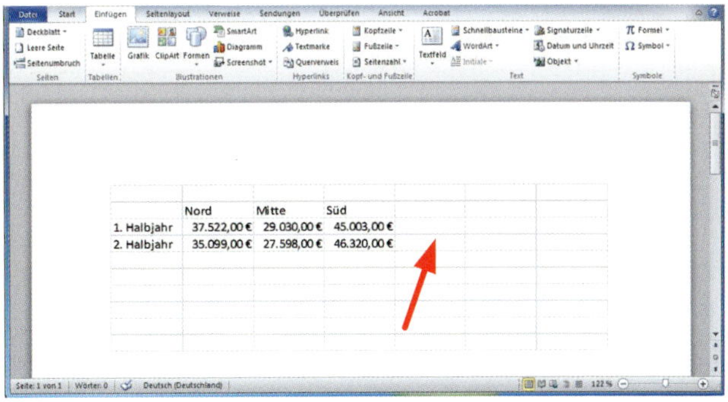

5 Wählen Sie ***Tabellen*** > ***Schnelltabellen***. Aus der Liste können Sie eine Reihe von fertigen Tabellen auswählen, z. B. eine Tabelle mit dem griechischen Alphabet.

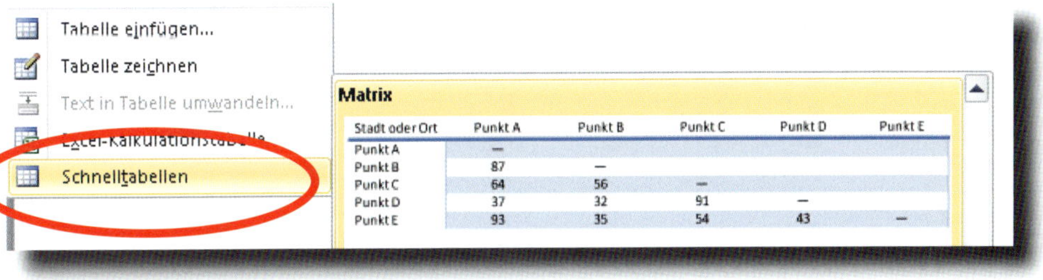

6 Auch eine Kalendervorlage ist schnell integriert. Allerdings müssen Sie die Vorgaben noch mit den gewünschten Monatsdaten überschreiben.

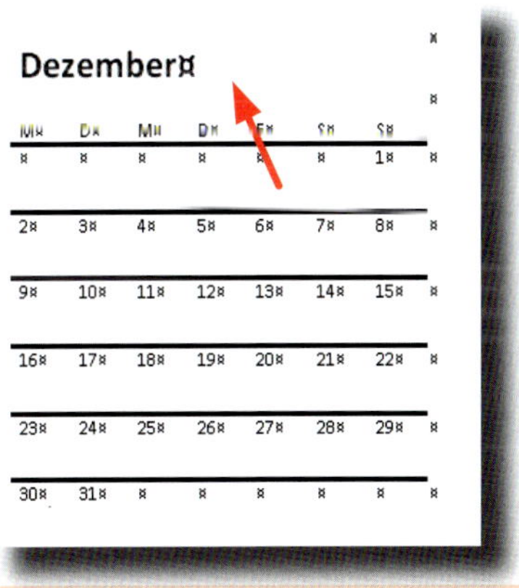

Gut zu wissen

Excel-Kalkulationstabellen sind für überschaubare Kalkulationen hervorragend in Word einzusetzen. Es muss nicht zu einer anderen Anwendung gewechselt werden und wie flexibel mit Excel kalkuliert werden kann, werden Sie im zweiten Teil dieses Buches noch kennen lernen. Word reicht Ihnen diese Fähigkeiten durch. Für größere Tabellen ist das allerdings keine Lösung. Da ist es besser, direkt in Excel zu arbeiten.

Ziel

Vielleicht sind Sie mit einer fertigen (schnellformatierten) Tabelle nicht zufrieden. Bevor Sie alles neu erstellen: Passen Sie die Tabelle lieber Ihren Vorstellungen entsprechend an. Wie einfach das geht, sehen Sie auf den nächsten zwei Seiten.

1. Um die Tabelle bearbeiten zu können, doppelklicken Sie mitten in die Tabelle hinein.

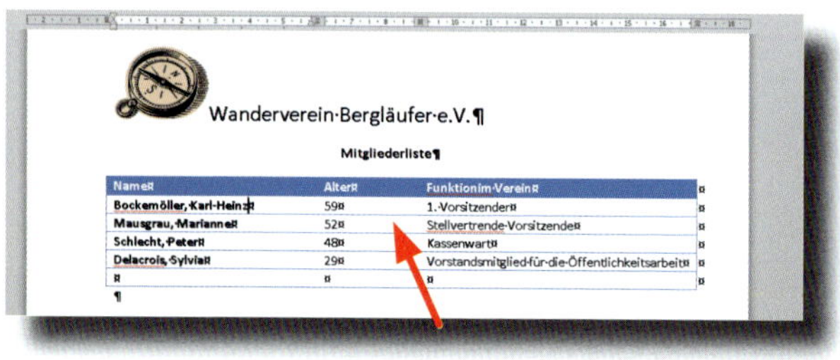

2. Es öffnen sich im Menüband die ***Tabellentools*** mit den beiden Registerkarten ***Entwurf*** und ***Layout***.

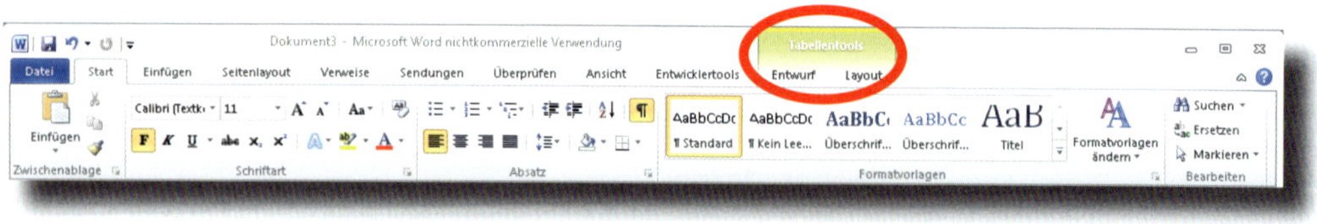

3. Markieren Sie die komplette Tabelle, indem Sie mit dem Mauscursor am linken Rand von oben nach unten entlangfahren.

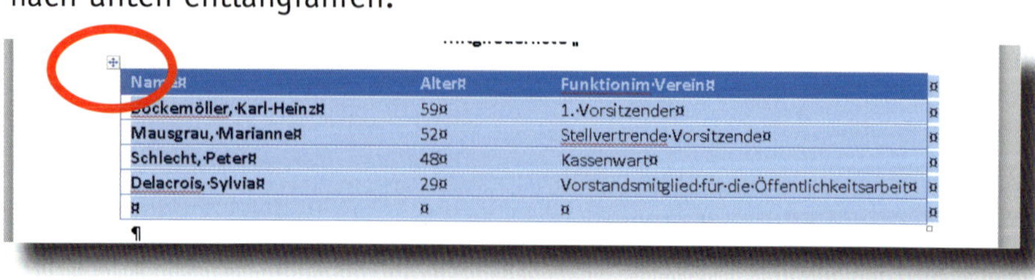

4 Sie können nun wieder alle Gestaltungsmöglichkeiten auf die Tabelle anwenden, z. B. die ***Tabellenformatvorlagen***.

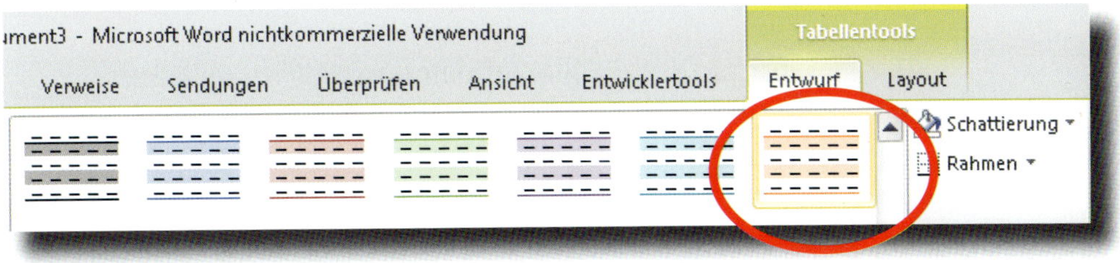

5 Möchten Sie eine Spalte löschen, so markieren Sie diese und wählen im Register ***Layout*** > ***Löschen*** > ***Spalten löschen***.

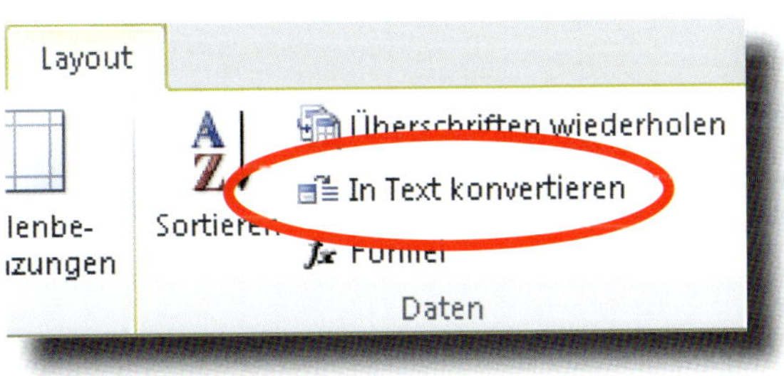

6 Möchten Sie die Tabelle wieder auflösen, aber nicht löschen, weil der Inhalt noch benötigt wird, so wählen Sie in der Gruppe ***Daten*** die Schaltfläche ***In Text konvertieren***.

Gut zu wissen

Sie können auch Formeln in eine Word-Tabelle einsetzen. Den nötigen Dialog finden Sie dazu im Register ***Layout*** in der Gruppe ***Daten***. So können Sie z. B. rechnende Word-Formulare erstellen, etwa für eine Rechnung. Allerdings ist in der Regel eine eingefügte Excel-Kalkulationstabelle flexibler. Sie wissen ja jetzt, wie man damit umgeht.

Wichtige Begriffe

ClipArts: Kleine grafische Objekte, die mit Microsoft Office geliefert werden, aber auch online zu finden sind. Sie können in Office- und Excel-Dokumente integriert werden. Da es sich um kleine Dateigrößen handelt, können sie bequem auch in größerer Zahl in Word-Dokumente eingefügt werden.

Einfügen: Bilder und Grafiken, die in ein Word-Dokument eingefügt wurden, werden auch darin aufbewahrt. Das ist bequem, weil der Speicherort der Originale keine Rolle mehr spielt. Andererseits bläht das Einfügen auch die Dokumentdateien auf.

Excel-Kalkulationstabelle: Excel-Tabellenobjekte, die in einem Word-Dokument geöffnet und gespeichert werden können.

Verknüpfen: Bilder, Grafiken und andere Objekte, die mit Word verknüpft werden, sind im Dokument nicht selbst enthalten. Word greift bei Bedarf immer auf die Originale zurück. Werden diese an eine andere Stelle verschoben, kann Word die Bilder nicht mehr anzeigen.

5

Ansprechende Briefe gestalten

In diesem Kapitel lernen Sie:

- ☑ wie Sie mit Designvorlagen arbeiten
- ☑ wie Sie Hintergrundfarben und Muster einsetzen können
- ☑ wie Sie eigenes Briefpapier erstellen
- ☑ wie Sie ein eigenes Bild für Briefpapier verwenden
- ☑ wie Sie die Seitenränder exakt einrichten
- ☑ wie Sie Adresse und Text platzieren
- ☑ wie Sie den Brieftext ansprechend formatieren
- ☑ wie Sie mit Word Umschläge bedrucken können

Ziel

Mit den in Word enthaltenen Designvorlagen können Sie Ihre Dokumente schnell und einfach ansprechend gestalten. Aufwändiges Formatieren gehört damit der Vergangenheit an. Wie Sie Designvorlagen sinnvoll einsetzen, erfahren Sie in diesem Kapitelabschnitt.

1 Wählen Sie das ***Datei***-Register und ***Neu***.

2 Klicken Sie auf den Eintrag ***Beispielvorlagen***.

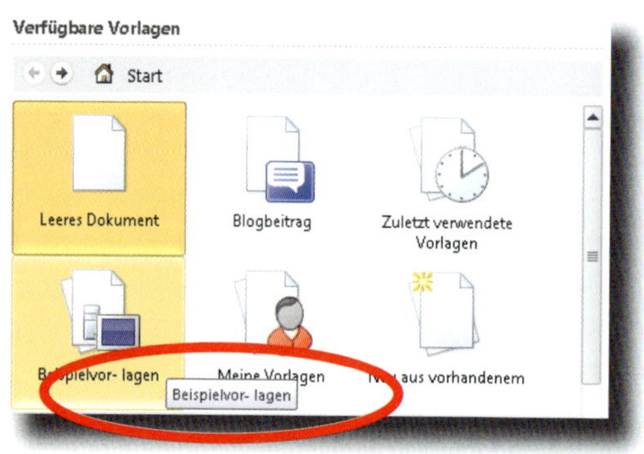

3 Wählen Sie eine der angezeigten Vorlagen aus. Wollen Sie einen Brief schreiben, so kommt z. B. die ***Nereus Briefvorlage*** in Frage, die ein interessantes Design (Kopfdaten am rechten Rand) aufweist.

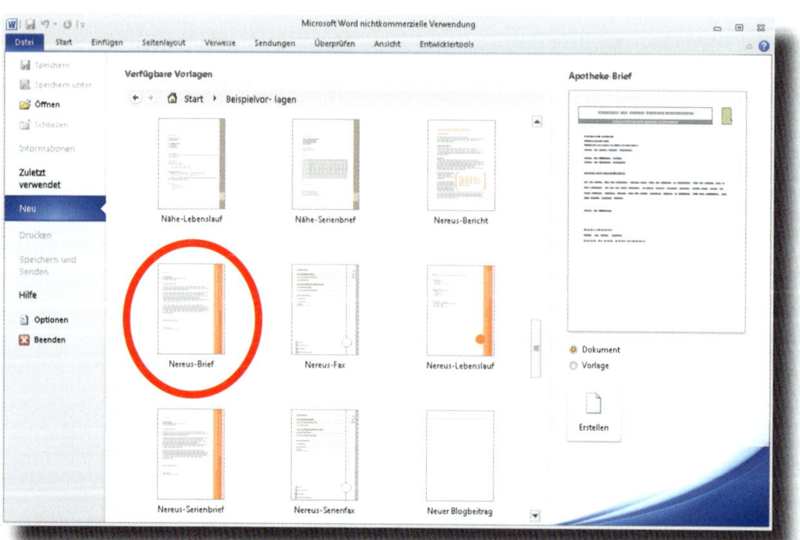

4. Prüfen Sie, ob bei ***Neu erstellen*** das Optionskästchen vor ***Dokument*** aktiviert ist und klicken Sie dann auf ***Erstellen***.

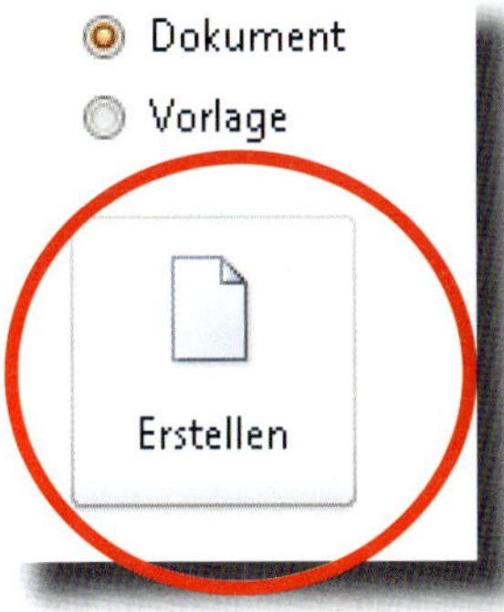

5. Klicken Sie in die Platzhalter am rechten Rand und tragen Sie Ihre persönlichen Daten ein.

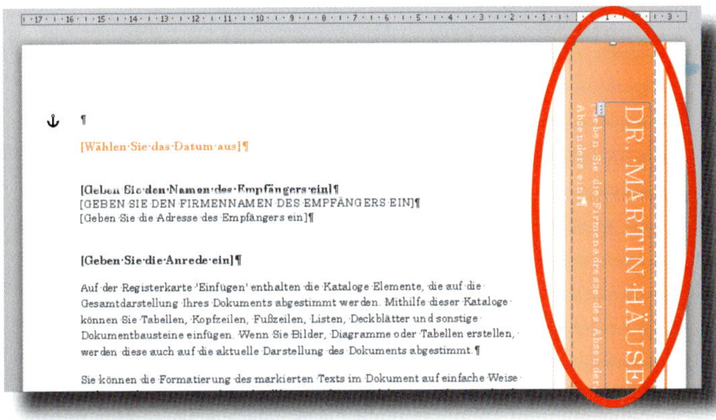

6. Öffnen Sie über ***Wählen*** das Datum aus dem Pop-Up-Kalender und klicken Sie das passende Datum an. Es wird in das Feld übernommen.

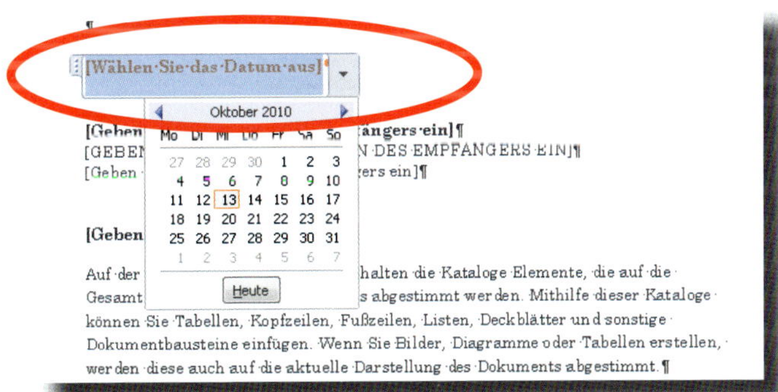

Gut zu wissen

Sie erkennen Platzhalter an den eckigen Klammern. Ersetzen Sie diese durch eigenen Text, so verschwinden die Klammern und erscheinen auch beim Ausdruck nicht mehr. Felder, die Sie nicht benutzen wollen, sollten Sie löschen, damit sie nicht beim Ausdruck störend im Dokument stehen.

Ziel

Nicht immer gefällt die vorhandene Designvorlage in allen Details. Es ist aber kein Problem, dabei Anpassungen vorzunehmen. Nachfolgend sehen Sie, wie einfach das geht.

1. Doppelklicken Sie auf das Element, das Sie verändern wollen, z. B. auf die orange Leiste am rechten Rand der ***Nereus Briefvorlagen***. Sie erkennen die Auswahl an den Anfasspunkten an den Ecken der Markierung.

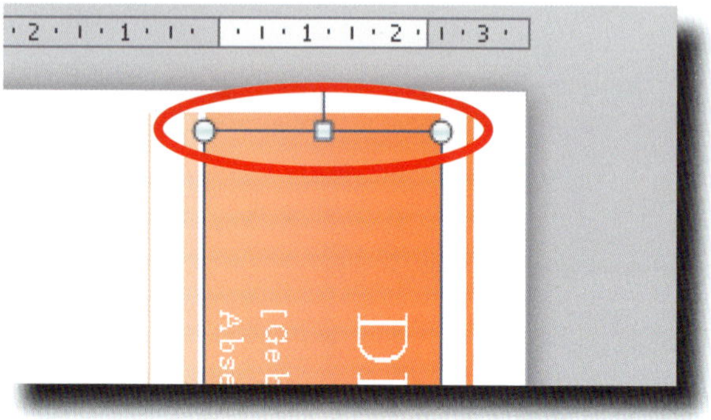

2. Im Menüband haben sich als zusätzliches Register die ***Zeichentools*** geöffnet.

3. Wählen Sie z. B. eine Farbe aus dem Musterkatalog in der Gruppe ***Formarten***. Über die kleine Schaltfläche unter den Scrollschaltern können Sie einen umfangreichen Katalog öffnen, der auch Farbverläufe enthält.

4 Klicken Sie auf den Schalter ***Fülleffekt,*** um den Katalog an Designfarben zu öffnen. Sie können eine dieser Farben auswählen, um sie dem markierten Objekt zuzuordnen.

5 Interessanter wird es, wenn Sie ***Struktur*** wählen. Sie bekommen dann verschiedene Strukturmuster, die ebenfalls dem markierten Objekt zugewiesen werden können.

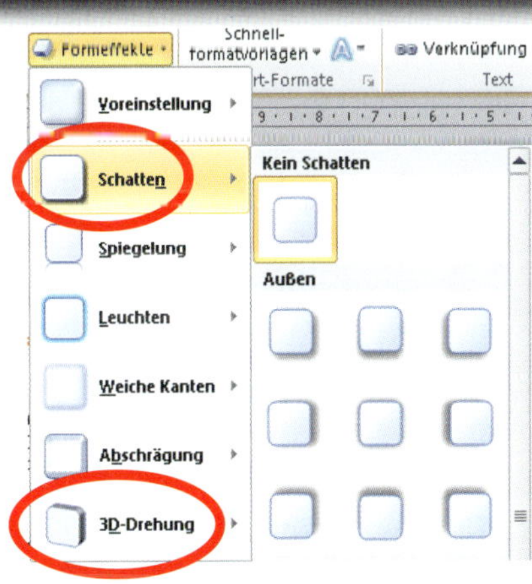

6 Effekte wie Schatten und 3D sind nicht für jedes Objekt wirklich sinnvoll. Das Ausprobieren lohnt sich aber fast immer.

Gut zu wissen

Solche grafischen Objekte wie beim Nereus-Briefformular setzen sich nicht auf der nächsten Seite fort. Diese Designvorlagen haben allerdings eine vorbereitete zweite Seite. Schauen Sie sich diese an, bevor Sie die Vorlage einsetzen. Möglicherweise müssen Sie auch da noch Anpassungen vornehmen. Damit die Anpassungen nicht verloren gehen, sollten Sie die angepasste Designvorlage abspeichern.

Ziel

Sie möchten nicht mit den Designvorlagen arbeiten und stattdessen lieber eigenes Briefpapier entwickeln? Kein Problem! Der Weg dahin ist nicht allzu lang. Die folgenden Anleitungen dieses Kapitels helfen Ihnen dabei.

1. Legen Sie über das ***Datei***-Register (***Neu*** > ***Leeres Dokument*** > ***Erstellen***) ein neues, leeres Dokument an.

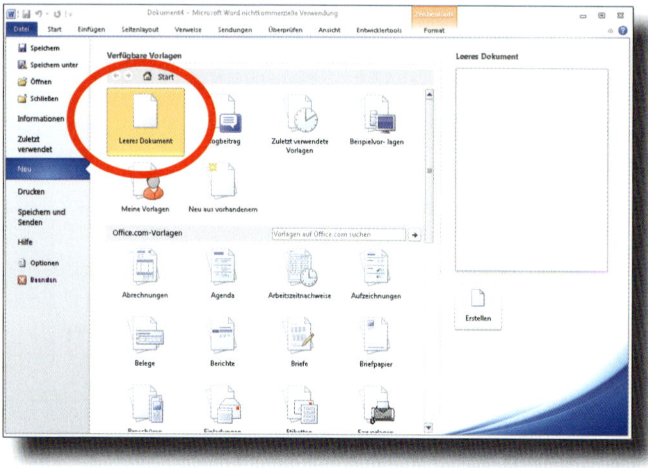

2. Tragen Sie Ihre Adressdaten zunächst ohne weitere Formatierung in das Dokument ein.

3. Formatieren Sie nun mit den bekannten Mitteln Ihre Adresse (z. B. mit einer anderen Schriftgröße und rechtsbündig angeordnet). Ihren Namen heben Sie deutlicher hervor (größer, vielleicht fett formatiert) als die restliche Adresse.

4 Gehen Sie in das Register ***Einfügen***, wählen Sie die Schaltfläche ***Formen*** und dort ein Rechteck aus.

5 Ziehen Sie ein Rechteck um die Adresse und über die ganze Breite des Dokuments (Ränder berücksichtigen). Die Adresse wird verdeckt, weil das Rechteck flächig ausgefüllt wird.

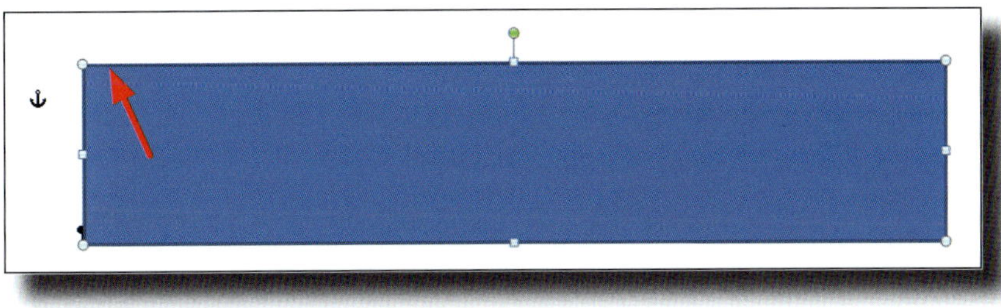

6 Öffnen Sie die Liste bei ***Ebene nach hinten*** und wählen Sie ***Hinter den Text bringen***. Daraufhin ist die Absenderadresse wieder sichtbar.

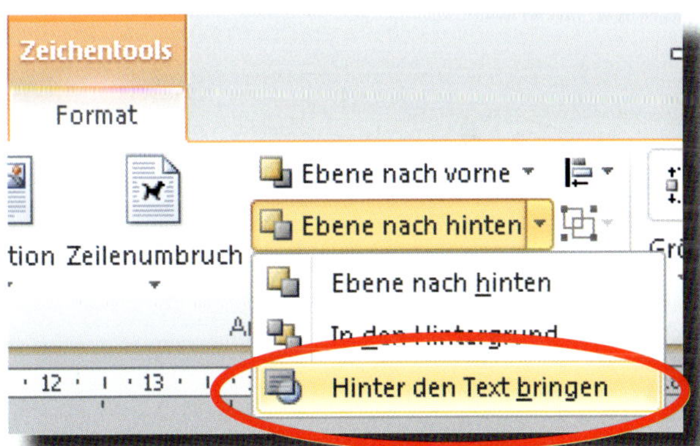

Gut zu wissen

Sie können den markierten Rahmen nun mit den vorhandenen Formatarten (oder individuell) bearbeiten. Die Adresse wird weiterhin sichtbar bleiben.

Ein eigenes Bild verwenden

Ziel

Möchten Sie ein eigenes Bild verwenden oder ein ClipArt einsetzen? Kein Problem, Sie haben ja im vorangegangenen Kapitel gelernt, wie solche Objekte in ein Dokument eingefügt werden. In diesem Abschnitt erfahren Sie, wie Sie ein ClipArt in Ihr Briefpapier integrieren.

1. Wählen Sie über das Register ***Einfügen*** die Schaltfläche ***ClipArt*** aus.

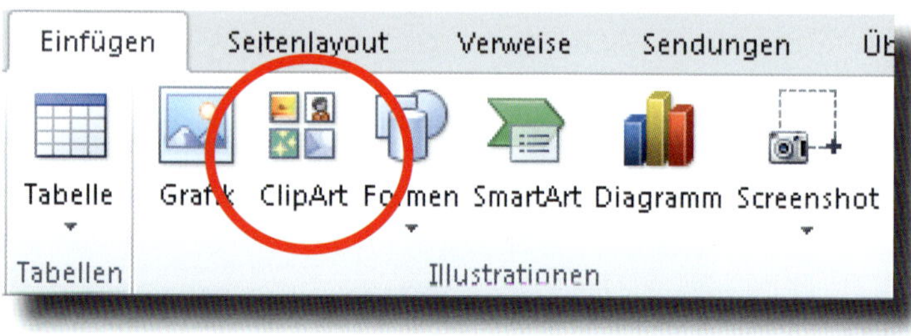

2. Suchen Sie im ClipArt-Dialog nach einer passenden ClipArt-Grafik.

3. Wählen Sie aus dem Menü beim ausgewählten ClipArt ***Kopieren*** aus.

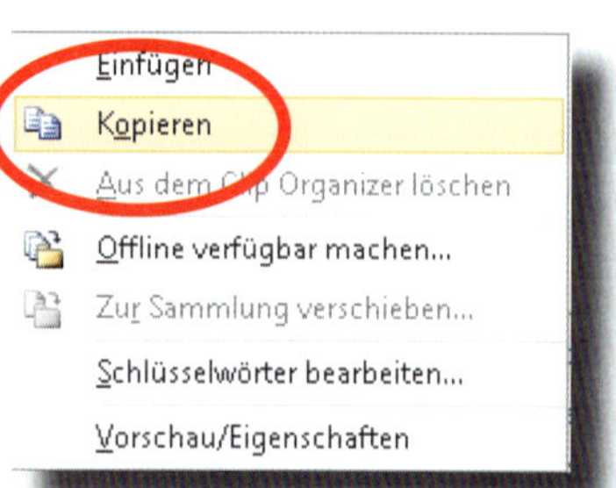

4 Klicken Sie in den Rahmen und wählen Sie die Tastenkombination Strg + V. Passen Sie evtl. die Größe der ClipArt-Grafik an, bis sie in den Rahmen passt. Die Kombination ClipArt und Adresse wird trotzdem noch etwas unglücklich aussehen.

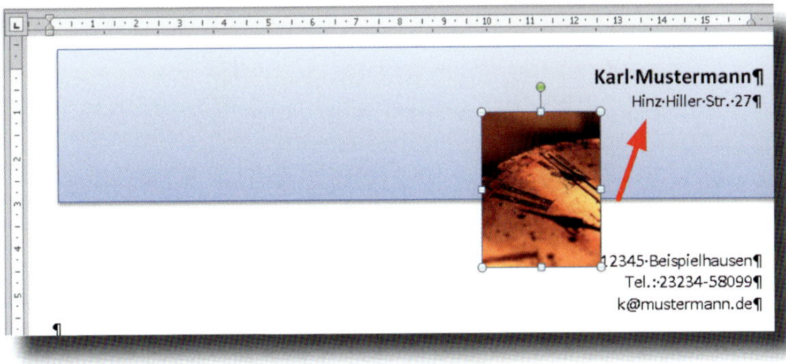

5 Wählen Sie ***Zeilenumbruch*** und aus der Liste ***Hinter den Text***.

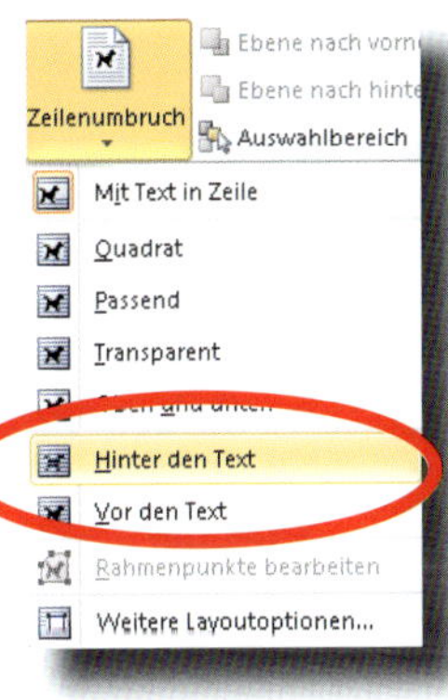

6 Nun ist die Grafik unabhängig von der Adresse und kann mit der Maus verschoben werden, z. B. an den linken Rand. Die Adresse sitzt dann auch wieder richtig im Rahmen.

Gut zu wissen

Wenden Sie die Bildformatvorlagen auf die ClipArt-Grafik an. Weiche Kanten passen oft solche Grafiken in andere Objekte mit farbigem Hintergrund besser ein.

88 Seitenränder einrichten

Ziel

Ein Briefpapier braucht Ränder, z. B. damit links zur Ablage gelocht werden kann, aber auch um Fußzeilen mit Kontodaten oder Ähnlichem einzufügen. Wie das passende "Rundherum" im eigenen Formular eingerichtet wird, erfahren Sie in der folgenden Anleitung.

1. Aktivieren Sie im Menüband das Register ***Seitenlayout***.

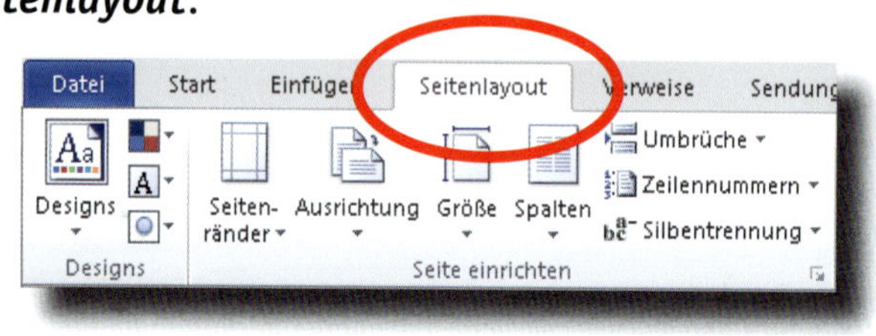

2. Klicken Sie auf die Schaltfläche ***Seitenränder***.

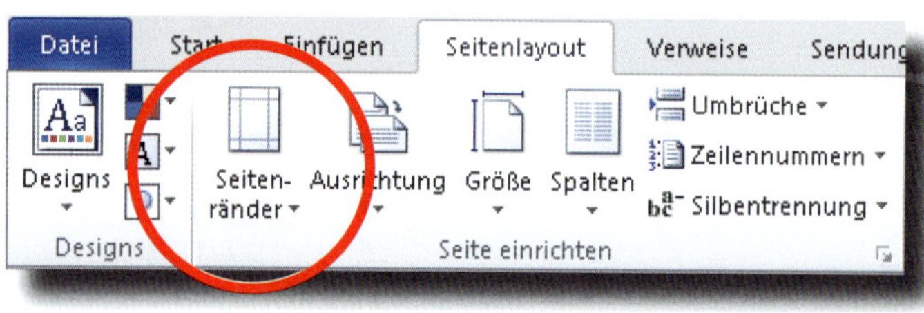

3. Wählen Sie im Katalog unten den Eintrag ***Benutzerdefinierte Seitenränder*** aus.

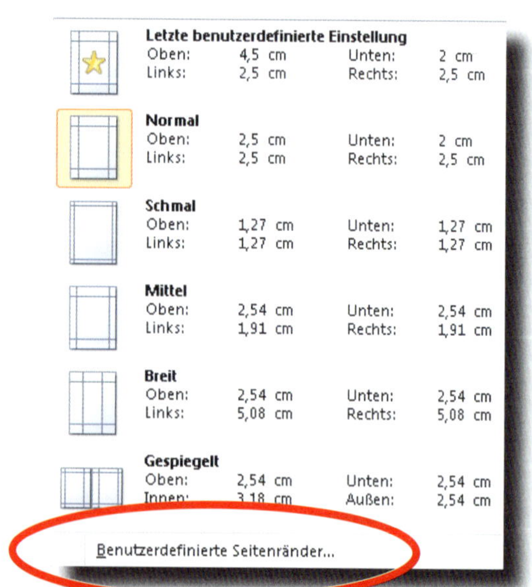

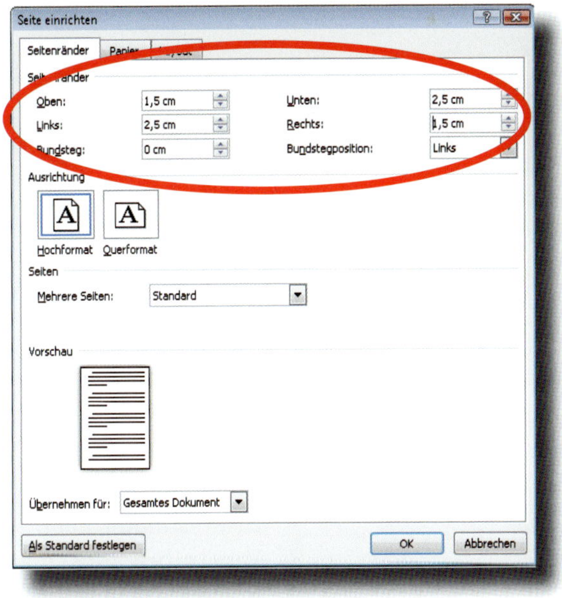

4 Tragen Sie im Bereich ***Seitenränder*** neue Werte ein: für oben und rechts 1,5 cm und für unten und links jeweils 2,5 cm.

5 Wechseln Sie zum Register ***Kopf- und Fußzeilen*** und aktivieren Sie das Kontrollkästchen vor ***Erste Seite anders***. Dann können Sie ab der zweiten Seite Seitenzahlen einrichten, falls es einmal ein längerer Brief wird.

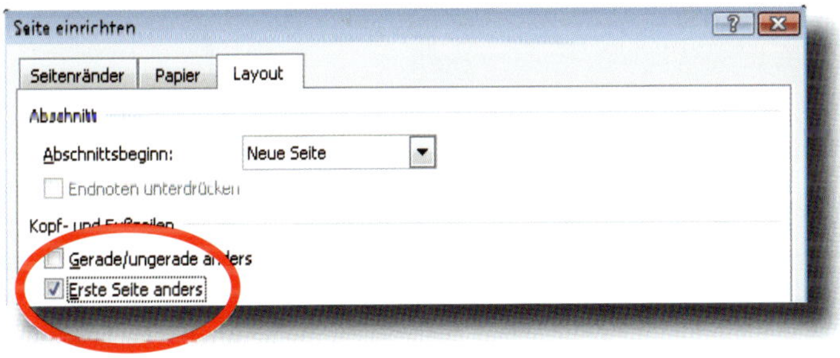

6 Bestätigen Sie die Einstellungen mit ***OK***.

Gut zu wissen

Sollte nach Anpassen der Seitenränder Rahmen und Adresse nicht mehr ganz zueinander passen, dann klicken Sie den Rahmen an und verändern über die Anfasspunkte an Ecke oder Rändern die Größe, bis es wieder stimmt.

Ziel

Wichtige Bestandteile des Briefformulars sind Adressfeld und Textbereich sowie ein Datumsbereich und die Fußzeile. Wie diese in das neue Formular integriert werden, zeigen Ihnen die nächsten Schritte.

1. Als Erstes tragen Sie die Absenderangaben noch einmal ein – in einer Zeile, mit kleiner Schriftgröße und unterstrichen formatiert. Dann kann das Briefformular auch in Fensterbriefumschlägen genutzt werden.

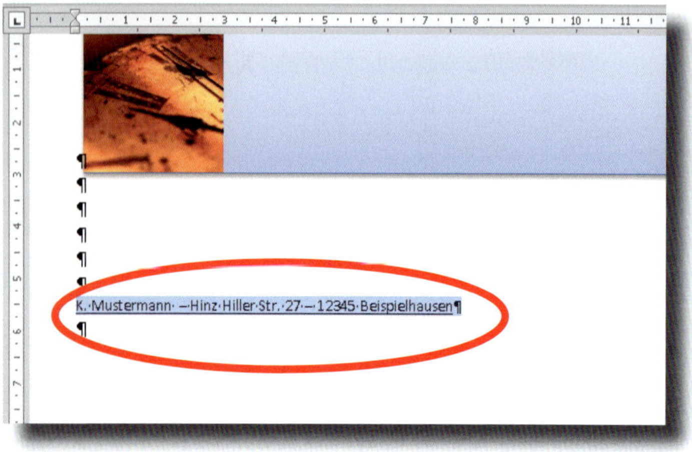

2. Setzen Sie Platzhalter für die Adresse ein, am besten in eckigen Klammern oder anderen Sonderzeichen eingefasst, damit klar ist, dass diese Platzhalter noch überschrieben werden müssen.

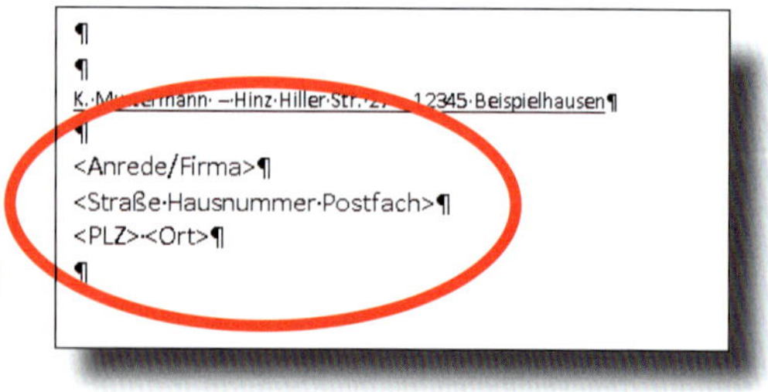

3. Aktivieren Sie das Register ***Einfügen*** und klicken Sie in der Gruppe ***Text*** auf ***Datum- und Uhrzeit***.

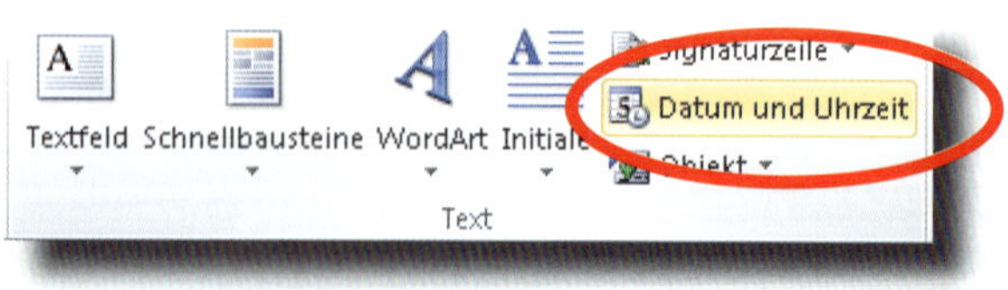

4 Wählen Sie ein passendes ***Datumsformat*** aus und bestätigen Sie mit ***OK***.

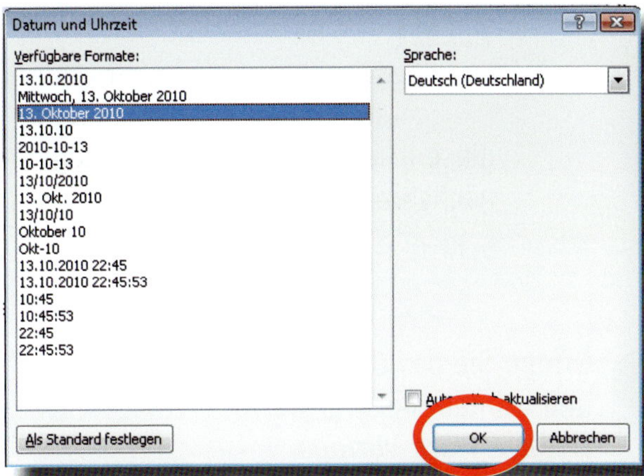

5 Fügen Sie die restlichen Platzhalter (z. B. für Anrede und Brieftext – wenn Sie viel geschäftliche Post haben auch für den Betreff) hinzu und schreiben Sie zum Schluss die Grußformel – die sich wohl selten ändert – und Ihren Namen.

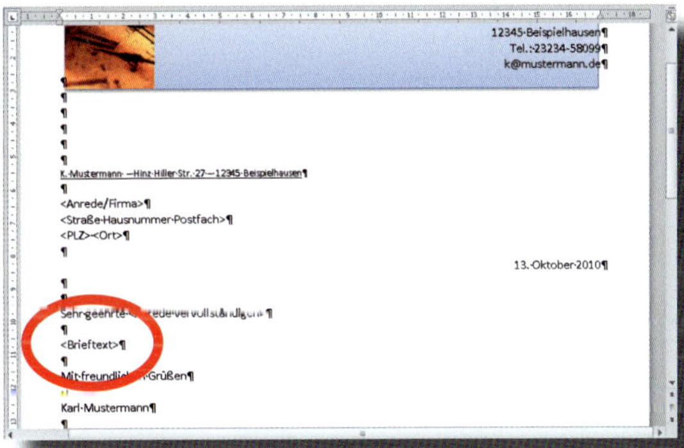

6 Fügen Sie noch eine ***Fußzeile*** hinzu (Register ***Einfügen***) und tragen Sie dort entsprechend Ihrer Vorstellungen Daten ein (Bankverbindung, Verbandszugehörigkeit etc.).

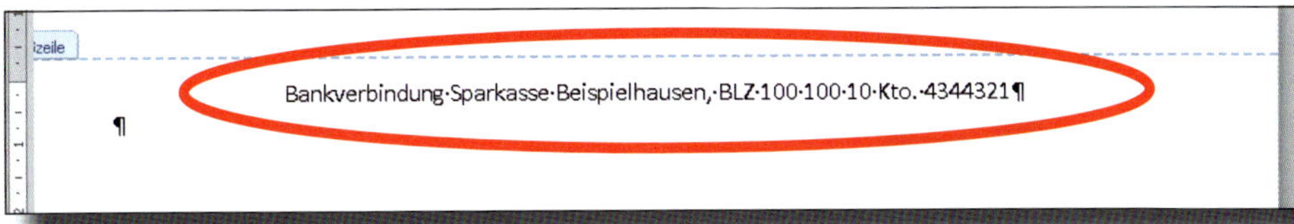

Gut zu wissen

Wenn Sie künftig mit dieser Vorlage einen Brief erstellen, dann ist es am einfachsten, wenn Sie mit der Maus links neben die jeweilige Zeile klicken. Dadurch wird die ganze Zeile markiert und kann sofort überschrieben werden, ohne dass erst umständlich etwas gelöscht werden muss.

Vorlagen speichern

Ziel

Damit dies keine einmalige Arbeit war und dieses Briefformular immer wieder genutzt werden kann, sollte es als Word-Vorlage gespeichert werden. Das ist keine große Sache, auf Dauer aber sehr effektvoll und hilfreich. Folgen Sie einfach der Schritt-für-Schritt-Anleitung.

1 Öffnen Sie das ***Datei***-Register und wählen Sie ***Speichern unter*** > ***Word-Vorlage.***

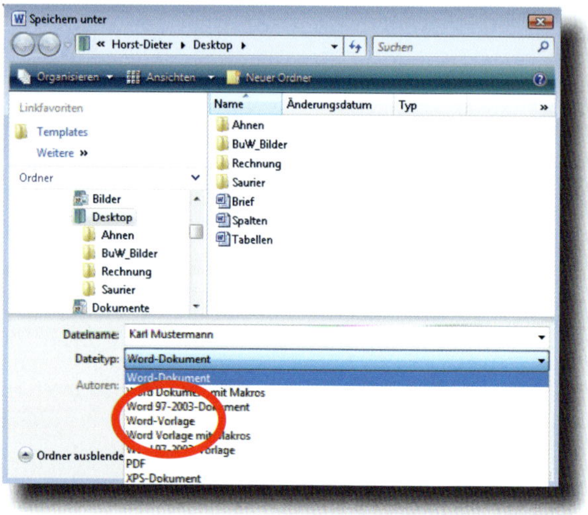

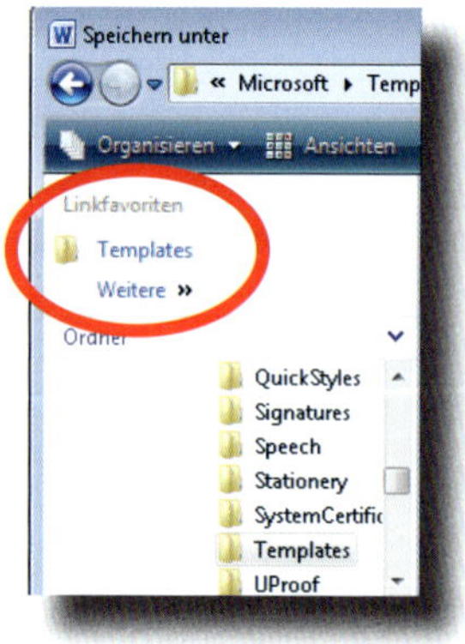

2 Prüfen Sie, ob links der Ordner ***Templates*** eingestellt ist, ggfs. stellen Sie ihn ein. Dorthin müssen die Word-Vorlagen, sonst werden sie nicht angezeigt.

3 Geben Sie der Vorlage einen aussagekräftigen Namen und prüfen Sie noch einmal, ob als Dateityp ***Word-Vorlage*** ausgewählt ist.

4. Klicken Sie auf ***Speichern***, um die Word-Vorlage auf dem Datenträger abzulegen.

5. Klicken Sie auf das ***Datei***-Register und auf ***Neu***.

6. Markieren Sie ***Meine Vorlagen***. Im nächsten Dialog sollte die neue Word-Vorlage zu finden sein.

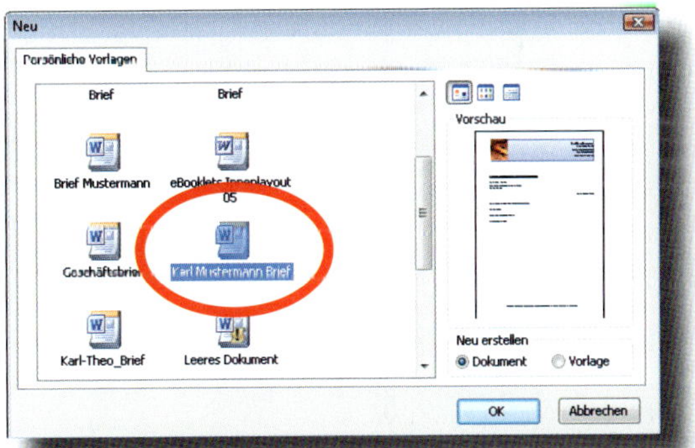

Gut zu wissen

Arbeiten Sie niemals direkt mit einer Word-Vorlage, wenn Sie ein Dokument damit erstellen. Öffnen Sie die Vorlage immer über den beschriebenen Weg und achten Sie darauf, dass bei ***Neu erstellen Im Dokument*** ausgewählt ist. Andernfalls wird beim Speichern die Dokumentvorlage unwiederbringlich überschrieben.

Ziel

Jetzt haben Sie eigenes Briefpapier und möglicherweise auch schon einen ersten Brief geschrieben. Sie können ihn in einen Fensterbriefumschlag stecken oder aber einen Umschlag ohne Fenster nehmen und diesen bedrucken. Wie Word Ihnen dabei helfen kann, zeigt die nächste Anleitung.

1. Öffnen Sie ein leeres Dokument und aktivieren Sie das Register ***Sendungen*** im Menüband.

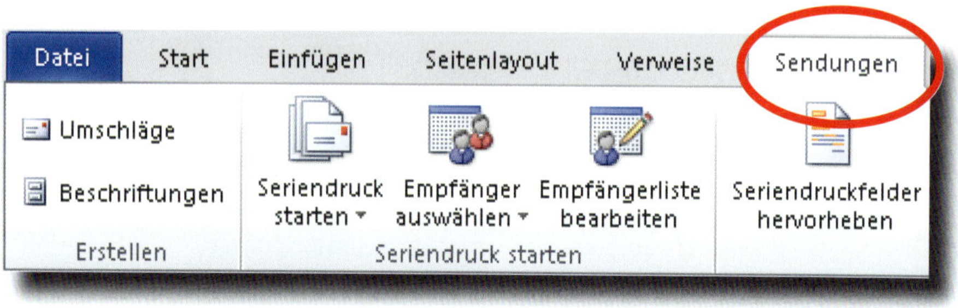

2. Klicken Sie im Bereich ***Erstellen*** auf die Schaltfläche ***Umschläge***.

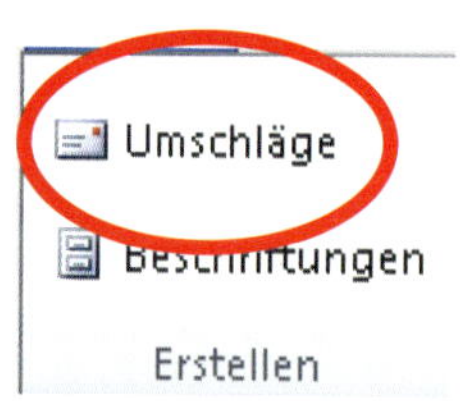

3. Tragen Sie die Anschrift und die Absenderadressen in die dafür vorgesehenen Felder ein.

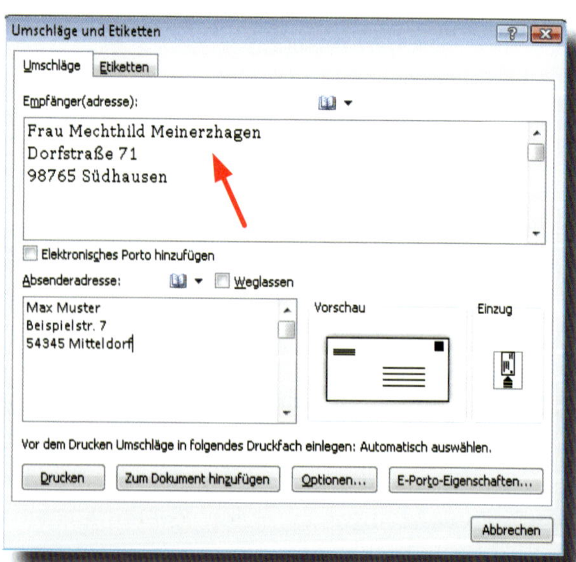

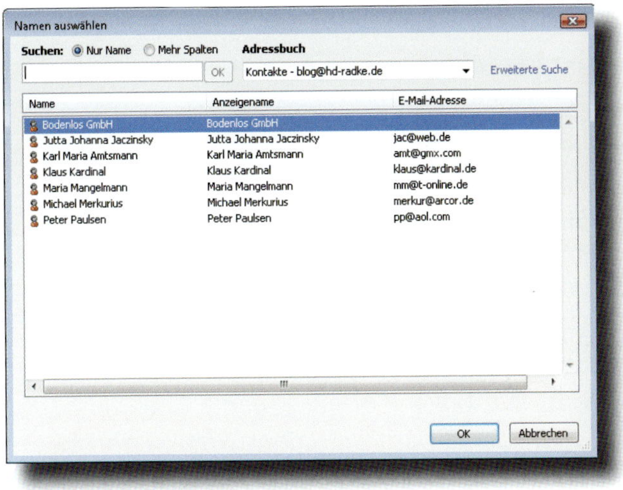

4 Statt manuell die Adressen einzutragen, können diese auch aus dem Windows- oder Outlook-Adressbuch übernommen werden. Ein Klick auf die kleine Buchschaltfläche oberhalb der Adressfelder genügt, um die jeweiligen Adressbücher aufzurufen.

5 Klicken Sie auf die Schaltfläche ***Optionen*** und stellen Sie im Dialog ***Umschlagoptionen*** ggfs. die passende Umschlagsgröße – und wenn Sie wollen auch eine andere Schrift – ein.

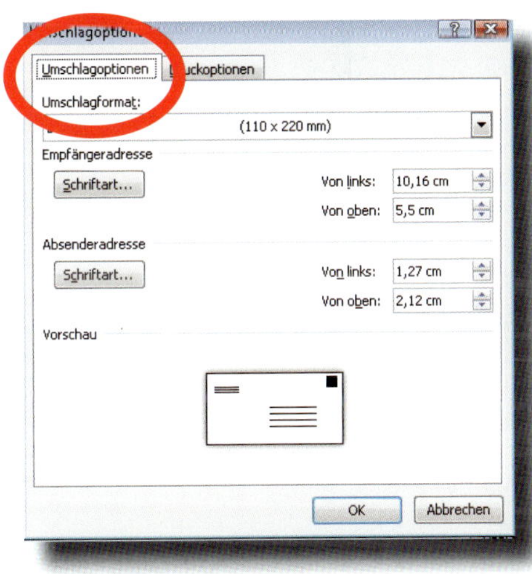

6 Legen Sie den passenden Umschlag in den Drucker und klicken Sie auf ***Drucken***.

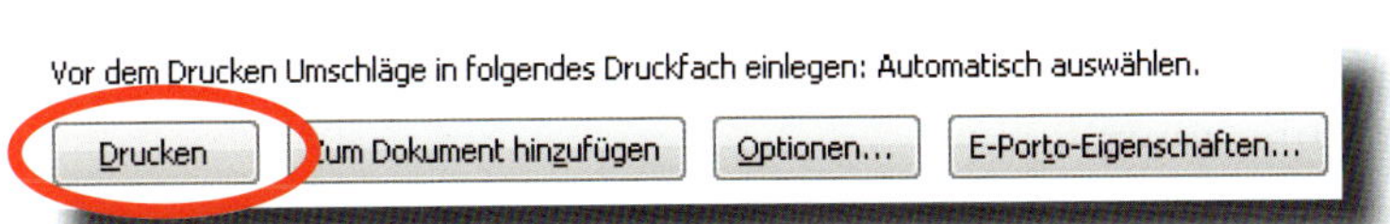

Gut zu wissen

Wenn Sie nicht gleich drucken wollen, sondern erst später, dann wählen Sie die Option ***Zum Dokument hinzufügen***. Daraufhin wird an den Brief noch eine Seite mit den Umschlagdaten angehängt. Sie können dann bei der nächsten passenden Gelegenheit den Brief und anschließend den Umschlag drucken.

Wichtige Begriffe

Designvorlagen: Word enthält zahlreiche Dokumente, die in unterschiedlichen, ansprechenden Designs vorgefertigt sind. Die integrierten Platzhalter müssen nur angeklickt und überschrieben werden.

Word-Vorlage: Eine Word-Vorlage (Dateiendung ***.docx***, ***.doc***) ist eine Art Mustervorlage, die als Grundlage für ein Dokument ausgewählt wird. Word-Vorlagen lassen sich für viele Zwecke erstellen: Briefe, Protokolle, Berichte usw.

6

Dokumente richtig drucken

In diesem Kapitel lernen Sie:

- ☑ Dokumente vor dem Druck zu prüfen
- ☑ Dokumente mit dem Schnelldruck auszudrucken
- ☑ ein komplettes Manuskript auszudrucken
- ☑ Teile eines Manuskripts zu drucken
- ☑ Kopien sortiert zu drucken
- ☑ Drucker auszuwählen und einzurichten

Ziel

Das Dokument ist fertig und soll gedruckt werden. Aber: Papier und Druckertinte bzw. Toner sind teuer. Fehldrucken gehen ans Geld. Besser wäre es, vor dem Druck das Dokument auf "Drucktauglichkeit" zu prüfen. Wie das geht, zeigt die folgende Schritt-für-Schritt-Anleitung.

1. Öffnen Sie das ***Datei***-Register und wählen Sie ***Drucken***.

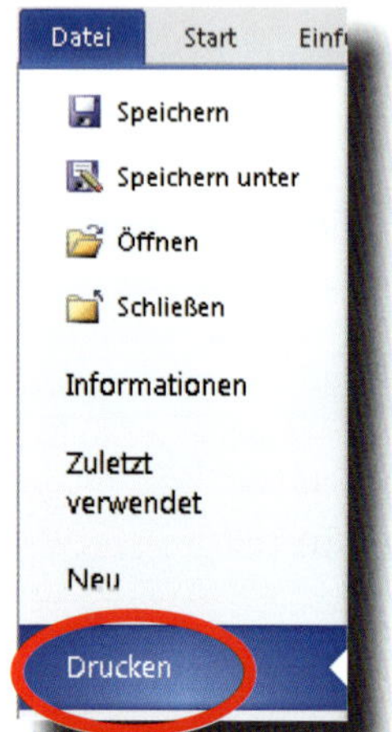

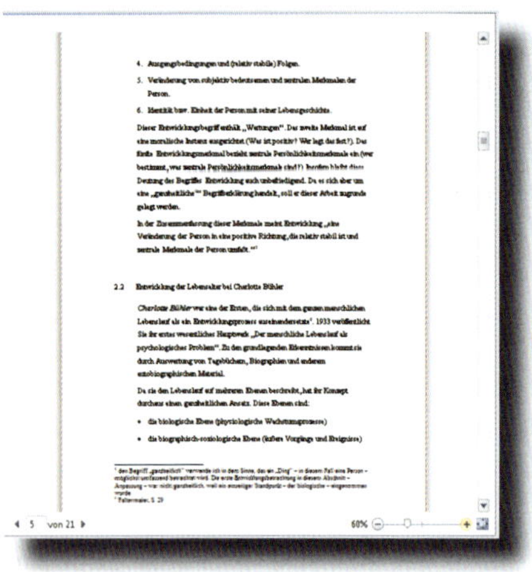

2. Im rechten Teil des Fensters wird Ihnen das Dokument in einer Druckvorschau angezeigt.

3. Im mittleren Teil des Fensters finden Sie zahlreiche Einstellmöglichkeiten für das Drucken. Von hier aus können Sie auch noch einmal in den Dialog ***Seite einrichten*** verzweigen, wenn Sie vor dem Druck noch etwas am Layout des Dokuments ändern oder anpassen wollen.

4 Im Bereich ***Zoom*** unten rechts in der Statusleiste können Sie die Anzeige so einstellen, dass auch zwei oder mehr Seiten des Dokuments gleichzeitig angezeigt werden.

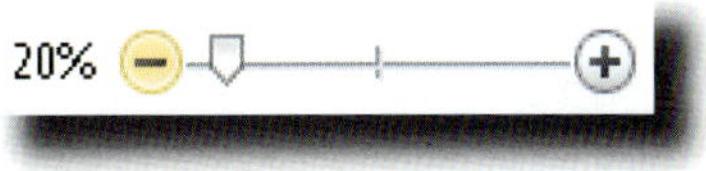

5 Um durch das Manuskript zu blättern, nutzen Sie die Schaltflächen in der Mitte der Statusleiste. Sie können auch mit der Scrollleiste arbeiten.

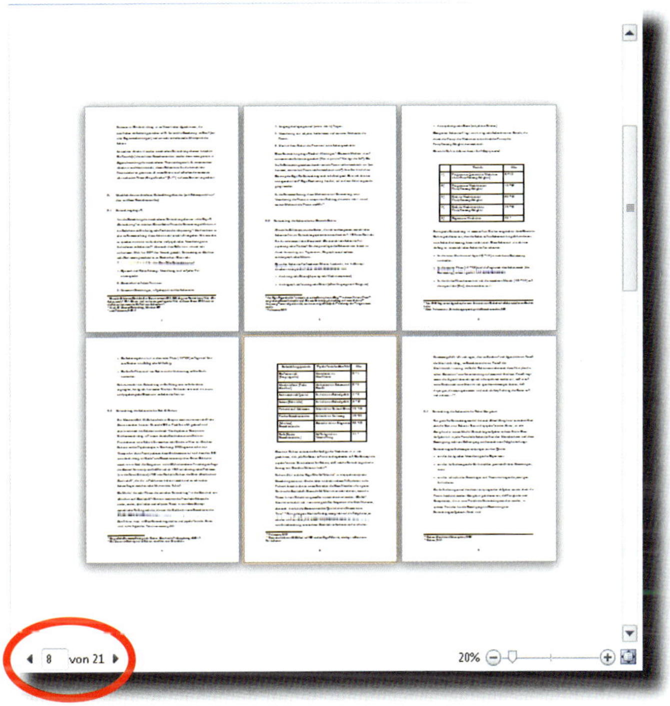

6 Auch über das Register ***Ansicht*** können Sie eine Seitenvorschau von einer oder mehreren Seiten erreichen.

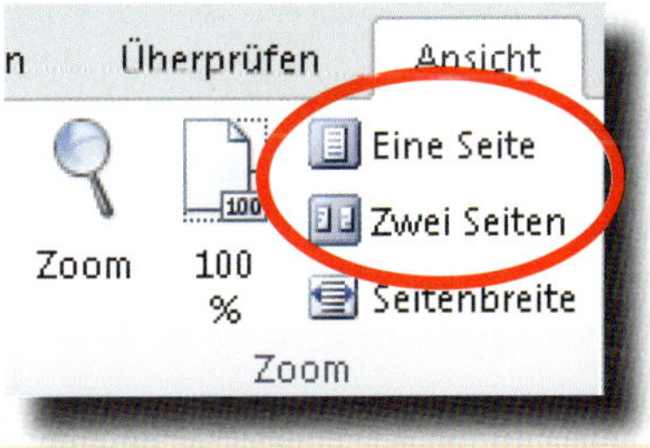

Gut zu wissen

Über den Link ***Seite einrichten*** können Sie direkt zu Layoutwerkzeugen wechseln, falls Ihnen noch Ungereimtheiten auffallen. Sie müssen also diesen Bereich nicht verlassen, bevor alles soweit korrigiert ist, dass gedruckt werden kann. Das spart Zeit und hilft den Überblick zu behalten.

Ziel

Manchmal muss es schnell gehen – auch beim Druck, obwohl das meistens nicht anzuraten ist. Damit Sie aber für alle Fälle Bescheid wissen, wird Ihnen nachfolgend kurz gezeigt, auf welche Weise schnell gedruckt werden kann. Mit Papier und Tinte/Toner gefüllte Drucker natürlich vorausgesetzt.

1 Klicken Sie auf das ***Datei***-Register und wählen Sie ***Drucken***.

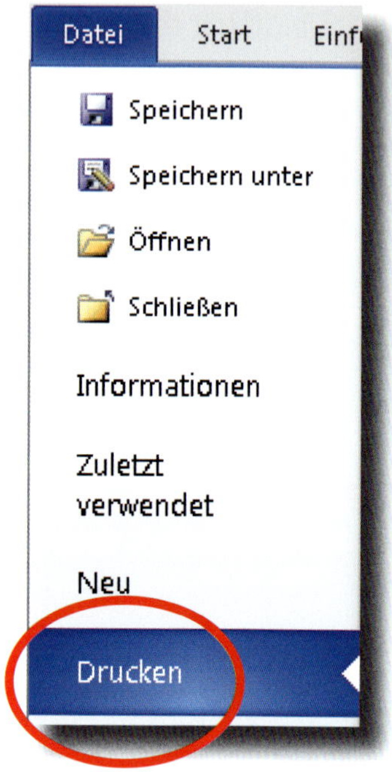

2 Klicken Sie auf die Schaltfläche ***Drucken***. Mehr ist gar nicht mehr zu machen. Der Druckauftrag wird zum Drucker geschickt und der beginnt mit der Arbeit. Noch schneller geht es, wenn Sie den Befehl Schnelldruck in die Symbolleiste für den Schnellzugriff legen.

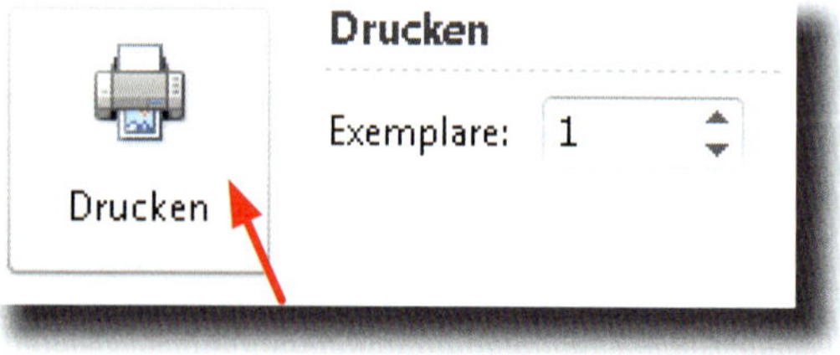

3 Klicken Sie auf den kleinen Schalter rechts neben der Symbolleiste für den Schnellzugriff. Sie können sie allerdings nicht erreichen, wenn das Datei-Register aktiv ist. Schalten Sie dann vorher zu einem anderen Register um.

4 Suchen Sie in der Liste den Eintrag ***Schnelldruck***. Markieren Sie ihn durch Anklicken. Der Schnelldruck-Button sollte in der Symbolleiste erscheinen. Ist der Eintrag ***Schnelldruck*** in der Liste nicht vorhanden, wählen Sie ***Weitere Befehle***.

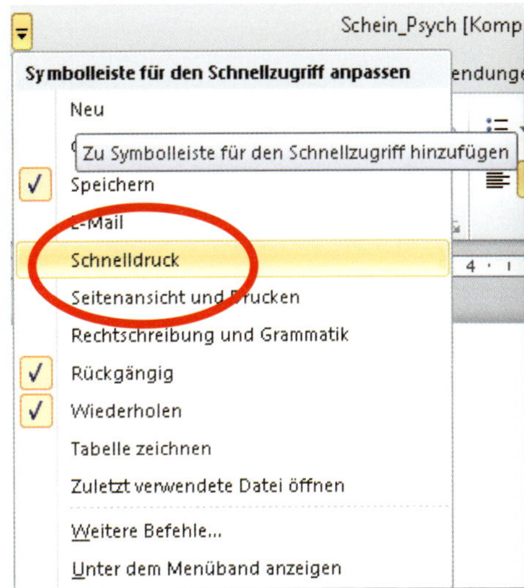

5 Suchen Sie in der linken Liste den Eintrag ***Schnelldruck***. Markieren Sie ihn und klicken Sie auf ***Hinzufügen***. Der Schnelldruck sollte anschließend in der rechten Liste erscheinen.

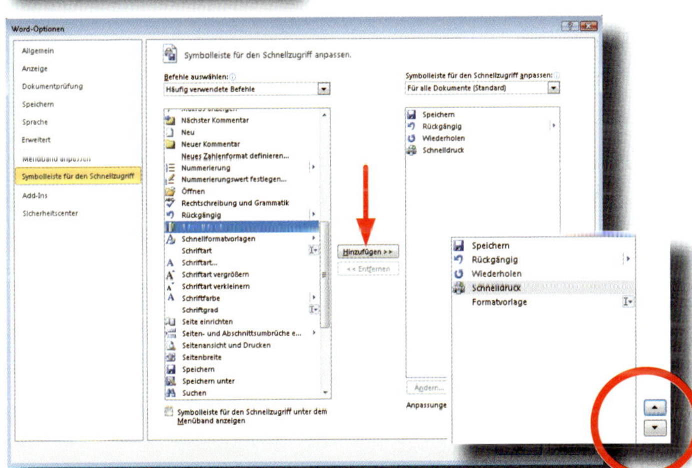

6 Mit den beiden Schaltflächen am Rand können Sie den Schnelldruck an die passende Stelle der Symbolleiste für den Schnellzugriff platzieren.

Gut zu wissen

Schnelldruck heißt, dass nichts mehr geändert werden kann. Ein Klick und der Auftrag ist beim Drucker. Wenn Ihnen einfällt, dass Sie doch noch etwas vergessen haben, dann ist nichts mehr zu machen. Wirklich nicht? Einen kleinen Trick gibt's schon. Bevor der Drucker loslegt, wird rechts in der Taskleiste ein anderes Druckersymbol sichtbar. Doppelklicken Sie darauf, so öffnet sich ein Dialog, in dem Sie den Druckauftrag markieren und über das Menü abbrechen können.

Ein komplettes Dokument drucken

Ziel

Soll nicht schnell, sondern ordentlich gedruckt werden, dann sind einige Einstellungen vorzunehmen, bevor der Druck an den Drucker weitergereicht wird. Was zu beachten und einzustellen ist, erfahren Sie auf den folgenden Seiten.

1 Klicken Sie auf das ***Datei***-Register und wählen Sie ***Drucken > Drucken***. Alternativ können Sie auch über die Tastenkombination [Strg] + [P] den Druckdialog aufrufen.

2 Enthält Ihr Dokument nicht nur reinen Text, sondern auch Bilder und andere Objekte, so sollten Sie zunächst noch auf die Schaltfläche ***Optionen*** klicken.

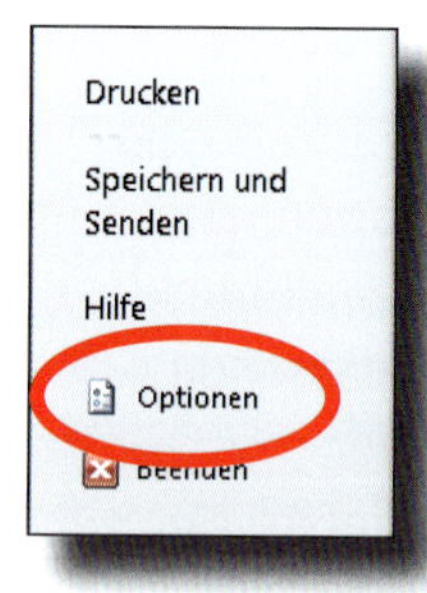

3 Links stellen Sie ***Anzeige*** ein. Sie finden rechts dann die ***Druckoptionen***. Haben Sie mit Mustern und Hintergrundfarben gearbeitet, sollte die zweite Option aktiviert sein. Sind Bilder nicht im Dokument gespeichert, sollte die letzte Option aktiviert sein. Bestätigen Sie mit ***OK***.

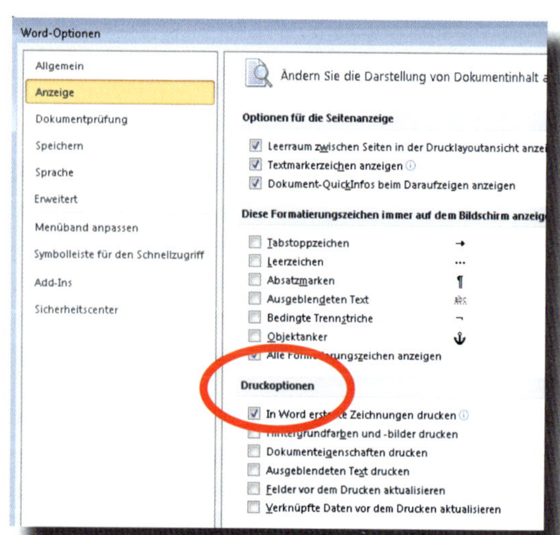

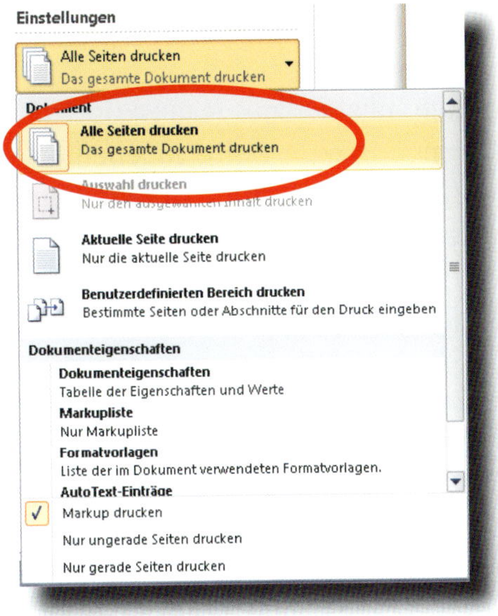

4 Außer dem Dokument kann noch so einiges gedruckt werden, z. B. die ***Dokumenteigenschaften*** und die ***Formatvorlagen***. Öffnen Sie die Liste direkt unter ***Einstellungen***, finden Sie alles, was sich drucken lässt.

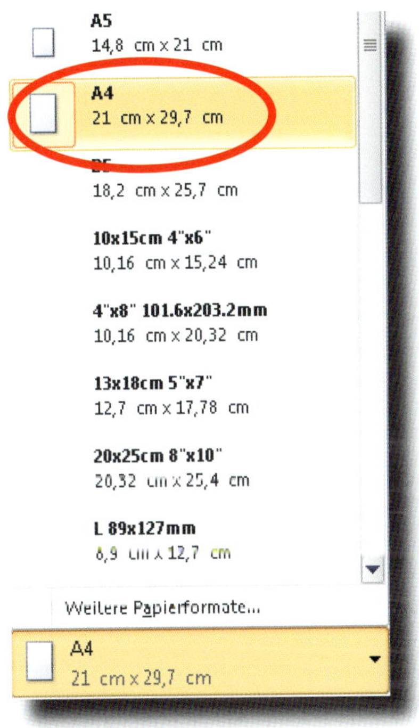

5 Soll (oder muss) auf einem vom Dokument abweichenden Papierformat gedruckt werden, öffnen Sie die Liste bei A4.

6 Sind alle Einstellungen vorgenommen, wird der Druck über einen Klick auf die Schaltfläche ***Drucken*** gestartet.

Gut zu wissen

Über ***Seiten pro Blatt*** kann der Druck Papier- und Tinte/Toner-sparend so auf das Papier verteilt werden, dass mehrere Seiten auf eine echte Seite passen. Das ist manchmal nicht nur sparsam, sondern auch praktisch, z. B. wenn Telefonlisten übersichtlich ausgedruckt werden sollen.

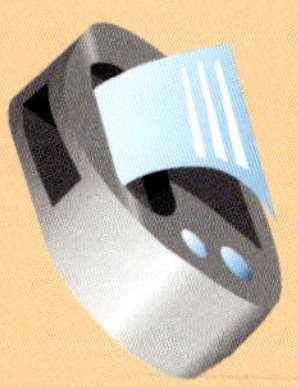

104 Drucken von Teilen eines Manuskripts

Ziel

Es gibt viele Gründe, nicht immer ein vollständiges Manuskript zu drucken, sei es, um ein Kapitel zur Korrektur weiterzugeben, um einzelne Seiten im bereits gedruckten Manuskript zu tauschen oder auch um bestimmte Stellen den Empfängern nicht zugänglich zu machen. Word kann mit solchen Situationen flexibel umgehen – und Sie nach Lektüre der folgenden Anleitung auch.

1. Starten Sie den Druckdialog über das ***Datei***-Register oder Strg + P.

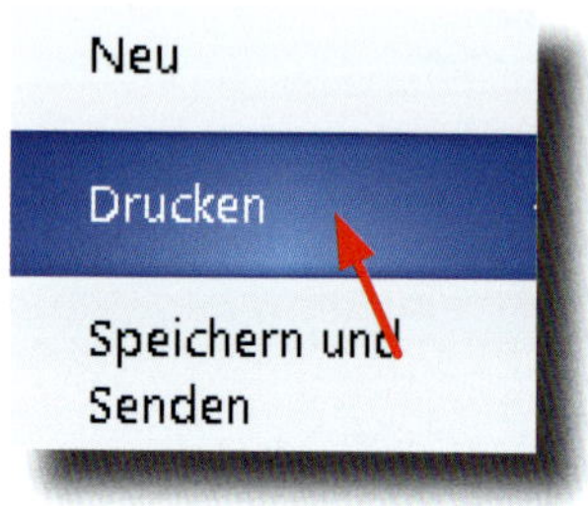

2. Um die aktuelle Seite zu drucken, aktivieren Sie bei ***Seitenbereich*** die Option ***Aktuelle Seite drucken***.

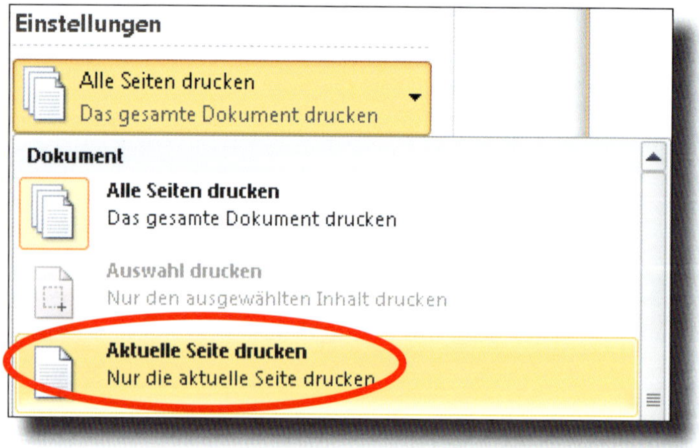

3. Nach einem Klick auf ***Drucken*** wird die aktuell sichtbare Seite auf dem Drucker ausgegeben.

4 Ist ein Textabschnitt im Dokument markiert, kann auch genau diese markierte Stelle ausgedruckt werden.

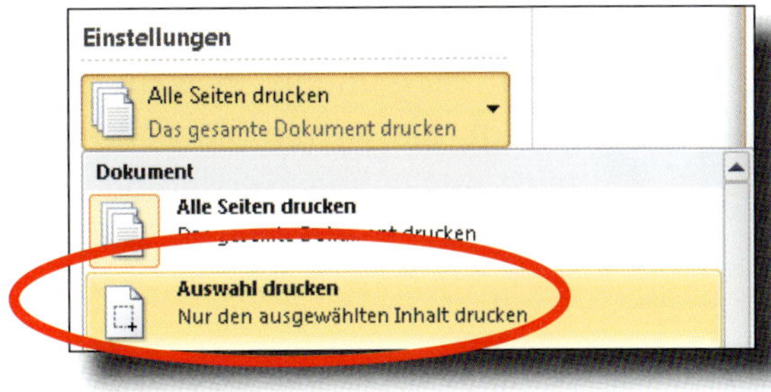

5 Flexibler geht es über ***Seiten***. Hier können mehrere zusammenhängende und auch nicht zusammenhängende Seiten angegeben werden. Einzelne Seiten trennen Sie durch ein Semikolon. Zusammenhängende Seiten verbinden Sie mit einem Bindestrich.

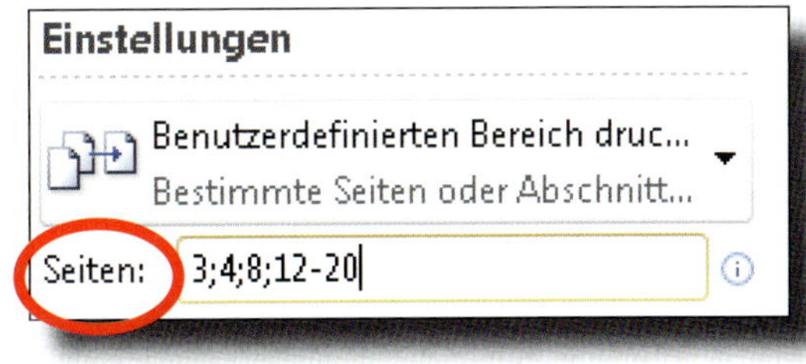

6 Das Drucken aller geraden oder ungeraden Seiten ist dann interessant, wenn man doppelseitig drucken will. Man druckt erst die ungeraden Seiten, dreht das Papier um und legt es wieder in den Drucker und lässt dann die geraden Seiten ausgeben.

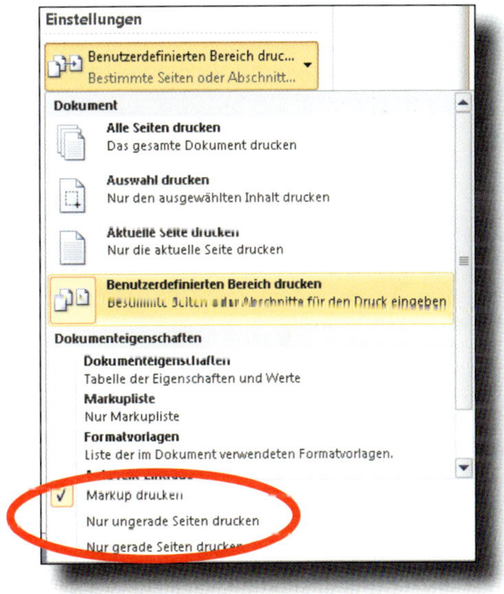

Gut zu wissen

Wenn das Dokument einmal nicht vom Drucker ausgegeben werden will, obwohl er angeschaltet ist und Papier im Fach liegt, dann schauen Sie sich die Druckerwarteschlange an. Dazu klicken Sie auf das Druckersymbol rechts in der Taskleiste. Nicht selten ist ein abgebrochener oder angehaltener Druckauftrag daran Schuld, dass alle nachkommenden Druckaufträge ebenfalls nicht mehr zum Drucker gelangen.

Ziel

Wenn Sie glauben, es wäre jetzt schon alles zum Thema Drucken gesagt, dann irren Sie sich. In diesem Abschnitt erfahren Sie noch etwas über Sortierung und Kopien und einige andere manchmal nicht unwichtige Optionen.

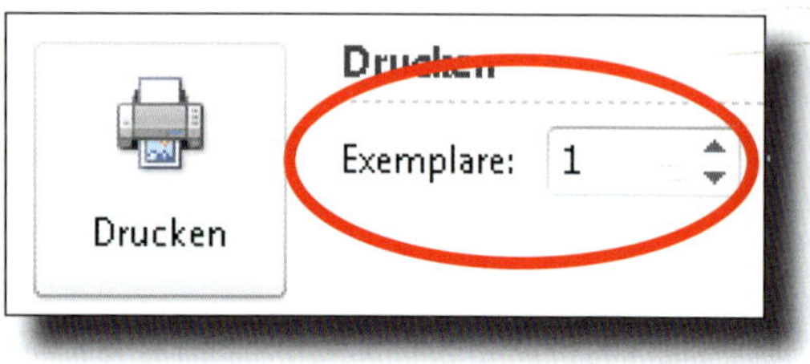

1 Bei ***Exemplare*** können Sie einstellen, wie viel Kopien Sie von jeder Seite gedruckt haben möchten.

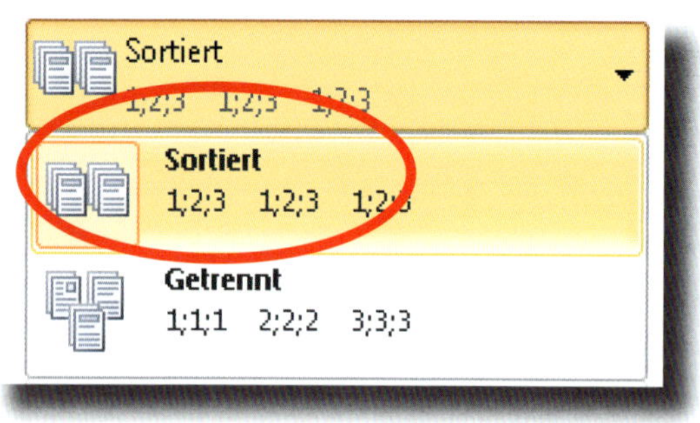

2 Wählen Sie ***Sortiert***, so werden die Blätter des Dokuments sortiert ausgedruckt, d. h. die Kopien folgen nicht aufeinander.

3 Wählen Sie ***Getrennt,*** werden die Blätter so gedruckt, wie Word sie an den Drucker sendet, d. h. die Kopien folgen aufeinander.

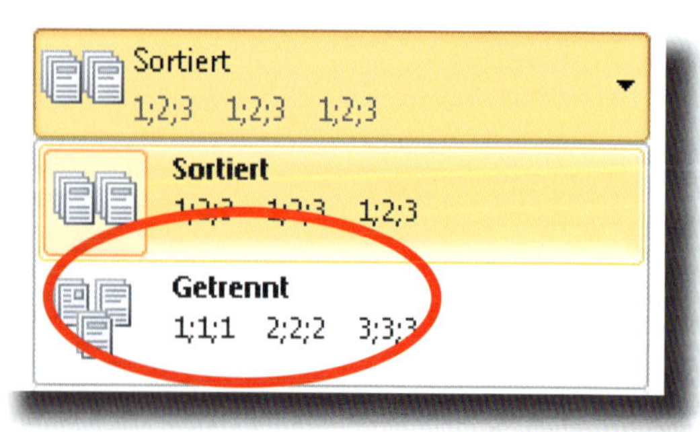

4 Steht kein Drucker zur Verfügung oder ist der Drucker defekt, kann trotzdem gedruckt werden, wenn Sie ***Ausgabe in Datei umleiten*** wählen. Der Druck wird dann nicht zum Drucker geschickt, sondern in eine Datei gleitet. Diese lässt sich später ohne Umweg über Word an den Drucker schicken. Sie müssen dann allerdings noch auf die Schaltfläche ***Drucken*** klicken, damit die Ausgabe vorgenommen wird.

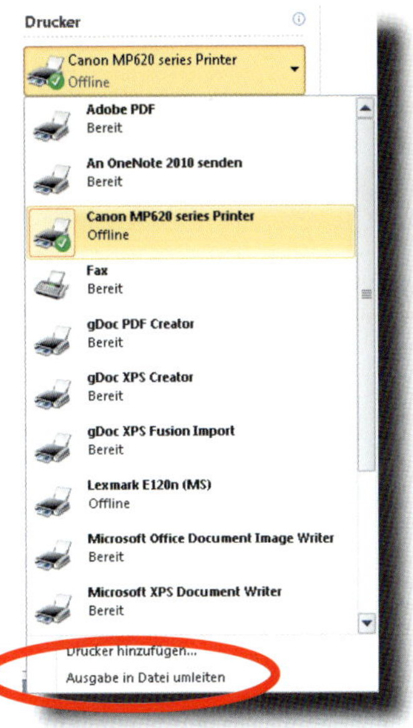

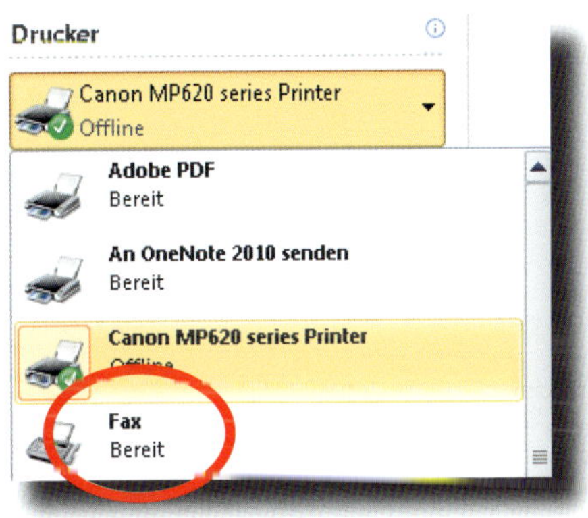

5 Der Druck kann auch direkt gefaxt werden, wenn eine entsprechende Verbindung eingerichtet ist.

6 Auch der normale Druckbefehl kann in die Symbolleiste für den Schnellzugriff geholt werden.

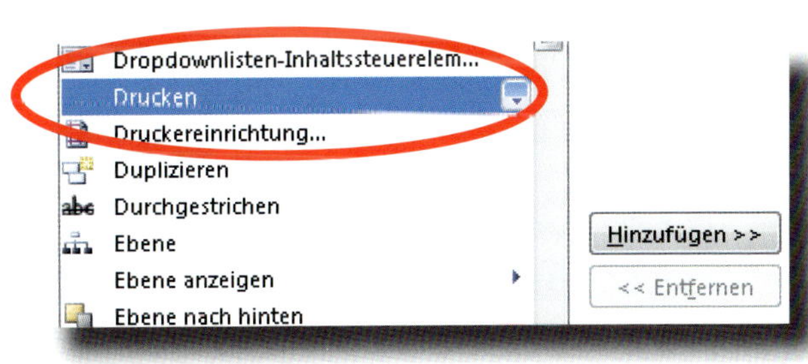

Gut zu wissen

Ein bisschen Überlegung vor dem Drucken kann viel Arbeit (und viel Material) sparen. Wählt man beim Druck mehrere Kopien die Sortierung, kann man sich das Umsortieren danach schon schenken. Gewonnene Zeit, die man gewiss besser investieren kann.

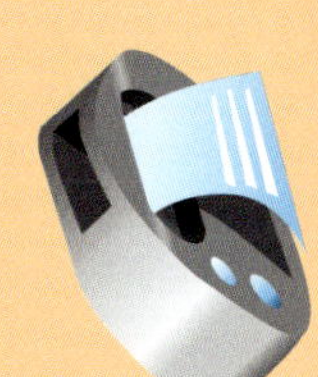

Ziel

Noch können Sie das Thema Drucken nicht abhaken. Nicht selten hat ein Anwender Zugriff auf mehrere Drucker. Außerdem hat jeder Drucker noch Einstell- und Optimierungsmöglichkeiten. Einige wichtige Details dazu finden Sie auf den folgenden Seiten.

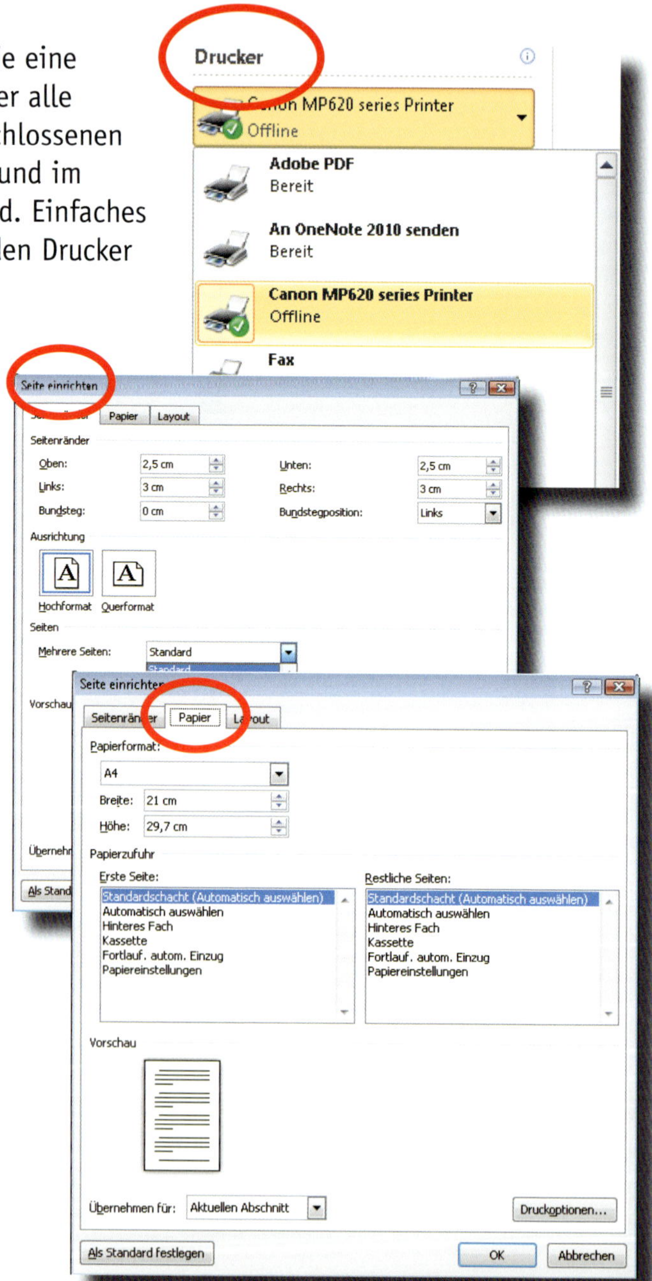

1. Bei ***Drucker*** können Sie eine Liste aufklappen, in der alle bekannten und angeschlossenen Drucker am Computer und im Netzwerk zu sehen sind. Einfaches Anklicken reicht, um den Drucker festzulegen.

2. Ein Klick auf den Link ***Seite einrichten*** öffnet den Dialog, der individuelle Einstellungen zulässt, etwa ob hoch oder quer gedruckt werden soll.

3. Auf der Registerkarte ***Papier*** legen Sie nicht nur fest, in welchem Format gedruckt werden soll, sondern auch, aus welchem Papierschacht sich der Drucker bedienen soll, wenn mehrere zur Verfügung stehen.

4 Über den Link ***Druckereigenschaften*** lässt sich ein Dialog öffnen, der spezielle Einstellungen des Druckers zulässt.

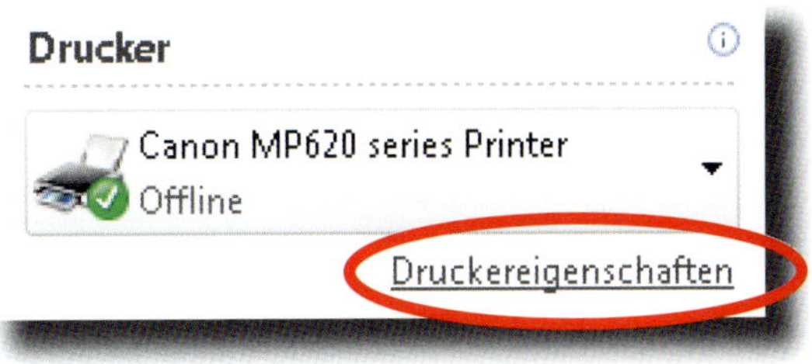

5 Standardvoreinstellungen bei ***Druckqualität*** ist ***Standard***. Wollen Sie mal eben etwas zum Korrigieren ausdrucken, wählen Sie ***Schnell***. Das spart Tinte. Soll etwas für eine Präsentation, Bewerbung etc. gedruckt werden, so wählen Sie ***Hoch***. Diese Einstellung gibt das beste Druckergebnis.

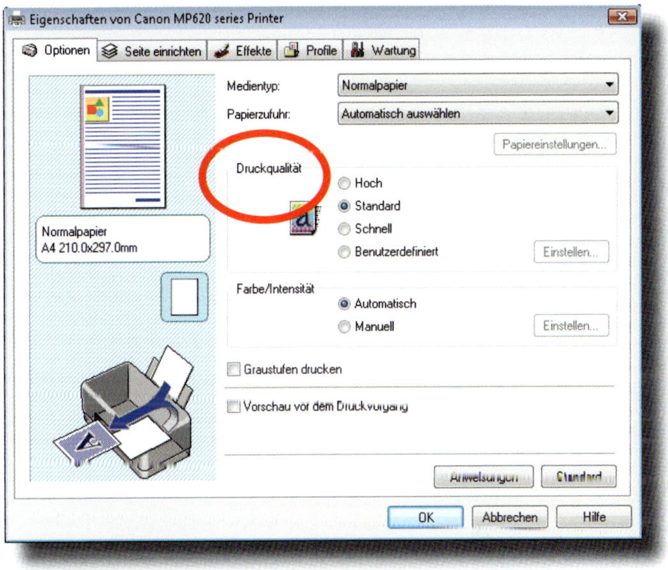

6 Manche Tintenstrahldrucker setzen auch Graustufendruck aus der Farbpatrone zusammen – es sei denn, man sagt definitiv, das ***Schwarz-Weiß*** gedruckt werden soll (was Tinte spart).

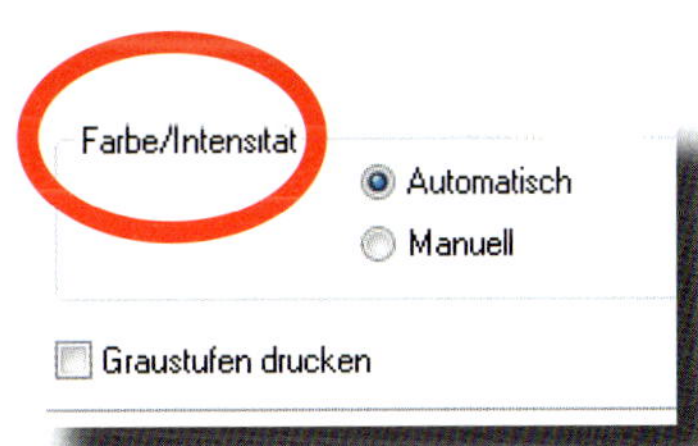

Gut zu wissen

Die Dialoge für die Druckereigenschaften sehen je nach Drucker und Druckertyp unterschiedlich aus. Die wesentlichensten Funktionen, die auch hier besprochen wurden, haben sie aber alle.

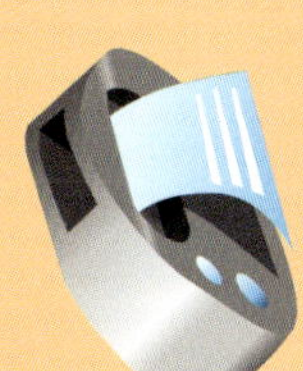

Wichtige Begriffe

Druckeinstellungen: Es lässt sich so ziemlich alles einstellen: Welche Seite(n) gedruckt werden, wie viele Seiten auf ein Blatt gedruckt werden sollen (!), in welcher Qualität gedruckt werden soll etc.

Schnelldruck: Gibt das Dokument ohne Rückfrage auf dem angeschlossenen Drucker aus.

7 Excel kennen lernen

In diesem Kapitel lernen Sie:

- ☑ wie Excel beim Start aussieht
- ☑ wie Sie sich auf dem Excel-Bildschirm zurechtfinden
- ☑ wie die Menübänder funktionieren
- ☑ welche Menübänder es in Excel gibt
- ☑ wozu Dateiregister und Schnellzugriffsleiste dienen
- ☑ welche Elemente ein Excel-Arbeitsblatt enthält
- ☑ welche Ansichten es von Tabellen gibt

Ziel

Excel bietet Ihnen beim Start zunächst ein leeres Arbeitsblatt. Zusätzlich hält Excel eine Vielzahl an Befehlen und Werkzeugen bereit. Machen Sie sich als Erstes mit diesen verschiedenen Bereichen des Excel-Bildschirms vertraut.

1. Dies ist der Bildschirm, den Excel Ihnen beim ersten Start bietet.

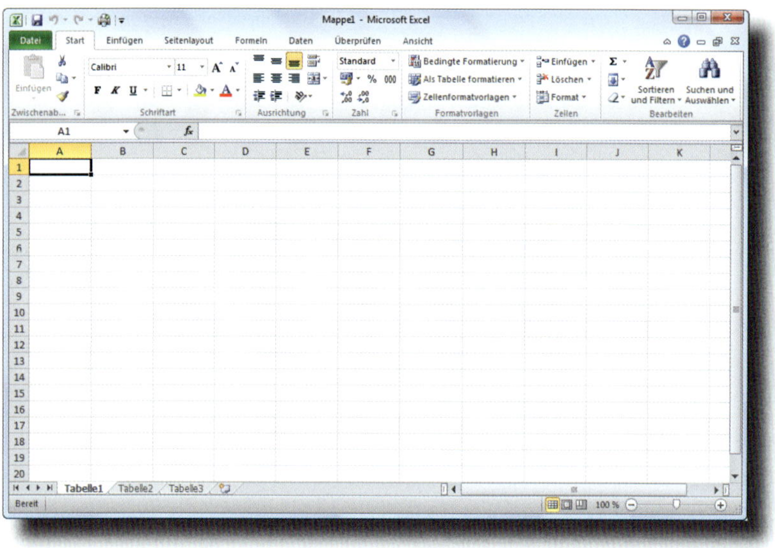

2. Links oben finden Sie die Registerkarte ***Datei*** und die Schnellzugriffsleiste, hinter der sich einige Hauptfunktionen verbergen.

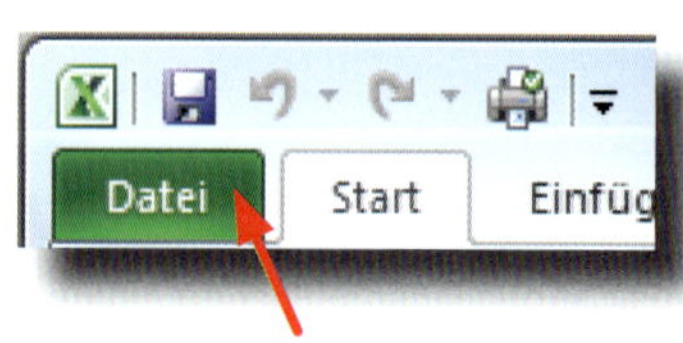

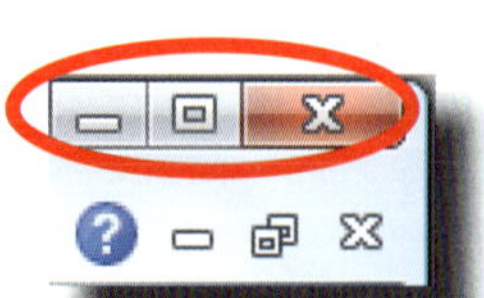

3. In der rechten oberen Ecke liegen die drei Schaltflächen, um Excel in der Taskleiste am unteren Bildschirmrand abzulegen, für das Verkleinern des Excel-Bildschirms und für das Beenden des Programms.

4 Das wichtigste Werkzeug sind die Menübänder. Hier finden Sie alle Befehle von Excel nach Befehlsgruppen sortiert. Die Titel wie ***Start***, ***Einfügen*** usw. stehen für jeweils eigene Menübänder.

5 Wenn Sie den Bildschirm verkleinern, ändert sich das Menüband. Manche Symbole rücken zusammen oder verschwinden hinter einem Oberbegriff. Mit dem kleinen Pfeil kann man das Menüband komplett aus- und wieder einblenden.

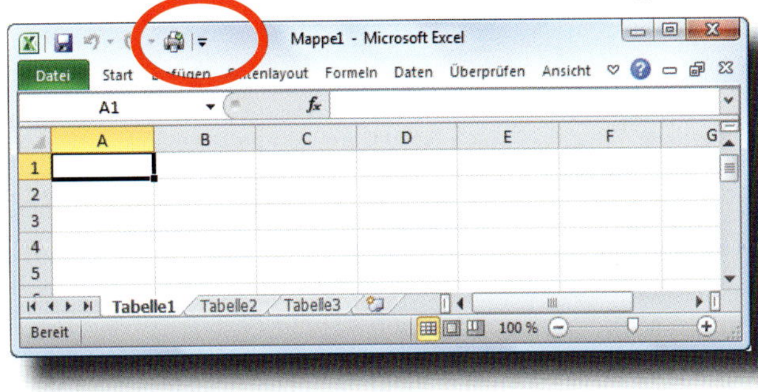

6 Hinter dem kleinen Fragezeichen rechts oben im Bildschirm verbirgt sich die Hilfe-Funktion von Excel. Bei Office 2010 wird die Hilfe online genutzt, was ihre ständige Aktualität sichert.

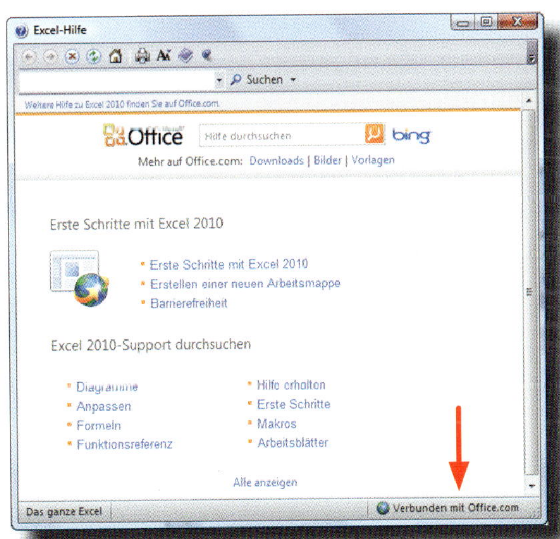

Gut zu wissen

Die meisten Befehle, die Sie über das Menüband oder über die Schnellzugriffsleiste aufrufen können, erreichen Sie auch über das Kontextmenü, das Sie mit der rechten Maustaste aktivieren. Je nachdem, an welcher Stelle in einer Tabelle Sie sich befinden, bietet Excel Ihnen über das Kontextmenü genau die Funktionen an, die Sie gerade brauchen könnten.

Ziel

Die Menübänder ermöglichen den Aufruf von Befehlen und Werkzeugen, die im Zusammenhang mit Ihrer jeweils gerade durchgeführten Tätigkeit stehen. Machen Sie sich deshalb zu Anfang mit deren Funktionen vertraut, damit Sie sich bei Ihrer Arbeit mit Excel schnell zurechtfinden können.

1. Die Zeile mit den Überschriften ist keine Symbolleiste, sondern dient dazu, zwischen den verschiedenen Menübändern zu wechseln.

2. Die Menübänder sind so aufgebaut, dass thematisch zusammenhängende Befehle in jeweils einer Befehlsgruppe zusammengefasst sind, z. B. alle Funktionen zur Schriftformatierung oder alle Funktionen zur Ausrichtung des Textes.

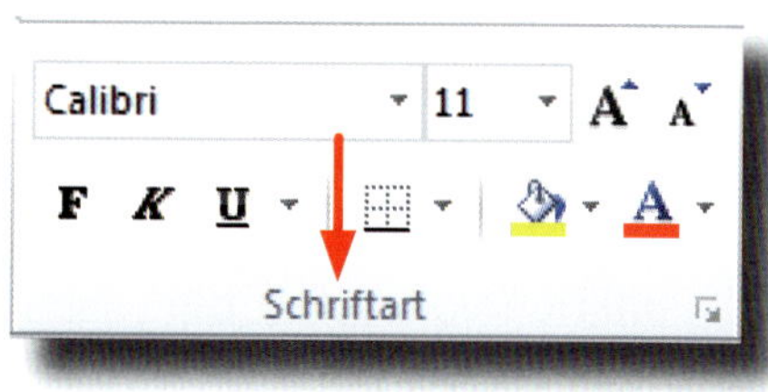

3. Manche Schaltflächen müssen nur angeklickt werden, damit die entsprechende Funktion für den vorher markierten Bereich ausgeführt wird, z. B. Formatierungen wie Fettdruck.

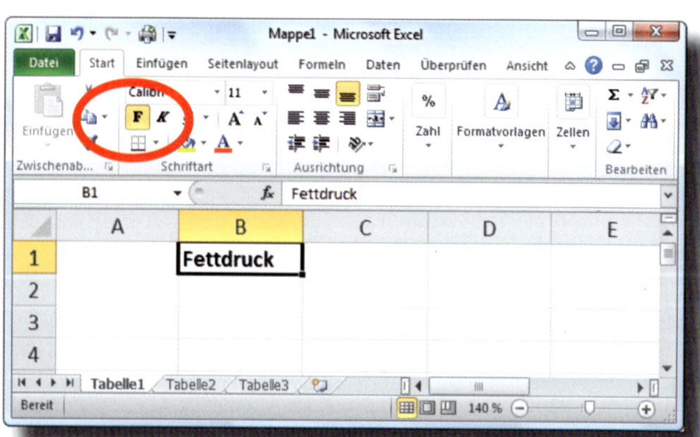

4 Finden Sie neben einem Befehl ein schwarzes Dreieck, einen so genannten Auswahlpfeil, so können Sie zu dieser Funktion einen ganzen Katalog an Optionen ausklappen.

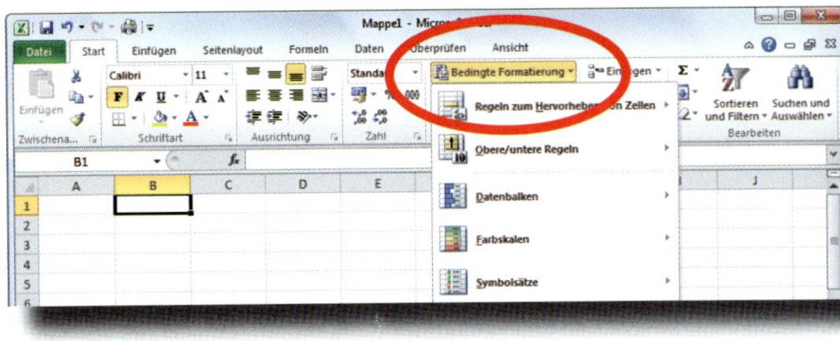

5 Sehen Sie bei einer Befehlsgruppe rechts unten einen kleinen schwarzen Pfeil, können Sie durch Anklicken dieses Pfeils in ein zusätzliches Fenster für umfassende Einstellungen verzweigen.

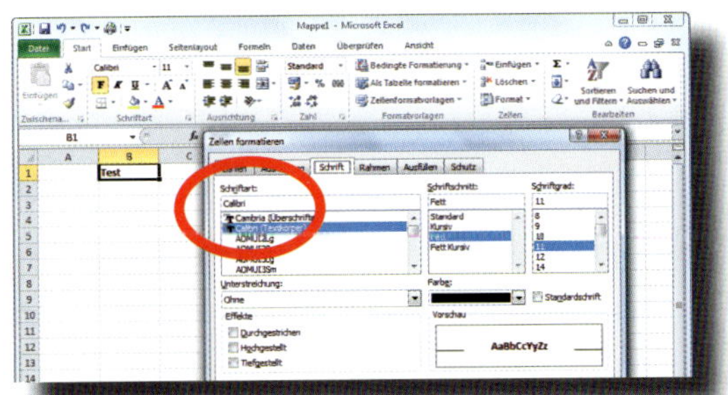

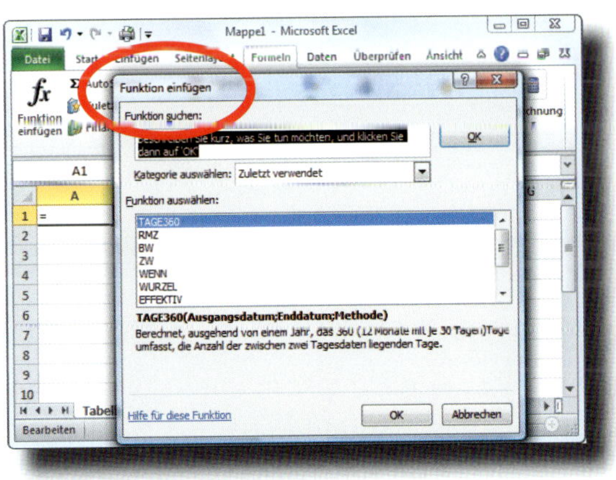

6 Bei einigen Schaltflächen, z. B. beim Aufruf zum Einfügen einer Funktion, öffnet Excel einen Assistenten, der Sie bei der Eingabe unterstützt.

Gut zu wissen

Ein sehr nützliches Instrument bei der Arbeit ist die so genannte Livevorschau. Dies bedeutet, dass Excel Ihnen beim Auswählen einer Formatierung oder Tabellengestaltung in Ihrer Tabelle anzeigt, wie diese Formatierung aussehen würde, ohne dass Sie die entsprechende Funktion anwählen müssen. Es genügt, mit dem Cursor über die Auswahl zu fahren.

Ziel

Die Menübänder in Excel sind nicht willkürlich geordnet, sondern fassen jeweils ähnliche Funktionen zusammen. Sie erhalten hier einen kurzen Überblick, wo welche Befehle enthalten sind. Beim Start zeigt Excel das Menüband ***Start***, in dem die häufigsten Befehle zum Erstellen einer Tabelle enthalten sind.

1. Das Menüband ***Einfügen*** enthält alle Werkzeuge, die Sie zum Einfügen von Bildern oder Diagrammen in Ihre Tabelle benötigen.

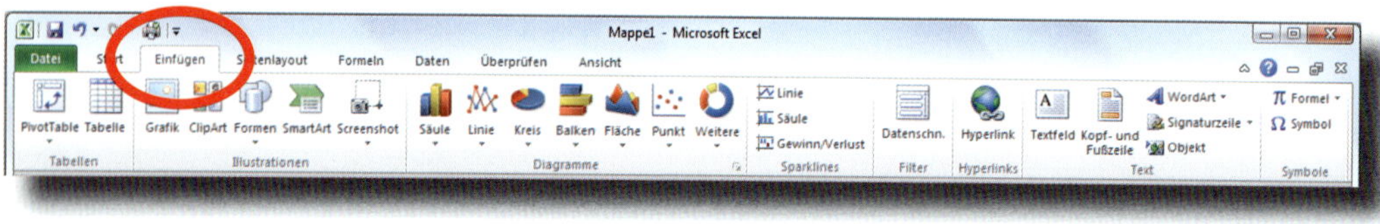

2. Unter ***Seitenlayout*** finden Sie alles, was Sie zum Einrichten Ihrer Tabelle für den Ausdruck benötigen.

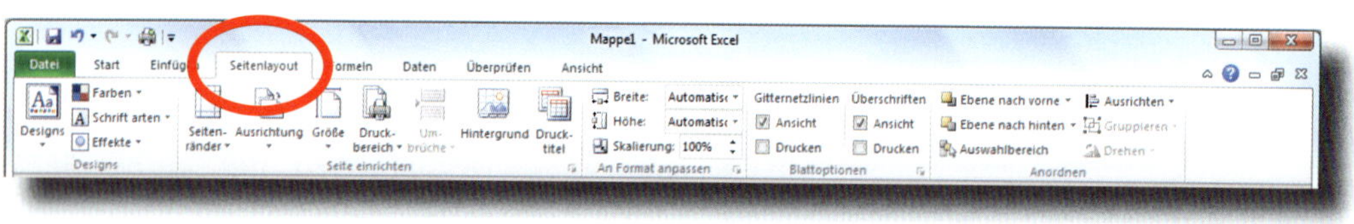

3. Das Menüband ***Formeln*** hält alle Rechenfunktionen und Formeln bereit, mit denen Sie Ihre Daten auswerten können.

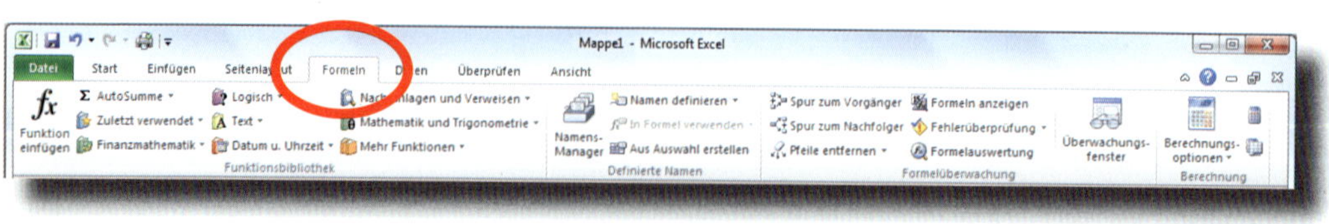

4. Unter dem Titel ***Daten*** finden Sie Werkzeuge zum Sortieren und Filtern Ihrer Daten und auch zum Einlesen externer Daten.

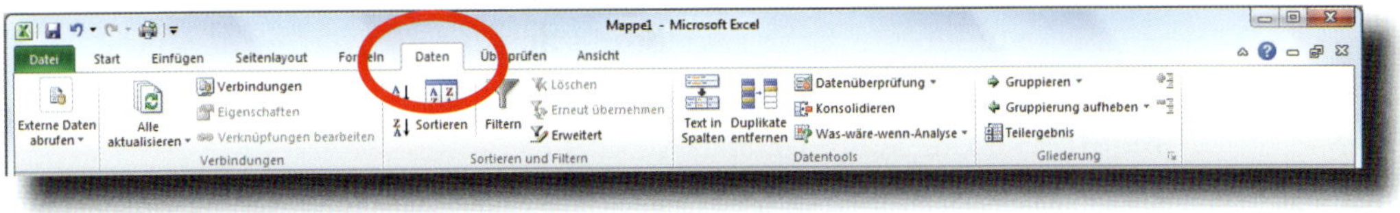

5. Die Funktionen des Menübandes ***Überprüfen*** dienen dazu, Ihre Tabellen und Arbeitsblätter zu prüfen, vor unerwünschtem Zugriff zu schützen und auch zu kommentieren.

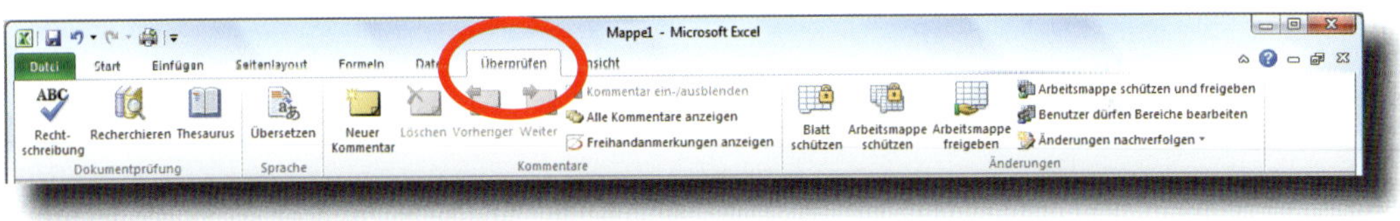

6. Das Menüband ***Ansicht*** vereint alle Funktionen, um die Bildschirmansicht Ihrer Tabelle zu gestalten.

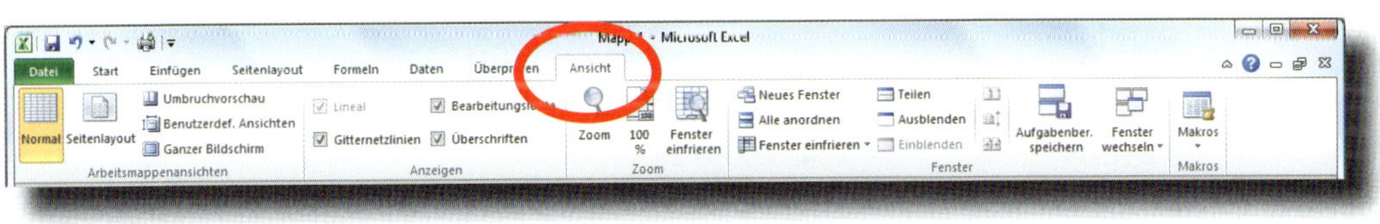

Gut zu wissen

Wenn Sie bisher nur mit älteren Versionen als 2007 von Excel gearbeitet haben, werden Ihnen die Multifunktionsleisten auf den ersten Blick ungewohnt vorkommen. Ihr Vorteil besteht jedoch darin, dass Sie immer nur die Funktionen auf dem Bildschirm angeboten bekommen, die Sie in der aktuellen Arbeitsphase benötigen, und dass Sie nicht vieles aus Untermenüs erst heraussuchen müssen.

Ziel

Einige Funktionen, wie Speichern und Drucken, sind unabhängig von einzelnen Bearbeitungsschritten wichtig für Ihre Dateien, und Sie werden sie immer wieder benötigen. Excel bietet Ihnen dazu wie alle Office-Programme das Befehlsregister ***Datei***, das ebenso wie die Schnellzugriffsleiste bei allen Menübändern gleich bleibt. Hier erfahren Sie, wie Sie dies nutzen können.

1. Rechts oben auf Ihrem Bildschirm finden Sie die Überschrift ***Datei***, hinter der sich ein unfangreiches Befehlsregister mit mehreren Optionen verbirgt, der so genannte Backstage-Bereich.

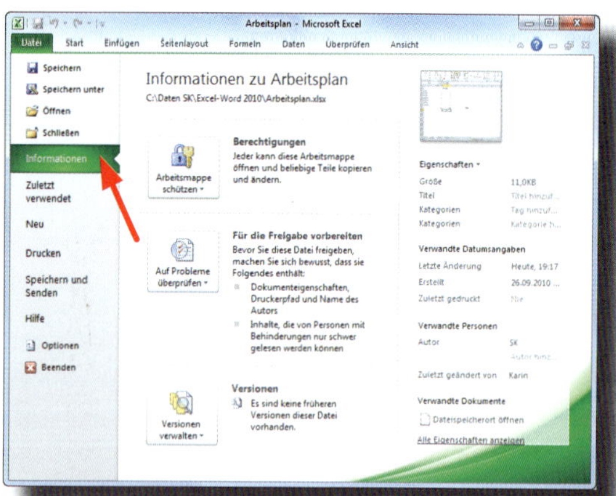

2. Klicken Sie auf ***Datei***, öffnet Excel ein Fenster, in dem Sie in der linken Spalte alle Befehle zum Speichern, Drucken und Versenden Ihrer Tabelle finden. Und es werden die Informationen zur gerade aktuellen Datei angezeigt.

3. Hinter der Schaltfläche ***Arbeitsmappe schützen*** finden Sie verschiedene Optionen, um Ihre Tabellen zu schützen, z. B. die Verschlüsselung mit einem Kennwort.

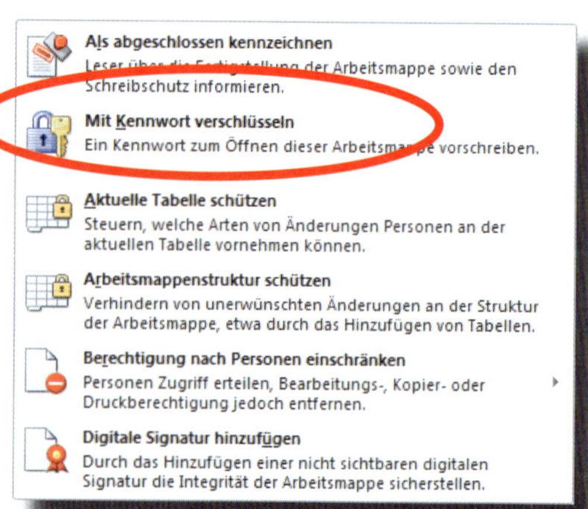

4. Die Schaltfläche ***Optionen*** öffnet ein Fenster, in dem Sie alle möglichen Voreinstellungen für die Arbeit mit Excel abändern könnten. Ändern Sie darin bitte nur dann etwas, wenn Sie genau wissen, was Sie tun.

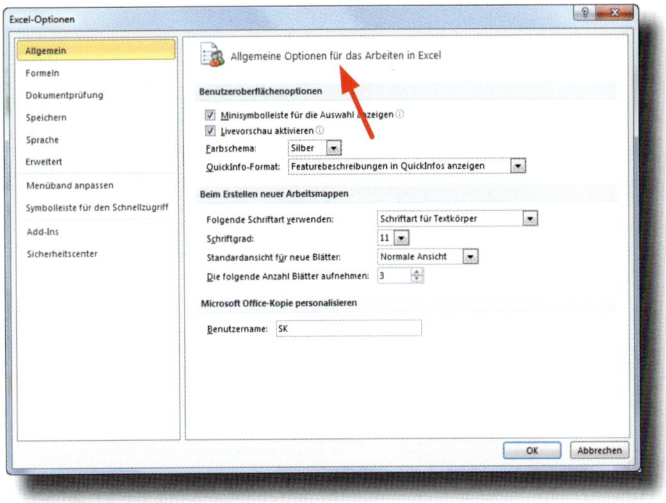

5. Oberhalb des Dateiregisters befindet sich die Schnellzugriffsleiste, die standardmäßig die Symbole für die Funktionen ***Speichern***, ***Rückgängig*** und ***Wiederholen*** enthält. Klicken Sie auf den Auswahlpfeil neben der Leiste, können Sie diese Auswahl erweitern.

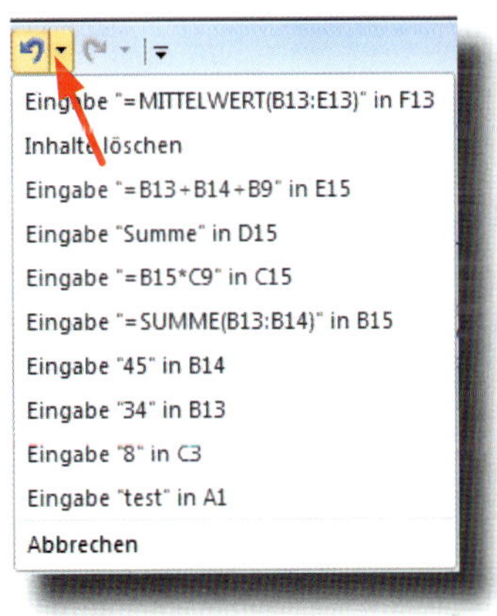

6. Als besonders nützlich sollten Sie das ***Rückgängig***-Symbol immer im Hinterkopf behalten. Wenn Sie einmal auf dieses Symbol klicken, machen Sie die letzte Aktion rückgängig. Sie können auch eine ganze Liste von Aktionen rückgängig machen.

Gut zu wissen

Beachten Sie, dass die Funktion ***Rückgängig*** Ihnen immer nur in der gerade aktuellen Sitzung zur Verfügung steht. Solange die Datei geöffnet ist, können Sie alle möglichen Aktionen damit ungeschehen machen. Schließen Sie die Datei, so wird die Liste aller getätigten Aktionen gelöscht und beim nächsten Öffnen neu angelegt.

Ziel

Alle Eingaben, Berechnungen und Auswertungen finden auf dem Excel-Arbeitsblatt statt. Excel präsentiert Ihnen dazu ein Blatt, das in einzelne Kästchen, so genannte Zellen, aufgeteilt ist. Jede Dateneingabe muss in einer Zelle erfolgen. Hier lernen Sie, wie das Arbeitsblatt aufgebaut ist.

1 Die Zelle ist die kleinste Einheit für Excel und jede Zelle hat eine eindeutige Adresse, bestehend aus Zeilen- und Spaltenname, z. B. C5. Im Namenfeld zeigt Excel immer die Adresse der Zelle an, in der der Cursor sich gerade zur Bearbeitung befindet.

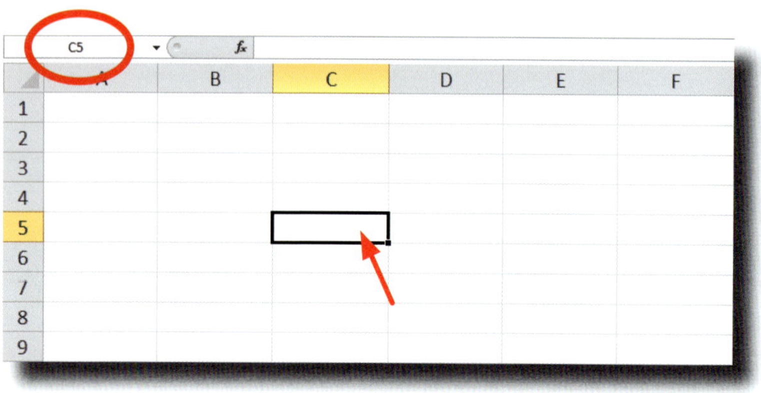

2 Neben dem Namenfeld befindet sich die Bearbeitungsleiste. Eingaben, die in Zellen gemacht werden, erscheinen gleichzeitig in der Bearbeitungsleiste. Mit dem Häkchen können Sie Eingaben bestätigen, mit dem Kreuzchen abbrechen.

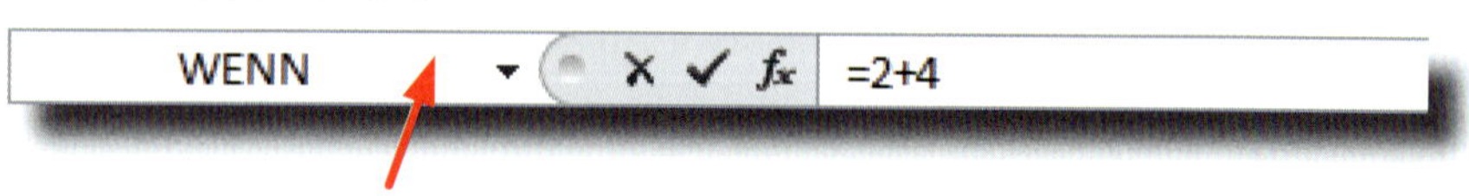

3 Das Arbeitsblatt von Excel ist in Spalten und Zeilen angeordnet. Zur Orientierung finden Sie die Nummern im Spalten- bzw. Zeilenkopf angezeigt. Die Spalten- und Zeilenadresse der gerade aktiven Zelle wird farblich hervorgehoben.

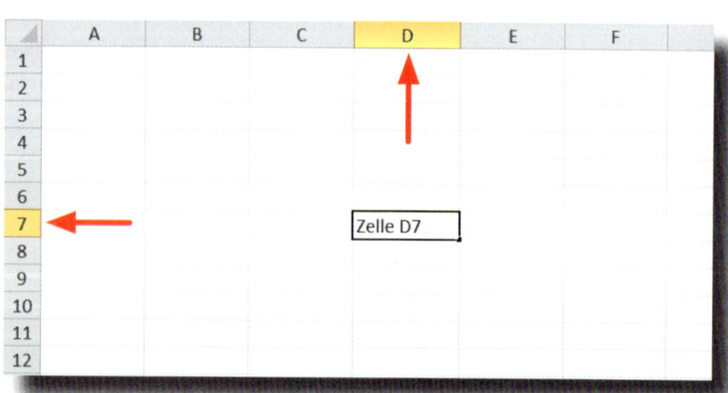

4 Wenn Sie im Namenfeld eine beliebige Zelladresse eingeben, springt Excel sofort in diese Zelle und ist dort zur Eingabe oder Bearbeitung bereit.

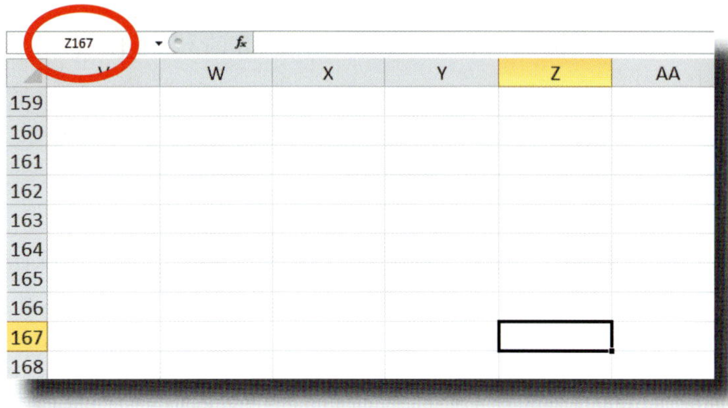

5 Am unteren Rand des Arbeitsplatzes befindet sich die Statusleiste. Wenn Sie mit der Arbeit beginnen, zeigt Excel Ihnen mit der Anzeige ***Bereit*** an, dass das Programm auf eine Eingabe wartet.

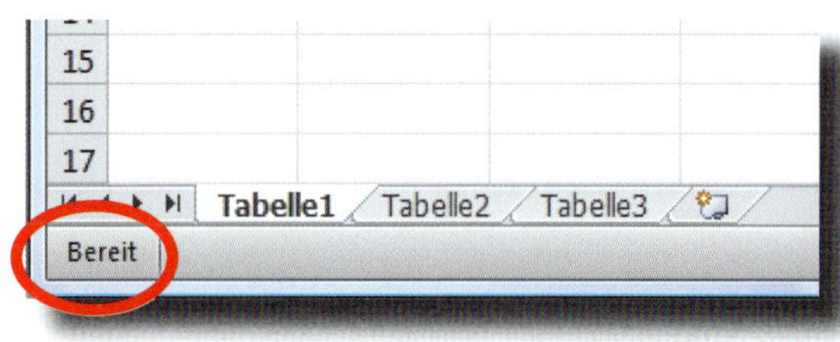

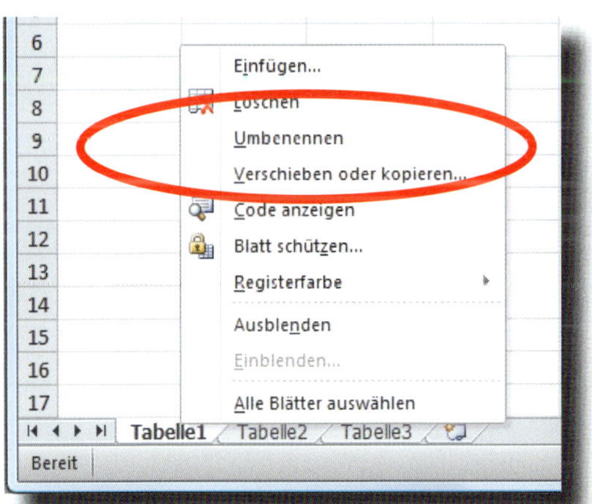

6 Am linken unteren Rand des Tabellenblattes finden Sie das Blattregister mit Namen für Ihre Arbeitsblätter. Standardmäßig nennt Excel die Blätter ***Tabelle1***, ***Tabelle2*** usw. Über das Kontextmenü mit der rechten Maustaste können Sie Ihren Tabellen sprechende Namen geben.

Gut zu wissen

Sie können mehrere Arbeitsblätter nebeneinander anlegen. Eine solche Sammlung von Arbeitsblättern nennt Excel eine Arbeitsmappe. Das, was Sie als Datei abspeichern, ist in Excel immer eine Arbeitsmappe, die eine oder mehrere Arbeitsblätter mit Tabellen enthalten kann.

Ziel

Die Tabellen auf Excel-Arbeitsblättern können sehr umfangreich werden. Sie haben verschiedene Möglichkeiten, sich Ihre Tabellen anzeigen zu lassen und sich innerhalb Ihrer Tabellen zu bewegen. Wie Sie dies am einfachsten bewerkstelligen, erfahren Sie hier.

1. Wenn Excel gestartet wird, befinden Sie sich in der so genannten Normalansicht. Excel nutzt den gesamten Bildschirm und zeigt Ihnen die einzelnen Zellen an. Diese Ansicht können Sie in der Befehlsgruppe rechts unten auf dem Bildschirm ändern.

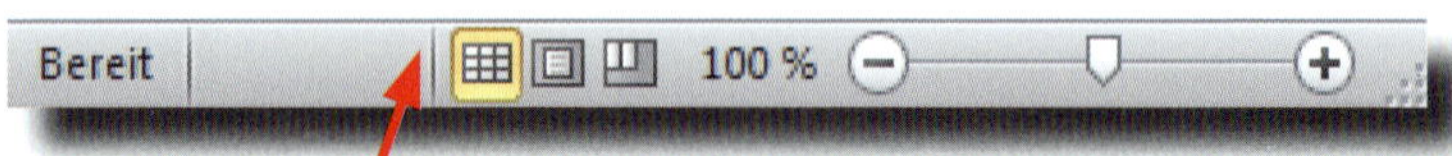

2. Mit der Ansicht ***Seitenlayout*** zeigt Excel Ihnen Ihre Tabelle so, wie sie im Ausdruck aussehen würde.

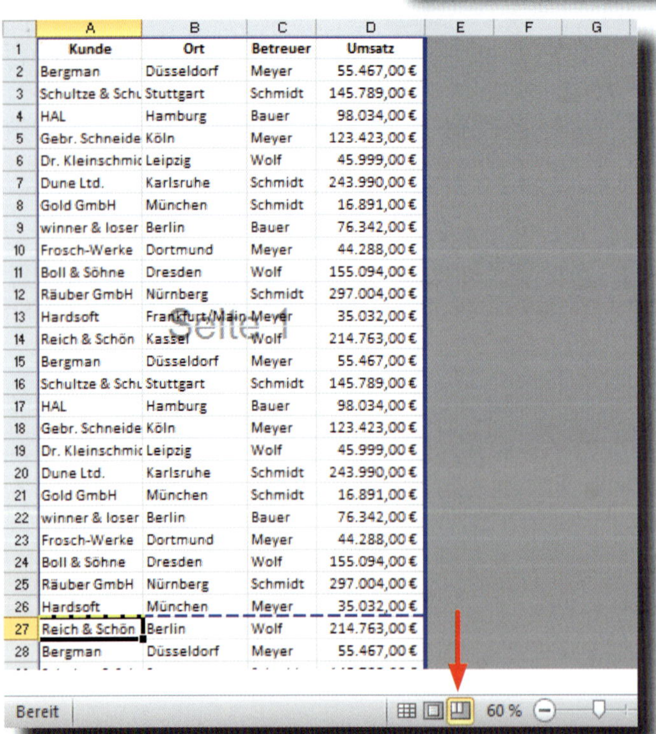

	A	B	C	D
1	Kunde	Ort	Betreuer	Umsatz
2	Bergman	Düsseldorf	Meyer	55.467,00 €
3	Schultze & Schu	Stuttgart	Schmidt	145.789,00 €
4	HAL	Hamburg	Bauer	98.034,00 €
5	Gebr. Schneide	Köln	Meyer	123.423,00 €
6	Dr. Kleinschmic	Leipzig	Wolf	45.999,00 €
7	Dune Ltd.	Karlsruhe	Schmidt	243.990,00 €
8	Gold GmbH	München	Schmidt	16.891,00 €
9	winner & loser	Berlin	Bauer	76.342,00 €
10	Frosch-Werke	Dortmund	Meyer	44.288,00 €
11	Boll & Söhne	Dresden	Wolf	155.094,00 €
12	Räuber GmbH	Nürnberg	Schmidt	297.004,00 €
13	Hardsoft	Frankfurt/Main	Meyer	35.032,00 €
14	Reich & Schön	Kassel	Wolf	214.763,00 €
15	Bergman	Düsseldorf	Meyer	55.467,00 €
16	Schultze & Schu	Stuttgart	Schmidt	145.789,00 €
17	HAL	Hamburg	Bauer	98.034,00 €
18	Gebr. Schneide	Köln	Meyer	123.423,00 €
19	Dr. Kleinschmic	Leipzig	Wolf	45.999,00 €
20	Dune Ltd.	Karlsruhe	Schmidt	243.990,00 €
21	Gold GmbH	München	Schmidt	16.891,00 €
22	winner & loser	Berlin	Bauer	76.342,00 €
23	Frosch-Werke	Dortmund	Meyer	44.288,00 €
24	Boll & Söhne	Dresden	Wolf	155.094,00 €
25	Räuber GmbH	Nürnberg	Schmidt	297.004,00 €
26	Hardsoft	München	Meyer	35.032,00 €
27	Reich & Schön	Berlin	Wolf	214.763,00 €
28	Bergman	Düsseldorf	Meyer	55.467,00 €

3. Die Ansicht ***Umbruchvorschau*** zeigt Ihnen, wie eine Tabelle auf mehrere Seiten verteilt wird, wo also jeweils Seitenumbrüche stattfinden. Diese Variante ist speziell bei großen Tabellen interessant.

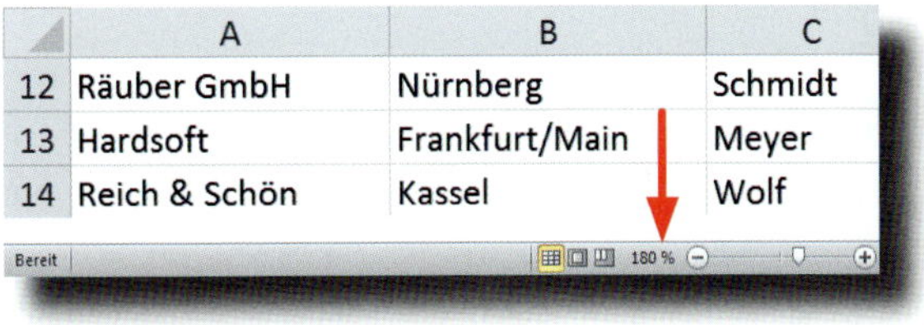

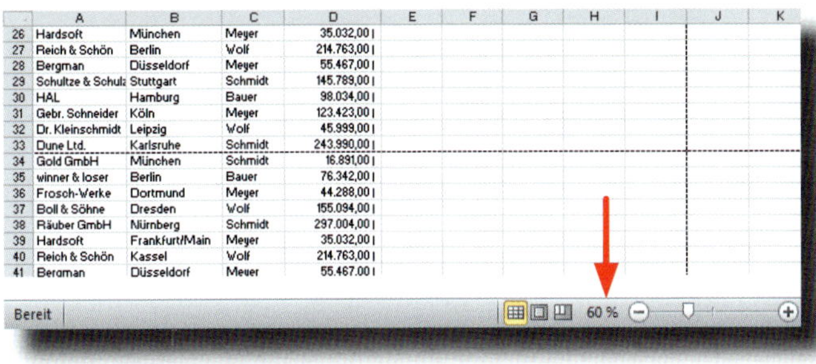

4 Neben den Ansichtarten finden Sie das Werkzeug ***Zoom***. Damit haben Sie die Möglichkeit, die Bildschirmansicht sowohl zu vergrößern als auch zu verkleinern. Auf den Ausdruck hat der Zoom keinen Einfluss.

5 Am rechten Rand und am unteren Rand des Arbeitsblattes finden Sie jeweils Bildlaufleisten, mit deren Hilfe Sie sich in größeren Tabellen bewegen können.

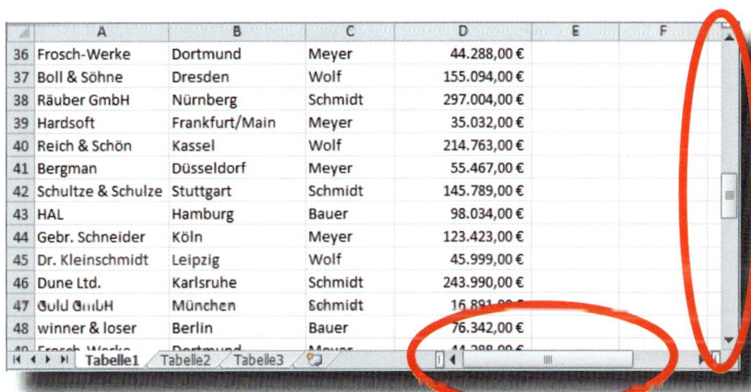

6 Die Suchpfeile am linken unteren Bildschirmrand dienen zum Blättern zwischen verschiedenen Arbeitsblättern. Der Effekt tritt natürlich nur auf, wenn die Datei mehr Arbeitsblätter hat, als auf einmal angezeigt werden können.

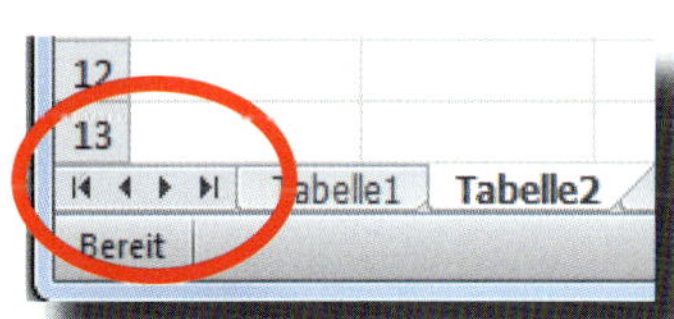

Gut zu wissen

Das, was Sie auf dem Bildschirm sehen, ist immer nur ein Ausschnitt des tatsächlichen Arbeitsblattes. Die maximale Größe eines Excel-Arbeitsblattes umfasst 16384 Spalten und über eine Million Zeilen, genau genommen sind es 1.048.576 Zeilen. Damit hätten Sie ein Blatt von über 300 m Breite und mehr als 5 km Länge vor sich.

Wichtige Begriffe

Arbeitsblatt: Alle Eingaben, die Sie machen und alle Ergebnisse, die Sie berechnen, werden auf dem Arbeitsblatt durchgeführt. Das Arbeitsblatt ist in Zellen aufgeteilt, die in Zeilen und Spalten angeordnet sind.

Bearbeitungsleiste: Die Bearbeitungsleiste liegt in Excel oberhalb des eigentlichen Arbeitsblattes und zeigt jeweils den Inhalt der gerade aktiven Zelle an. Ist der Inhalt größer als die Zelle, wird er in der Bearbeitungsleiste komplett angezeigt, auch wenn er in der Zelle abgeschnitten ist. Besteht der Inhalt einer Zelle aus einer Formel, so wird in der Bearbeitungsleiste immer diese Formel angezeigt, während die Zelle das aktuelle Ergebnis darstellt.

Schnellzugriffsleiste: Excel besitzt, wie die anderen Office-Programme auch, eine Schnellzugriffsleiste am linken oberen Bildschirmrand, die bei allen Menübändern gleich bleibt und einige wichtige Funktionen enthält. Im Standard sind dies v. a. die Befehle ***Speichern*** und ***Rückgängig.*** Sie können diese Auswahl individuell erweitern und alle Funktionen dort aufnehmen, die Sie häufig benötigen.

8

Mit Excel Tabellen erstellen

In diesem Kapitel lernen Sie:

- ☑ wie Sie in einer Tabelle Daten erfassen und ändern
- ☑ wie Excel Sie bei der Datenerfassung unterstützt
- ☑ wie Sie Einträge in einer Tabelle markieren, kopieren und verschieben
- ☑ wie Sie die Spaltenbreite und Zeilenhöhe verändern können
- ☑ wie Sie Spalten und Zeilen einfügen und ausblenden
- ☑ wie Sie Ihre Tabellen speichern und drucken
- ☑ wie Sie eine neue Datei mit Excel-Vorlagen erstellen

Ziel

Excel ermöglicht Ihnen Berechnungen aller Art. Als Grundlage dazu müssen Sie zuerst Ihre Daten erfassen. Sie möchten im Folgenden z. B. alle erforderlichen Daten für eine Kostenkontrolle eingeben. Alle Daten sollen übersichtlich in einer Tabelle stehen und sollen später bei Bedarf abgeändert werden können.

1. Setzen Sie den Cursor in die erste Spalte und erfassen Sie untereinander Ihre monatlichen Kostenarten.

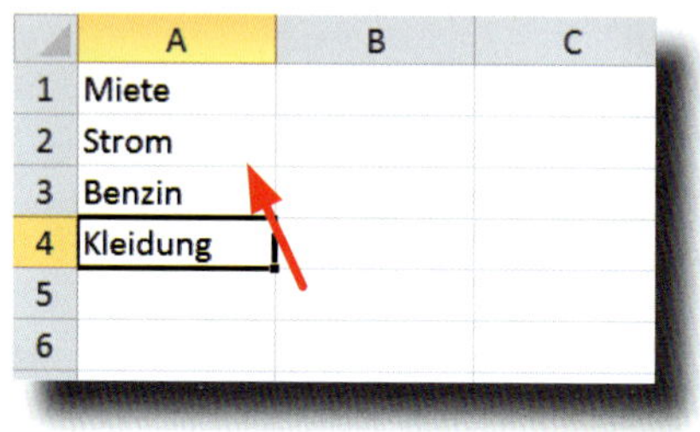

2. Erfassen Sie in der zweiten Spalte die zugehörigen Beträge.

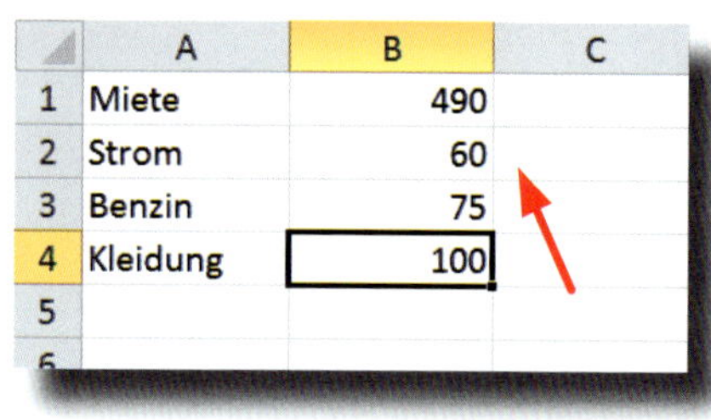

3. Wenn Sie Texte erfassen oder Ihre Tabelle später ergänzen, kann es passieren, dass der Eintrag länger ist als die Zelle. Damit der Eintrag nicht verdeckt ist, können Sie mit einem Doppelklick auf den Spaltenkopf die Breite anpassen.

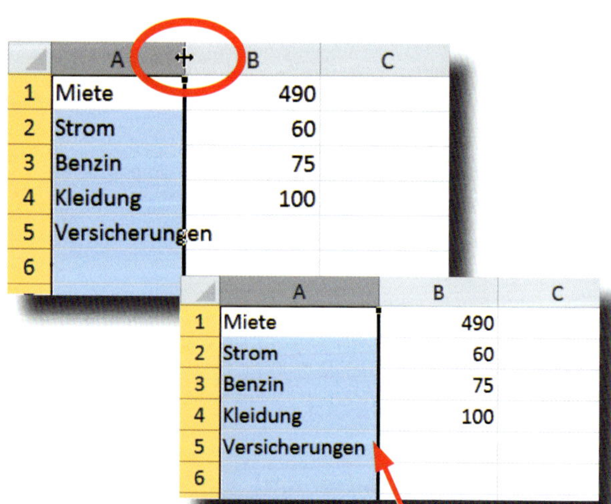

4 Erfassen Sie einen Text, der mit dem gleichen Buchstaben beginnt, wie ein früherer Eintrag, ergänzt Excel das ganze Wort, um Ihnen die Arbeit zu erleichtern. Wollen Sie einen anderen Eintrag, schreiben Sie einfach weiter und überschreiben den Vorschlag.

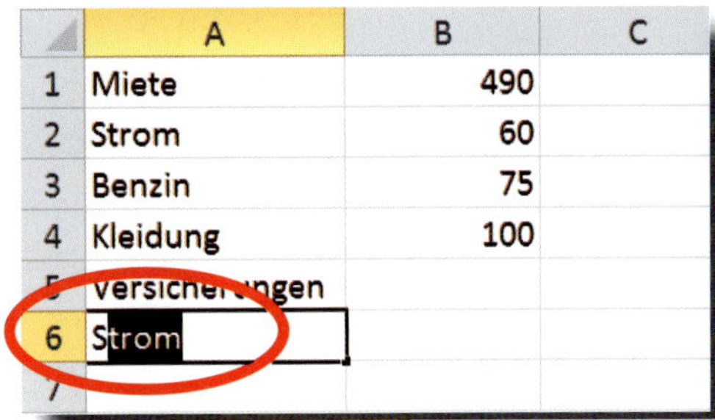

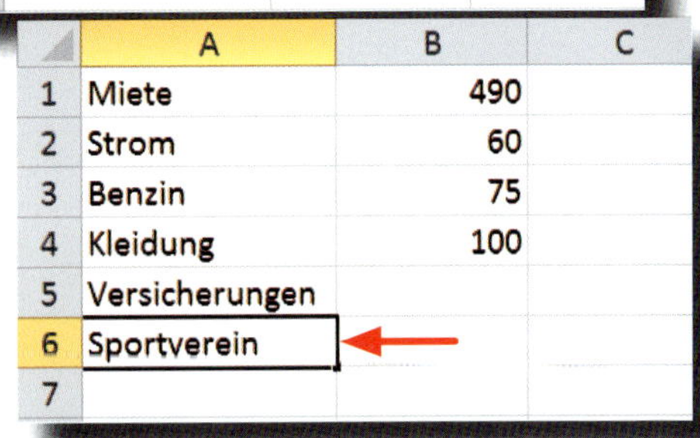

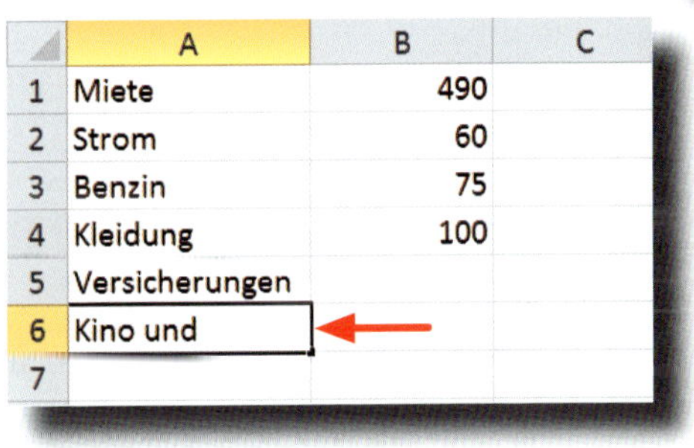

5 Um Einträge zu ändern, klicken Sie mit dem Cursor auf die gewünschte Zelle und überschreiben den bisherigen Wert.

6 Möchten Sie einen bestehenden Eintrag nicht komplett überschreiben, sondern nur ergänzen, so führen Sie diese Änderung am besten in der Bearbeitungsleiste durch.

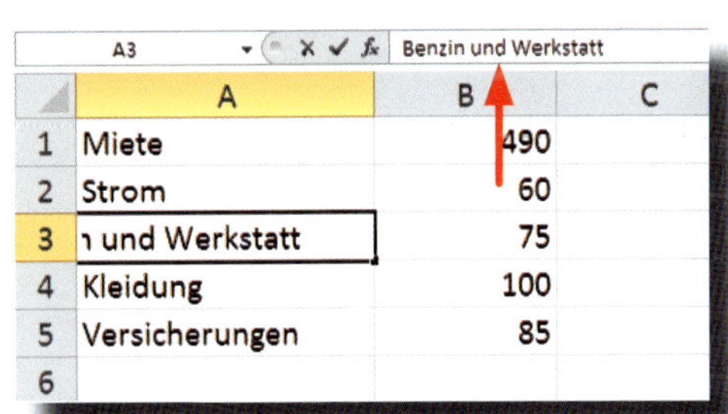

Gut zu wissen

Da Sie später mit Ihren erfassten Werten Berechnungen durchführen wollen und wahrscheinlich ganze Spalten in gleicher Weise formatieren möchten, sollten Sie in einer Spalte immer nur gleichartige Einträge erfassen, also z. B. in der Spalte 1 nur Texte, in der Spalte 2 nur Beträge.

Ziel

Sie möchten Tabellen erfassen, die fortlaufende Einträge enthalten, wie z. B. ein Kalender, oder die aus fortlaufenden Zahlenreihen bestehen. Diese wollen Sie nicht per Hand ausfüllen, sondern sich die Arbeit von Excel erleichtern lassen. Excel bietet Ihnen nämlich die Möglichkeit, Zellen automatisch ausfüllen zu lassen.

1. Um fortlaufend Monate oder Wochentage auflisten zu lassen, genügt es, einen Monat, z. B. den Januar, einzutragen.

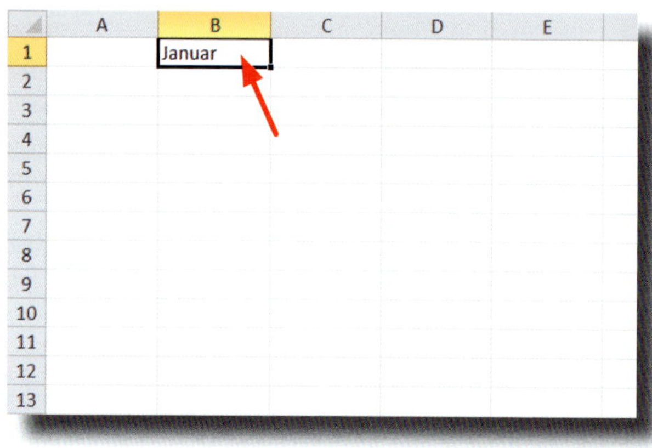

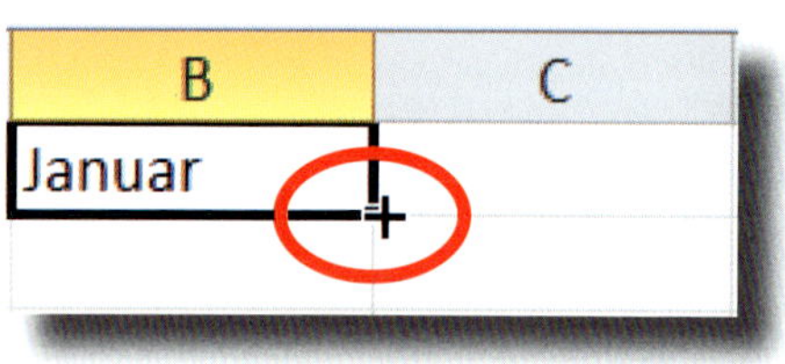

2. Setzen Sie den Cursor auf die rechte untere Ecke der Zelle, das so genannte ***Ausfüllkästchen***. Der Cursor verändert sich dabei zu einem kleinen schwarzen Kreuz.

3. Halten Sie nun die linke Maustaste gedrückt und ziehen Sie den Cursor über die gewünschten Felder.

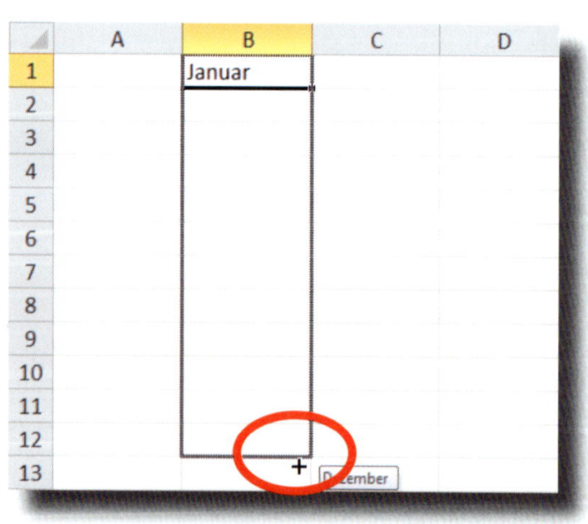

4 Wenn Sie die Maustaste jetzt loslassen, sind die Felder in der gewünschten Weise ausgefüllt. Die Reihe wird so weit fortgeführt, wie Sie Zellen markiert haben.

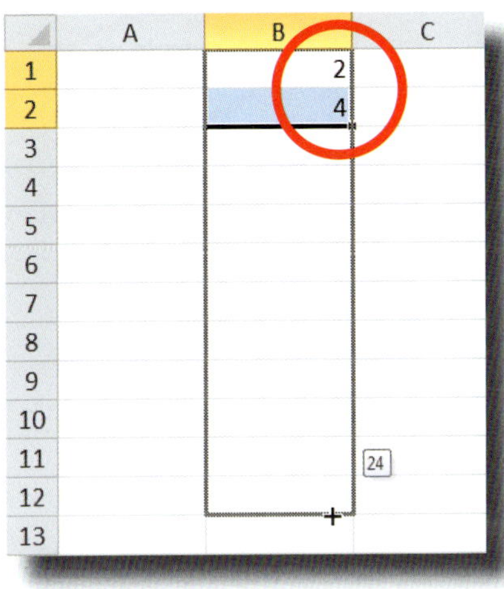

5 Wenn Sie Zahlenreihen automatisch fortführen lassen wollen, so müssen Sie mindestens die ersten beiden Zahlen der Reihe angeben, und dann das Ausfüllkästchen weiterziehen.

6 Beim Loslassen der Maustaste sind die Zellen mit den folgenden Zahlen der Reihe ausgefüllt. Sie können Zahlenreihen auch rückwärts ausfüllen lassen.

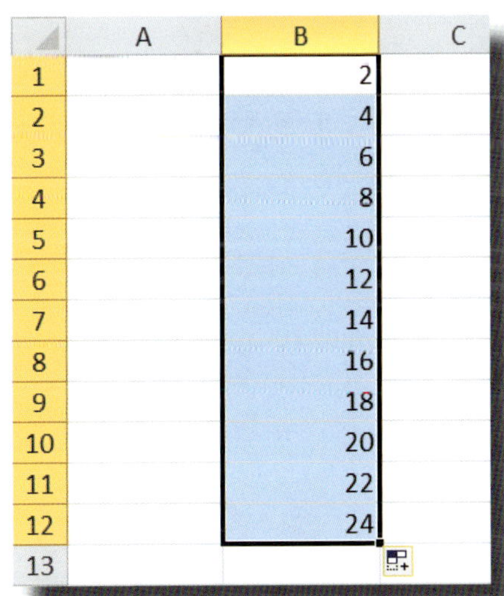

Gut zu wissen

Dieses automatische Ausfüllen funktioniert mit allen Zahlenreihen, mit Monaten, Wochentagen, Jahreszahlen und auch mit Aufzählungen wie ***1. Kapitel***, ***2. Kapitel*** usw. Sie können es jedoch nicht bei Texteingaben verwenden. Das bedeutet auch, dass Excel keine alphabetischen Reihen fortsetzen kann.

Ziel

Um Werte und Einträge in einer Tabelle zu bearbeiten, müssen Sie diese zuerst markieren. Die markierten Bereiche können Sie anschließend kopieren oder verschieben, oder Sie können sie mit einer bestimmten Schrift oder Farbe formatieren. Excel bietet verschiedene Optionen zum Markieren.

1. Um eine einzelne Zelle zu markieren, genügt es, sie mit dem Cursor anzuklicken. Die Zelle wird dann fett umrahmt, um die Markierung anzuzeigen.

	A	B
1	**Ausgaben:**	
2	Miete	490,00 €
3	Strom	60,00 €
4	Benzin	75,00 €
5	Versicherungen	85,00 €
6	Lebensmittel	150,00 €
7	Kleidung	100,00 €
8	Dies und Das	70,00 €
9		**1.030,00 €**
10		

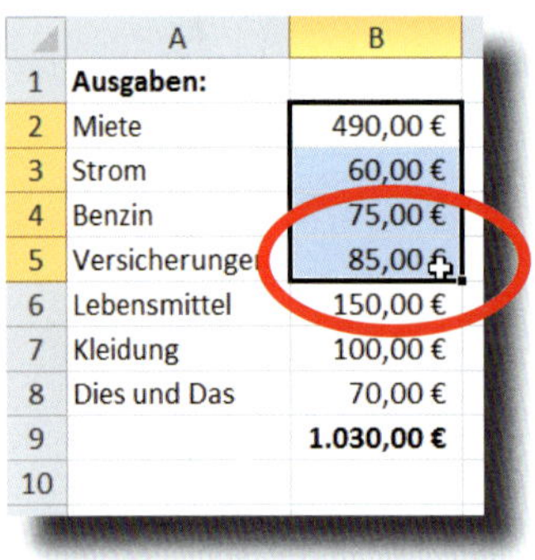

	A	B
1	**Ausgaben:**	
2	Miete	490,00 €
3	Strom	60,00 €
4	Benzin	75,00 €
5	Versicherunge	85,00 €
6	Lebensmittel	150,00 €
7	Kleidung	100,00 €
8	Dies und Das	70,00 €
9		**1.030,00 €**
10		

2. Wollen Sie mehrere benachbarte Zellen markieren, so klicken Sie die erste Zelle an, halten die linke Maustaste gedrückt und ziehen den Cursor so über den gewünschten Bereich. Sie können auf diese Weise den Cursor in jede Richtung ziehen.

3. Ganze Spalten markieren Sie, indem Sie auf den Spaltenkopf, ganze Zeilen, indem Sie auf den Zeilenkopf klicken.

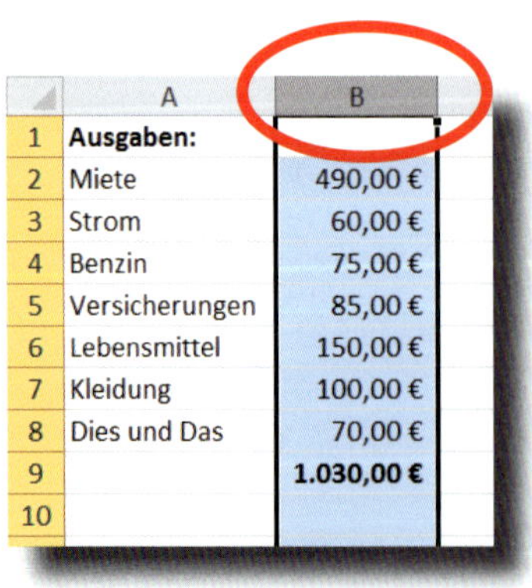

	A	B
1	**Ausgaben:**	
2	Miete	490,00 €
3	Strom	60,00 €
4	Benzin	75,00 €
5	Versicherungen	85,00 €
6	Lebensmittel	150,00 €
7	Kleidung	100,00 €
8	Dies und Das	70,00 €
9		**1.030,00 €**
10		

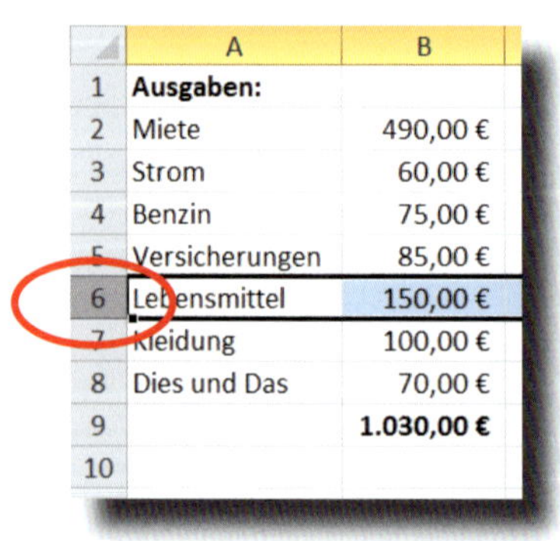

	A	B
1	**Ausgaben:**	
2	Miete	490,00 €
3	Strom	60,00 €
4	Benzin	75,00 €
5	Versicherungen	85,00 €
6	Lebensmittel	150,00 €
7	Kleidung	100,00 €
8	Dies und Das	70,00 €
9		**1.030,00 €**
10		

4 Wenn Sie beim Markieren einer ganzen Spalte oder Zeile die linke Maustaste gedrückt halten, können Sie mehrere Spalten oder Zeilen gleichzeitig markieren.

	A	B
1	**Ausgaben:**	
2	Miete	490,00 €
3	Strom	60,00 €
4	Benzin	75,00 €
5	Versicherungen	85,00 €
6	Lebensmittel	150,00 €
7	Kleidung	100,00 €
8	Dies und Das	70,00 €
		1.030,00 €
10		

5 Excel bietet Ihnen auch die Möglichkeit, auseinanderliegende Zellen und Zellbereiche zu markieren. Sie müssen dazu bei der Auswahl nur die Strg-Taste gedrückt halten.

	A	B
1	**Ausgaben:**	
2	Miete	490,00 €
3	Strom	60,00 €
4	Benzin	75,00 €
5	Versicherungen	85,00 €
6	Lebensmittel	150,00 €
7	Kleidung	100,00 €
8	Dies und Das	70,00 €
9		**1.030,00 €**
10		

6 Wollen Sie die komplette Tabelle markieren, um sie z. B. auf ein neues Tabellenblatt zu kopieren, so klicken Sie in das kleine Feld in der linken oberen Ecke der Tabelle.

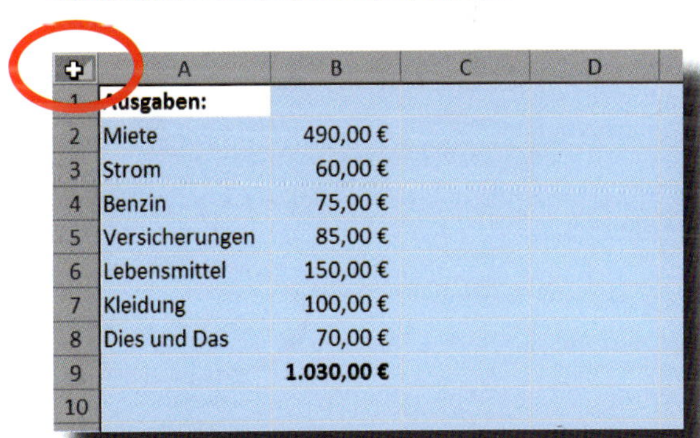

	A	B	C	D
1	**Ausgaben:**			
2	Miete	490,00 €		
3	Strom	60,00 €		
4	Benzin	75,00 €		
5	Versicherungen	85,00 €		
6	Lebensmittel	150,00 €		
7	Kleidung	100,00 €		
8	Dies und Das	70,00 €		
9		**1.030,00 €**		
10				

Gut zu wissen

Wenn Sie die markierten Zellen oder den Zellbereich mithilfe des Kontextmenüs, das Sie über die rechte Maustaste erhalten, bearbeiten wollen, achten Sie darauf, dass Sie nur innerhalb einer der markierten Zellen klicken. Klicken Sie außerhalb, wird Ihre Markierung aufgehoben.

Ziel

Häufig benötigen Sie Daten, die innerhalb einer Tabelle bereits eingegeben wurden, an einer anderen Stelle nochmals, oder Sie möchten Ihre Daten an eine andere Stelle innerhalb der Tabelle verschieben. Beim Kopieren bleiben die ursprünglichen Werte stehen, beim Verschieben nicht.

1. Markieren Sie zuerst die Zelle oder den Bereich, den Sie kopieren oder verschieben möchten und klicken Sie dann die rechte Maustaste für das Kontextmenü. Wählen Sie ***Ausschneiden*** zum Verschieben oder ***Kopieren*** zum Kopieren.

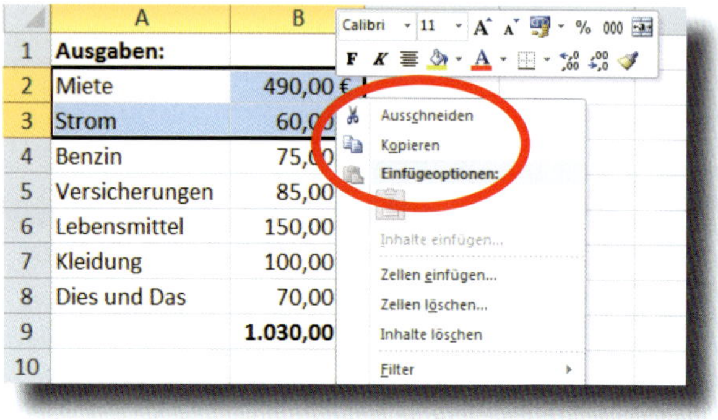

2. Excel umrahmt den zu kopierenden oder zu verschiebenden Zellbereich mit einem fließenden Rahmen.

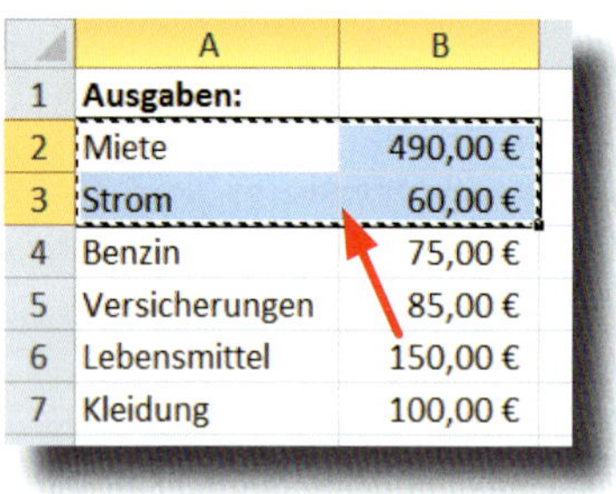

3. Setzen Sie den Cursor jetzt an die Stelle, wohin die Zellen kopiert oder verschoben werden sollen und wählen Sie über das Kontextmenü ***Einfügeoptionen***. Die Livevorschau zeigt Ihnen, wie das Ergebnis aussehen würde.

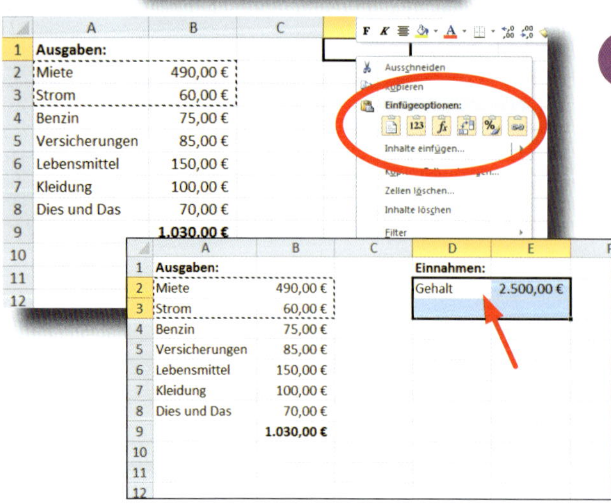

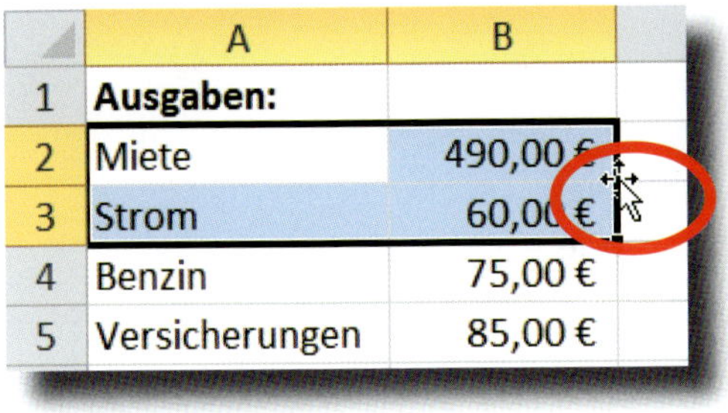

4 Beachten Sie unbedingt, dass die Zellen im Zielbereich leer sein müssen, da Excel sonst beim Einfügen eventuell vorhandene Werte überschreibt.

5 Sie können Zellen oder Zellbereiche auch direkt mit der Maus verschieben, indem Sie nach dem Markieren den Mauszeiger auf den Rand der Zellen setzen. Der Mauszeiger verändert sich dabei zu einem dünnen Kreuz mit Pfeilen an jedem Ende.

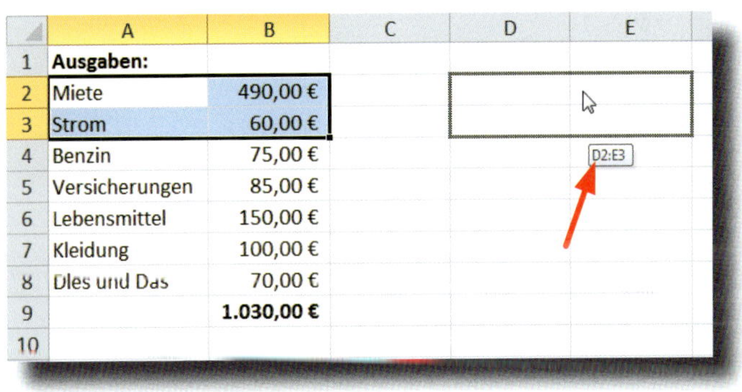

6 Ziehen Sie die Zellen oder den Zellbereich anschließend bei gedrückter linker Maustaste auf die gewünschte Stelle und lassen Sie die Maustaste dort los.

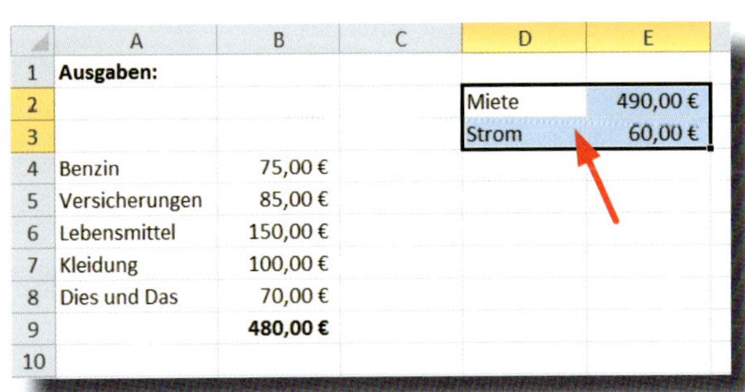

Gut zu wissen

Einen Wert, den Sie mit ***Kopieren*** in die Zwischenablage übernommen haben, können Sie nacheinander an verschiedenen Stellen einfügen, ohne ihn neu kopieren zu müssen. Dies gilt sowohl für einzelne Zellen als auch für ganze Bereiche.

Ziel

Die passende Spaltenbreite und Zeilenhöhe ist ein wichtiger Gesichtspunkt bei der Gestaltung von Tabellen. Häufig reicht die von Excel vorgegebene Breite nicht aus. Für eine einheitliche Tabelle kann es zusätzlich erforderlich sein, allen Spalten die gleiche Breite zu geben.

1. Um die Breite einer Spalte zu ändern, markieren Sie als Erstes die Spalte, indem Sie mit dem Cursor in den Spaltenkopf klicken.

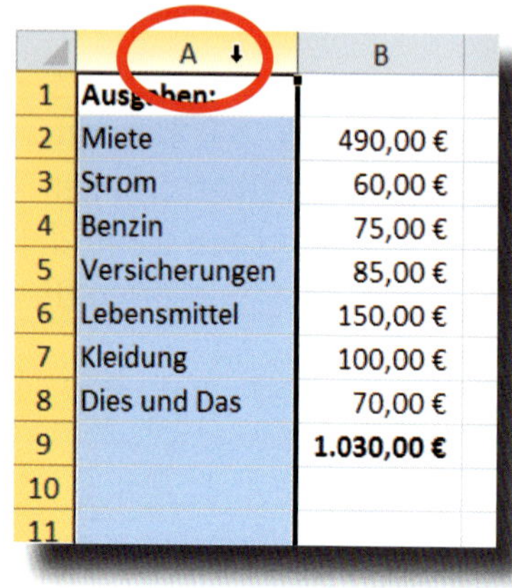

2. Platzieren Sie den Cursor dann an den Rand des Spaltenkopfes, sodass er sich in ein kleines Kreuz mit zwei Pfeilen verwandelt. Halten Sie die linke Maustaste gedrückt und ziehen Sie den Cursor soweit wie nötig. Die Spalte wird entsprechend verbreitert.

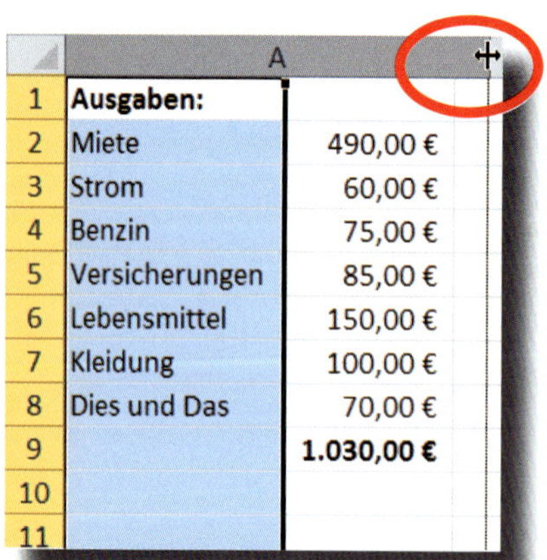

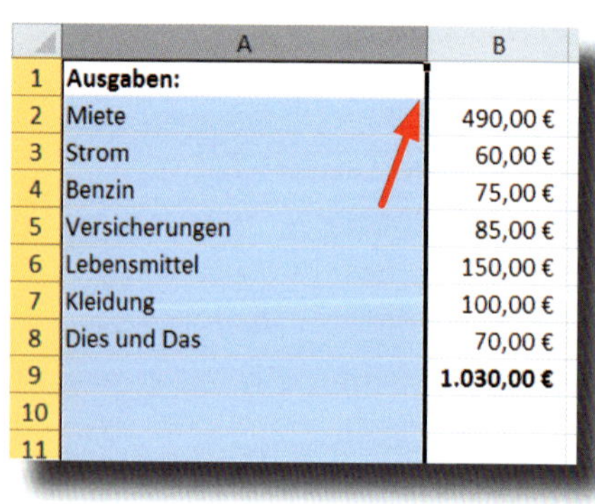

3. Um eine exakte Breite einzustellen, wählen Sie über das Kontextmenü mit der rechten Maustaste die Option ***Spaltenbreite***. Es erscheint ein Fenster für eine millimetergenaue Eingabe.

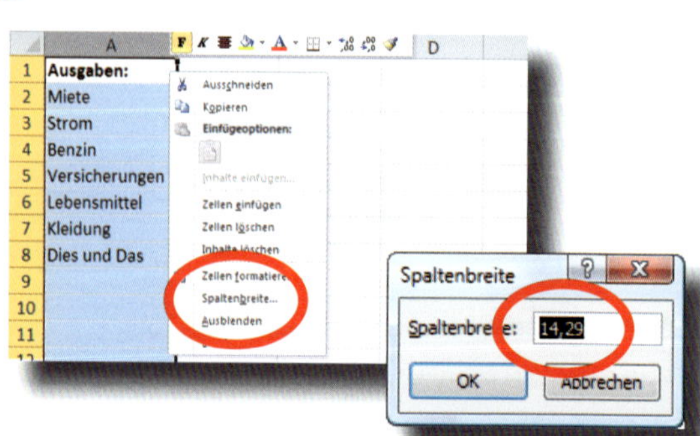

4. Wenn Sie eine oder mehrere Spalten verbreitert haben, können Sie alle anderen Spalten anpassen, indem Sie die breiteste Spalte markieren und dann auf das Symbol ***Format übertragen*** klicken. Klicken Sie anschließend auf die anderen Spalten, um die Breite zu übernehmen.

5. Die Zeilenhöhe wird entsprechend erhöht, nur dass Sie dieses Mal die Änderungen am Zeilenkopf vornehmen.

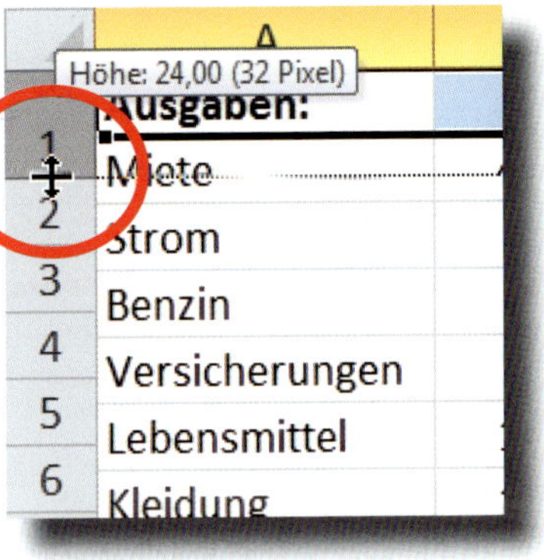

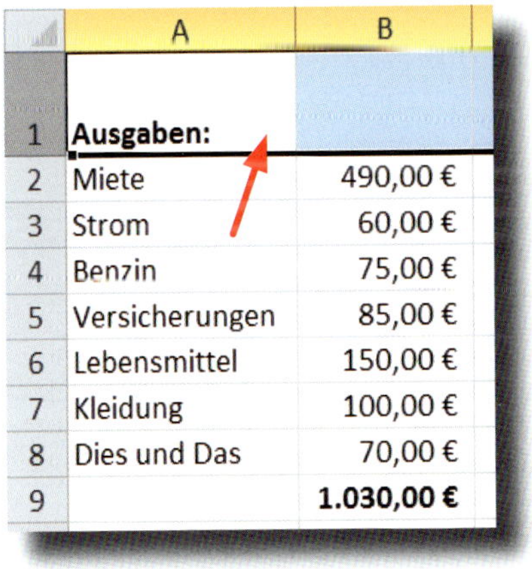

	A	B
1	**Ausgaben:**	
2	Miete	490,00 €
3	Strom	60,00 €
4	Benzin	75,00 €
5	Versicherungen	85,00 €
6	Lebensmittel	150,00 €
7	Kleidung	100,00 €
8	Dies und Das	70,00 €
9		**1.030,00 €**

6. Auf diese Weise können Sie Überschriftenzeilen besonders betonen.

Gut zu wissen

Excel bietet Ihnen die Möglichkeit, mit einem Doppelklick auf den Spaltenrand die so genannte optimale Breite einzustellen. D. h. die Spalte wird genauso breit oder so schmal gemacht, dass der längste Eintrag noch hineinpasst.

Ziel

Oft wird es erforderlich sein, dass Sie in einer Tabelle nachträglich Zeilen und Spalten an einer bestimmten Stelle einfügen müssen. Umgekehrt ist es bei umfangreichen Tabellen manchmal übersichtlicher, einzelne Spalten oder Zeilen auszublenden, ohne sie jedoch zu löschen.

1 Um Spalten einzufügen, markieren Sie die Spalte, die rechts von der neuen Spalte stehen soll. Anschließend wählen Sie über das Kontextmenü mit der rechten Maustaste die Option ***Zellen einfügen***.

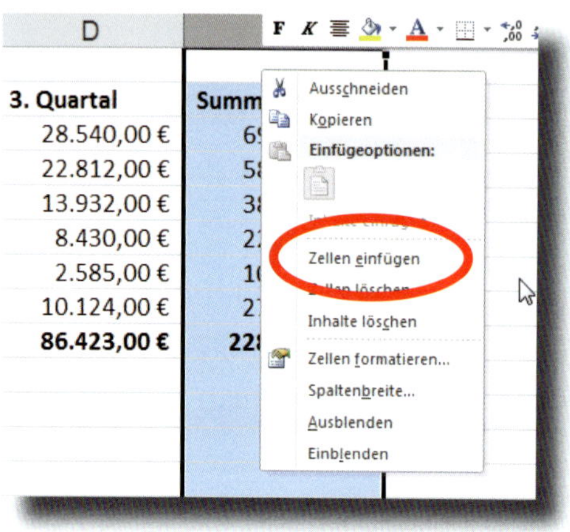

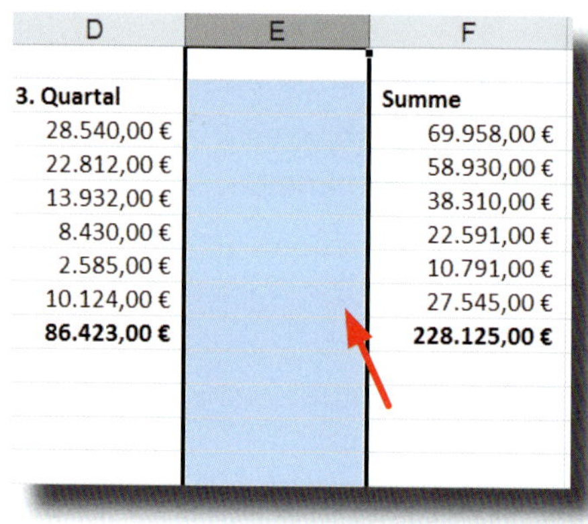

2 Um Zeilen einzufügen, markieren Sie die Zeile, oberhalb derer Sie eine neue Zeile einfügen wollen. Anschließend wählen Sie wieder über das Kontextmenü die Option ***Zellen einfügen***.

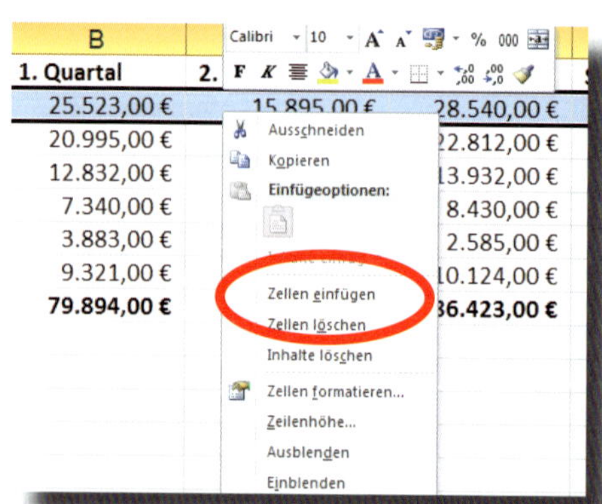

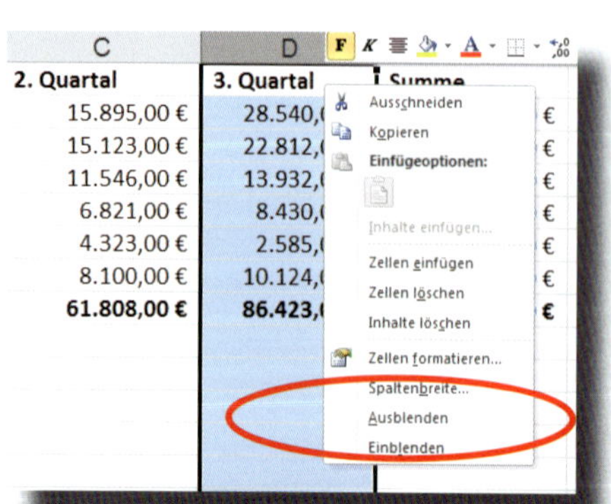

3 Um Spalten auszublenden, markieren Sie die betreffende Spalte und wählen anschließend aus dem Kontextmenü die Option ***Ausblenden***. Bei Zeilen verfahren Sie entsprechend.

4 Um kenntlich zu machen, dass an einer Stelle Spalten oder Zeilen ausgeblendet sind, zeigt Excel im Spalten- bzw. Zeilenkopf eine etwas dickere Trennlinie an. Außerdem fehlt im vorliegenden Fall die Spalte D.

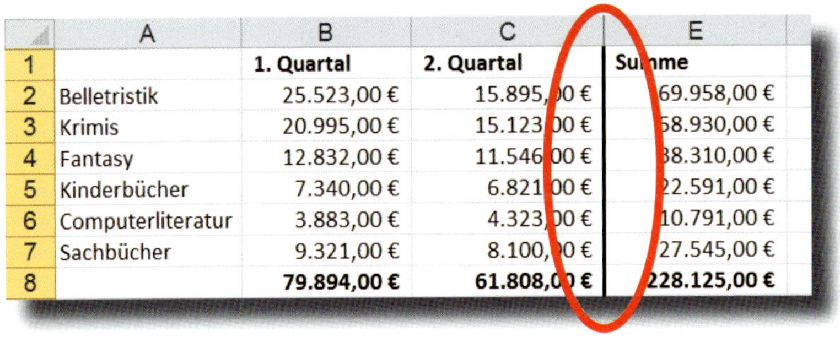

	A	B	C	E
1		**1. Quartal**	**2. Quartal**	**Summe**
2	Belletristik	25.523,00 €	15.895,00 €	69.958,00 €
3	Krimis	20.995,00 €	15.123,00 €	58.930,00 €
4	Fantasy	12.832,00 €	11.546,00 €	38.310,00 €
5	Kinderbücher	7.340,00 €	6.821,00 €	22.591,00 €
6	Computerliteratur	3.883,00 €	4.323,00 €	10.791,00 €
7	Sachbücher	9.321,00 €	8.100,00 €	27.545,00 €
8		**79.894,00 €**	**61.808,00 €**	**228.125,00 €**

5 Um die ausgeblendeten Spalten wiederzusehen, markieren Sie die Spalten links und rechts von der ausgeblendeten und wählen über das Kontextmenü die Option ***Einblenden***.

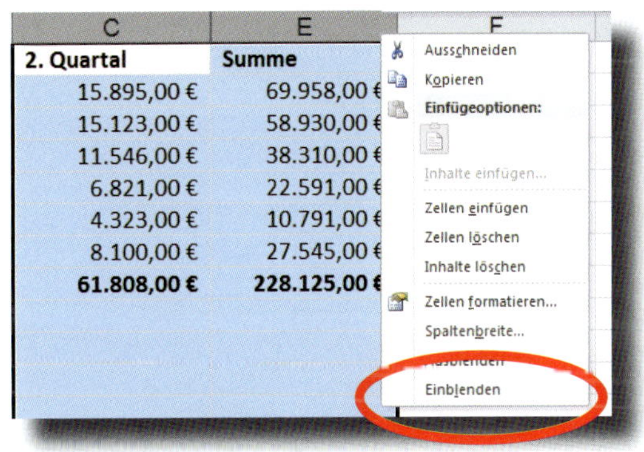

C	E
2. Quartal	**Summe**
15.895,00 €	69.958,00 €
15.123,00 €	58.930,00 €
11.546,00 €	38.310,00 €
6.821,00 €	22.591,00 €
4.323,00 €	10.791,00 €
8.100,00 €	27.545,00 €
61.808,00 €	**228.125,00 €**

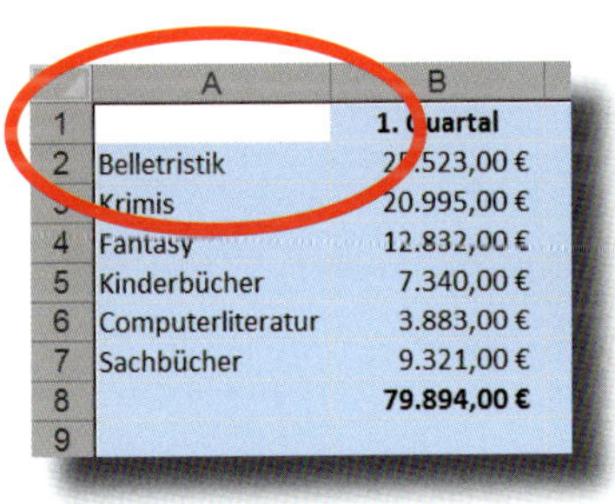

	A	B
1		**1. Quartal**
2	Belletristik	25.523,00 €
3	Krimis	20.995,00 €
4	Fantasy	12.832,00 €
5	Kinderbücher	7.340,00 €
6	Computerliteratur	3.883,00 €
7	Sachbücher	9.321,00 €
8		**79.894,00 €**
9		

6 Um sicherzugehen, dass auch wirklich alle Spalten oder Zeilen wieder eingeblendet werden, können Sie für Zeilen auch die gesamte Tabelle markieren. Bei Spalten müssen Sie alle Spalten markieren.

Gut zu wissen

Wenn Sie eine Tabelle mit ausgeblendeten Spalten und Zeilen speichern und schließen, so sind diese beim nächsten Öffnen der Tabelle immer noch ausgeblendet. Wenn Sie eine Tabelle mit ausgeblendeten Spalten oder Zeilen ausdrucken, sieht man keinen Hinweis auf die Ausblendung. Sie können in der Tabelle also zusätzliche Daten verwalten, die bei einer Auswertung nicht erscheinen müssen.

Ziel

Sie wollen Ihre Daten nach der Erfassung natürlich auch später zur Verfügung haben, um sie erneut abzurufen oder um sie zu ändern. Sie müssen Ihre Tabellen demnach speichern. Um die Tabellen jemandem zu präsentieren oder um sie auch ohne Computer mitnehmen zu können, müssen Sie sie ausdrucken.

1. Die Funktion ***Speichern*** finden Sie unter dem Diskettensymbol in der Schnellzugriffsleiste.

2. Sie können auch über den Backstage-Bereich unter der Überschrift ***Datei*** speichern. Speziell die Option ***Speichern unter*** finden Sie nur dort.

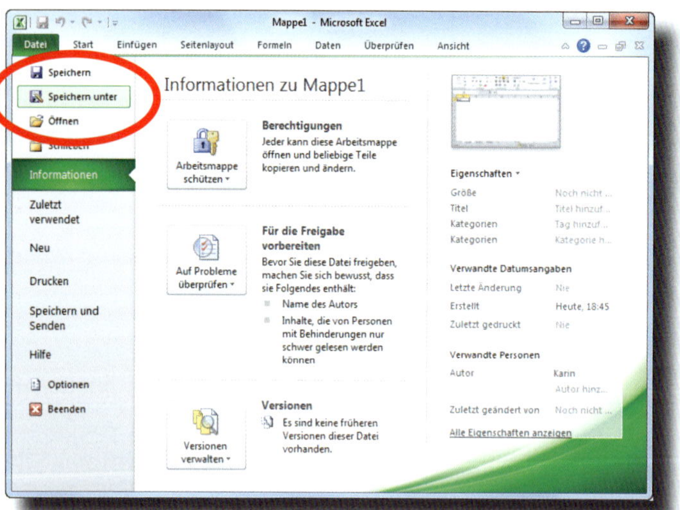

3. Wenn Sie eine der beiden Optionen anklicken, öffnet Excel ein Fenster, in dem Sie den Dateinamen eingeben und den gewünschten Ordner auswählen können. Den Vorschlag ***Mappe1*** sollten Sie durch einen aussagekräftigen Namen überschreiben.

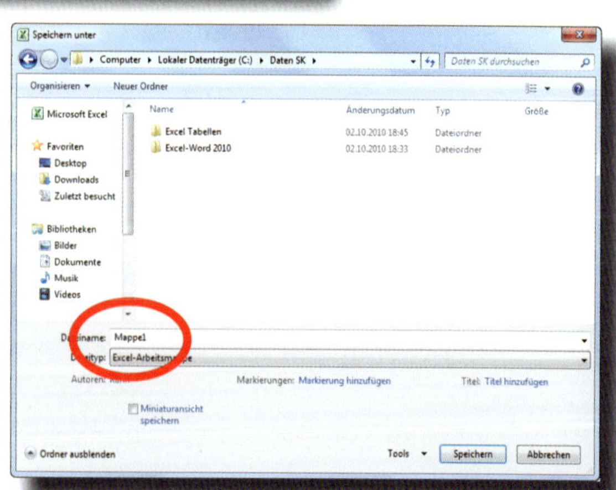

4 Excel 2010 schlägt Ihnen als Dateityp ***Excel-Arbeitsmappe*** vor. Eine solche Datei kann nur von neueren Excel-Versionen geöffnet werden. Wollen Sie, dass die Datei auch von Excel-Versionen vor 2007 gelesen werden kann, so müssen Sie das Dateiformat in der Zeile ***Dateityp*** entsprechend abändern.

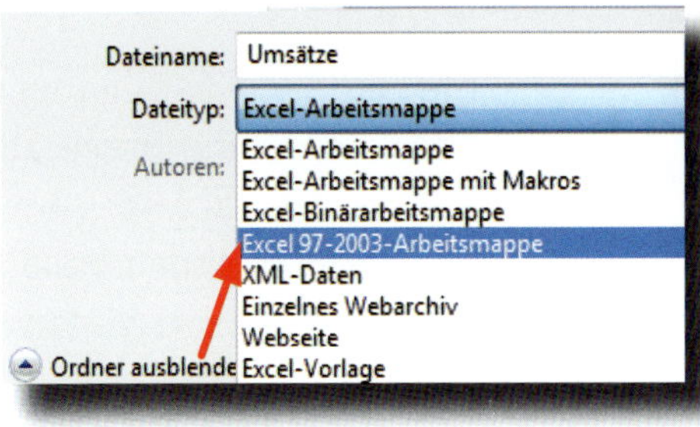

5 Die Funktion zum Drucken finden Sie ebenfalls im Backstage-Bereich. Wählen Sie die Schaltfläche ***Drucken,*** dann wird die Tabelle sofort ausgedruckt. Sie können aber zusätzliche Einstellungen festlegen.

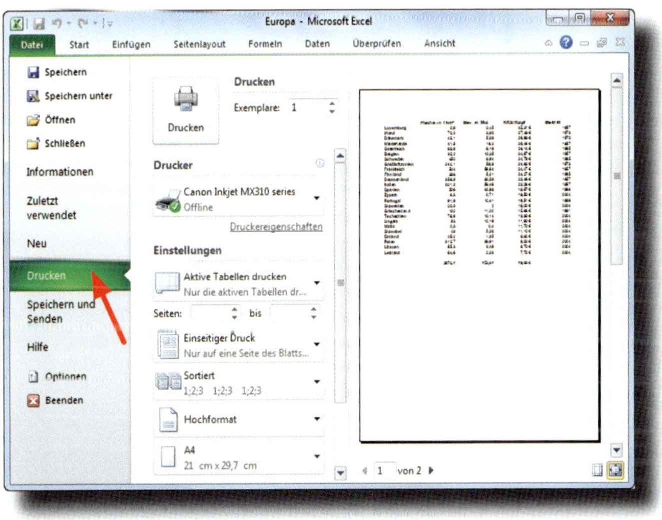

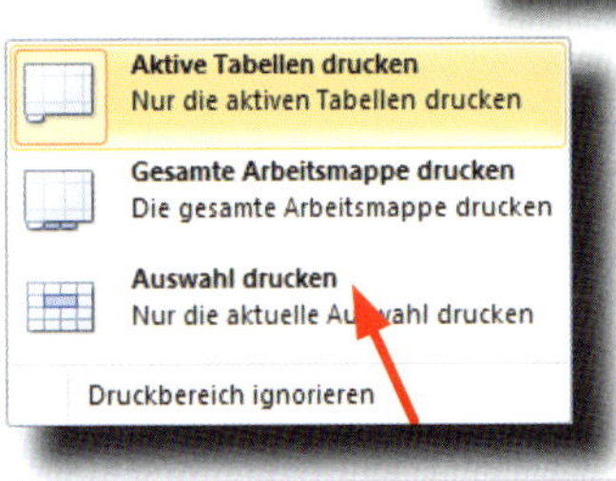

6 Sie können z. B. statt der gesamten Tabelle nur einen vorher markierten Bereich als Auswahl drucken.

Gut zu wissen

Die Option ***Speichern unter*** ist für den Fall vorgesehen, dass Sie eine bestehende Datei mit bestimmten Änderungen unter einem neuen Namen nochmals abspeichern wollen, ohne dass die alte Fassung verloren geht. Wenn Sie nur ***Speichern*** wählen, wird die ursprüngliche Datei mit den Änderungen überschrieben.

Ziel

Gespeicherte Dateien müssen jederzeit wieder geöffnet werden können, um die Daten abzurufen oder zu ändern. Neue Dateien können Sie entweder auf einem leeren Tabellenblatt erstellen, wie Excel es Ihnen beim ersten Aufruf präsentiert. Oder Sie können auf Excel-Vorlagen als Muster zurückgreifen.

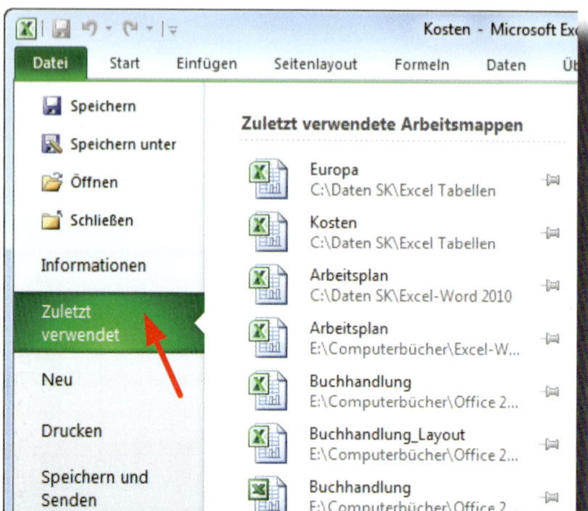

1 Hatten Sie die Datei erst kürzlich in Bearbeitung, so finden Sie sie im Backstage-Bereich unter dem Dateiregister in der Liste der zuletzt verwendeten Dokumente und brauchen Sie zum Öffnen nur anzuklicken.

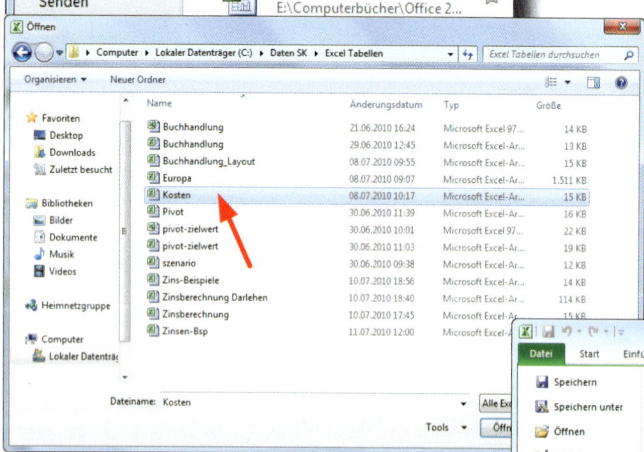

2 Ansonsten wählen Sie im Menü die Option ***Öffnen***. Excel präsentiert Ihnen dann ein Fenster zum Auswählen der Datei.

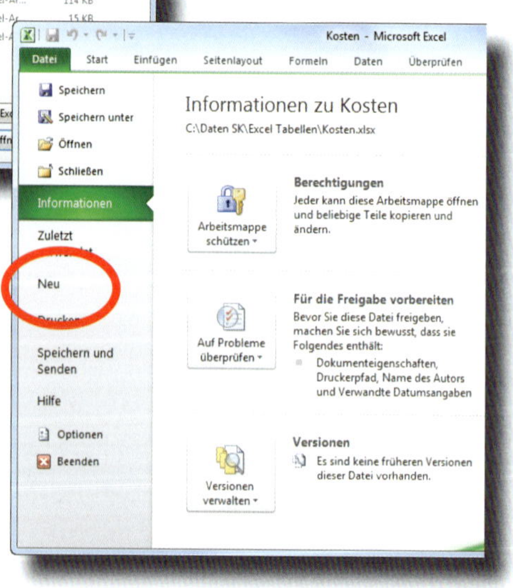

3 Um eine neue Datei anzulegen, klicken Sie im Backstage-Bereich auf die Zeile ***Neu***.

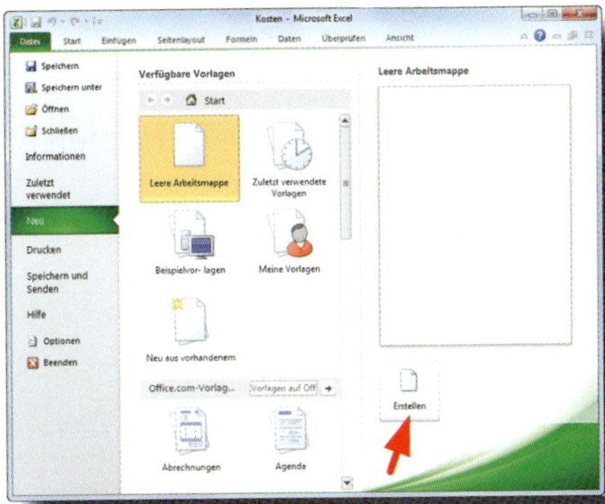

4 Excel öffnet jetzt nicht sofort eine leere Tabelle, sondern fragt Sie, welche Vorlage Sie verwenden möchten. Wenn Sie eine ganz leere Tabelle haben wollen, wie beim Programmstart, dann wählen Sie ***Leere Arbeitsmappe*** und klicken anschließend auf ***Erstellen***.

5 Excel präsentiert Ihnen aber auch die Möglichkeit, auf Beispielvorlagen, wie z. B. ***Persönliches Monatsbudget*** zuzugreifen. Auf der der rechten Seite zeigt Excel Ihnen eine Vorschau auf das Arbeitsblatt.

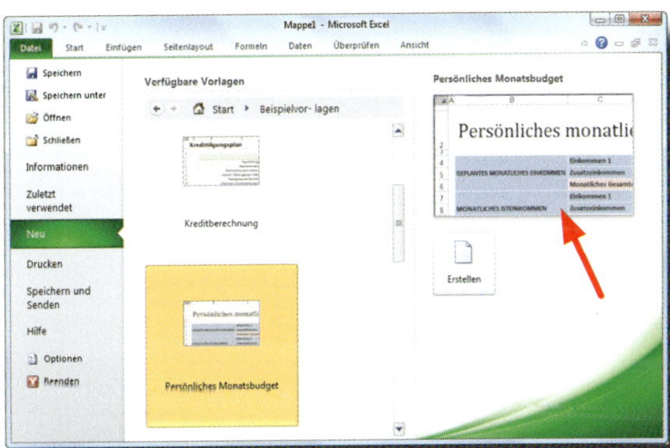

6 Es handelt sich bei diesen Vorlagen um fertig formatierte Tabellen, die Sie mit Ihren Daten füllen können.

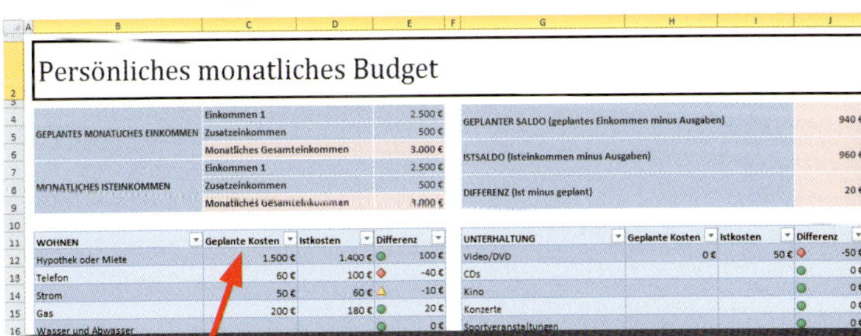

Gut zu wissen

Über ***Office.com-Vorlagen*** können Sie online auf eine Vielzahl von Vorlagen zurückgreifen. Sie können sich aber auch ganz eigene Vorlagen anlegen. Wenn Sie nämlich eigene Dateien mit dem Dateityp ***Excel-Vorlage*** abspeichern, dann können Sie diese beim Erstellen neuer Tabellen verwenden.

Wichtige Begriffe

Ausfüllen: Das Ausfüllen bei Excel bedeutet, dass Sie Werte aus einer oder mehreren Zellen auf benachbarte oder nachfolgende Zellen übertragen. Sie können dabei mit den ersten Ziffern der Reihe eine Regel vorgeben, z. B. alle geraden Zahlen oder jeden beliebigen anderen Abstand. Excel enthält eine ganze Reihe vordefinierter Ausfüllregeln. So können Sie Reihen mit Wochentagen oder Monaten anlegen, indem Sie nur den ersten Wert vorgeben und die Reihe von Excel auffüllen lassen. Sie können Zellen auch mit einer vorgegebenen Formel ausfüllen.

Ausfüllkästchen: Bei einer markierten Zelle sehen Sie in der rechten unteren Ecke ein kleines schwarzes Quadrat, dies ist das so genannte Ausfüllkästchen. Wenn Sie den Cursor auf dieses Kästchen ziehen, so verändert er sich zu einem kleinen schwarzen Kreuz und Sie könnten den Cursor jetzt über die benachbarten Zellen ziehen, um sie mit den Werten der Ursprungszelle auszufüllen.

Excel-Vorlagen: Dabei handelt es sich um Dokumentenvorlagen für Arbeitsblätter. Vorlagen sind komplett formatierte Tabellen, die mit Daten ausgefüllt werden können. Excel unterscheidet Vorlagen von normalen Arbeitsmappen dadurch, dass sie eine andere Dateiendung haben.

9

Rechnen mit Excel

In diesem Kapitel lernen Sie:

- ☑ wie die Grundrechenarten in Excel funktionieren
- ☑ wie Sie mit Variablen und Formeln arbeiten
- ☑ wie Sie die Summenfunktion verwenden
- ☑ wie Sie Funktionen für Durchschnitt, Maximum und Minimum nutzen
- ☑ wie Prozente berechnet werden
- ☑ worin der Unterschied zwischen Zahlen- und Textformat besteht
- ☑ wie Sie Währungsformat und Datumsformat einsetzen können
- ☑ wie Formeln kopiert werden
- ☑ wie ein absoluter Bezug festgelegt wird

Ziel

Excel ist in seiner Grundfunktion ein Rechenprogramm. Sie können mit Excel Berechnungen jeder Art ausführen, alles, was ein Taschenrechner kann und noch vieles mehr. Sie erfahren als Erstes, wie die Grundrechenarten in Excel funktionieren.

1. Voraussetzung für jede Art von Berechnung ist es, den Eintrag in einer Zelle mit dem Gleichheitszeichen zu beginnen. Damit teilen Sie Excel mit, dass Sie eine Berechnung durchführen wollen.

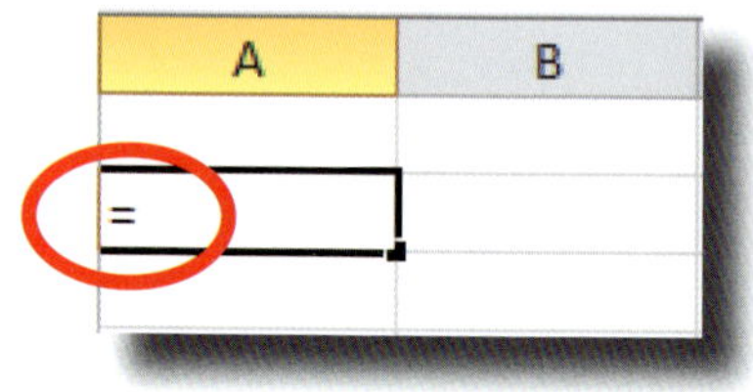

2. Wollen Sie zwei Zahlen zusammenzählen, verwenden Sie das Pluszeichen. Wollen Sie zwei Zahlen voneinander abziehen, nehmen Sie das Minuszeichen.

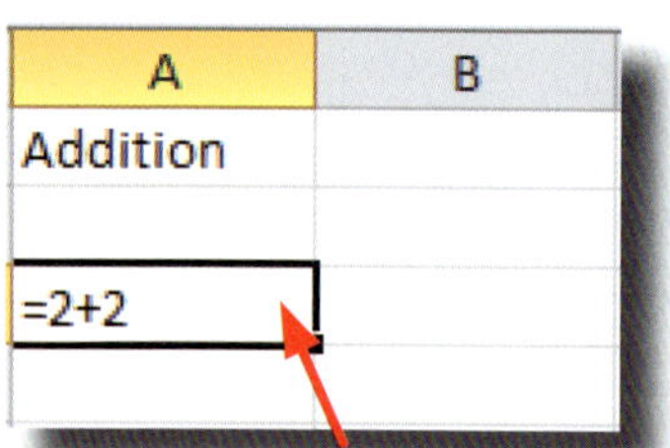

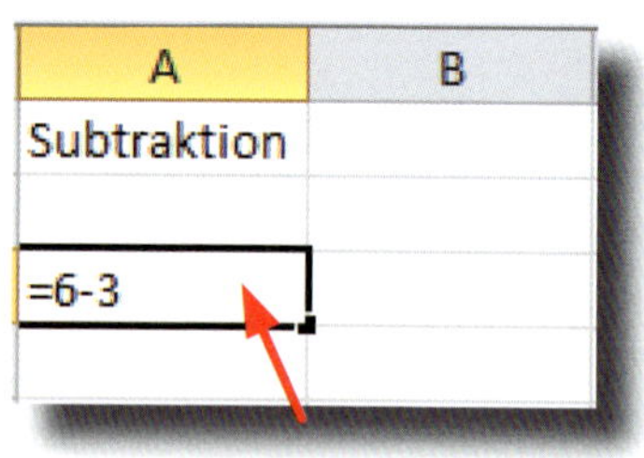

3. Multiplizieren können Sie in Excel mit dem Zeichen *, teilen können Sie mit dem Schrägstrich.

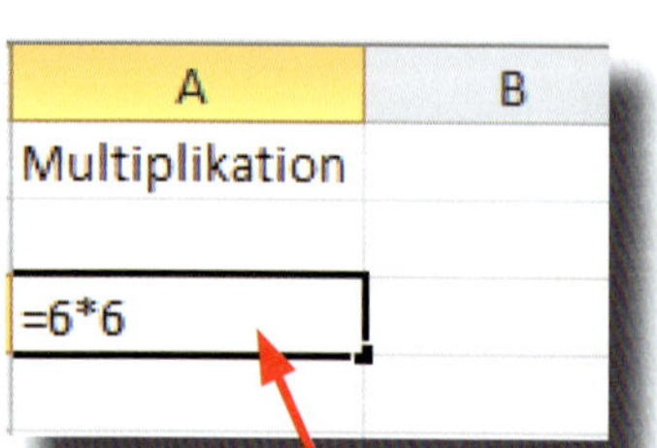

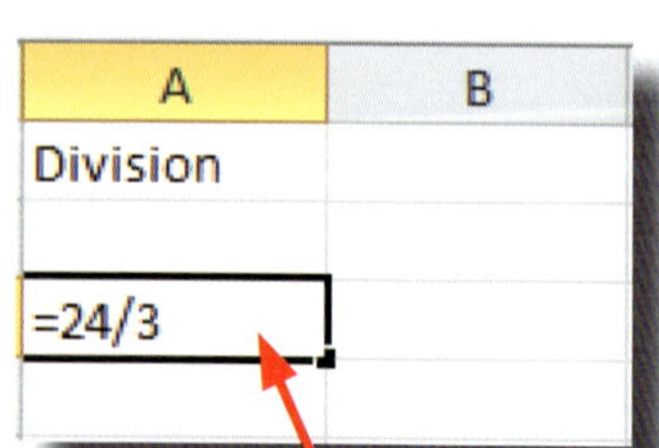

4. Drücken Sie anschließend jeweils die Enter-Taste ↵ oder klicken Sie zur Bestätigung auf das Häkchen in der Bearbeitungsleiste.

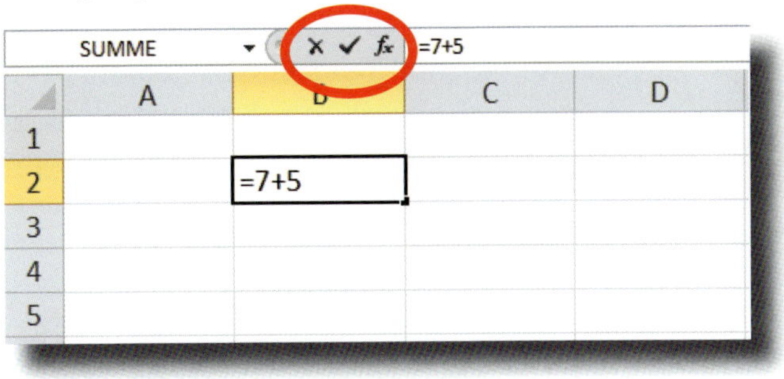

5. Excel zeigt Ihnen in der bearbeiteten Zelle das Ergebnis an. In der Bearbeitungsleiste sehen Sie aber, dass der Eintrag in der Zelle noch immer aus dem Rechenschritt besteht.

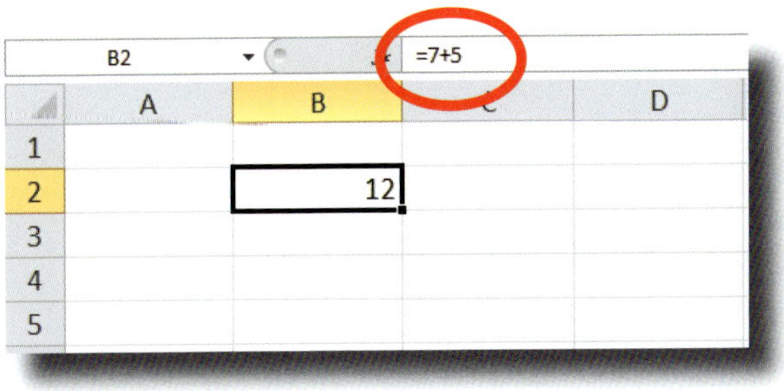

6. Die Rechenoperation, die Sie in einer Zelle eingeben, kann beliebig lang sein und kann alle Rechenarten kombinieren. Da in Excel auch die Regel Punkt vor Strich gilt, müssen Sie bei Bedarf Klammern verwenden.

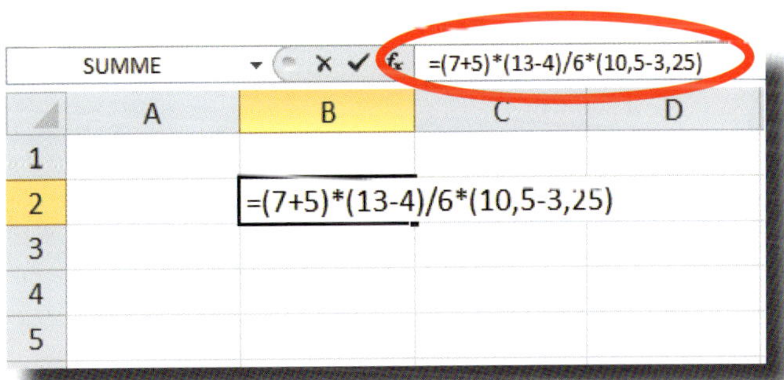

Gut zu wissen

Damit Sie später in der Tabelle immer nachvollziehen können, wozu die einzelnen Berechnungen dienten, ist es empfehlenswert, zu den Rechenfeldern jeweils in das Feld davor oder darüber eine Texterläuterung anzugeben.

Ziel

Excel ist mehr als ein Taschenrechner. Sie müssen nicht immer jede Berechnung einzeln eingeben, sondern Sie können Ihre Berechnungen mit Variablen gestalten, mit Platzhaltern, in die Sie jeweils andere Zahlen eingeben können.

	A	B
1	**Reisekosten:**	
2		
3	Hotel	85,00 €
4	Benzin	34,50 €
5	Essen	15,90 €
6		
7	abzgl. Gutschein	30,00 €
8		
9	**Summe:**	
10		

1 Tragen Sie die Werte, mit denen Sie rechnen wollen, in verschiedene Zellen ein. Es empfiehlt sich, diese Zellen mit einem Text zu erläutern.

2 Sie lassen das Ergebnis nun in einer separaten Zelle anzeigen. Beginnen Sie den Eintrag dort mit einem Gleichheitszeichen.

	A	B
1	**Reisekosten:**	
2		
3	Hotel	85,00 €
4	Benzin	34,50 €
5	Essen	15,90 €
6		
7	abzgl. Gutschein	30,00 €
8		
9	**Summe:**	=
10		
11		

3 Statt der zu berechnenden Zahlen, geben Sie in diese Ergebniszelle die Zelladressen ein. Es genügt, wenn Sie einmal mit der Maus in die betreffende Zelle klicken. Excel trägt dann von selbst die entsprechende Adresse ein.

	A	B	C
1	**Reisekosten:**		
2			
3	Hotel	85,00 €	
4	Benzin	34,50 €	
5	Essen	15,90 €	
6			
7	abzgl. Gutschein	30,00 €	
8			
9	**Summe:**	=B3+B4+B5-B7	
10			
11			

4 Drücken Sie anschließend die Enter-Taste ↵ oder das Häkchen in der Bearbeitungsleiste.

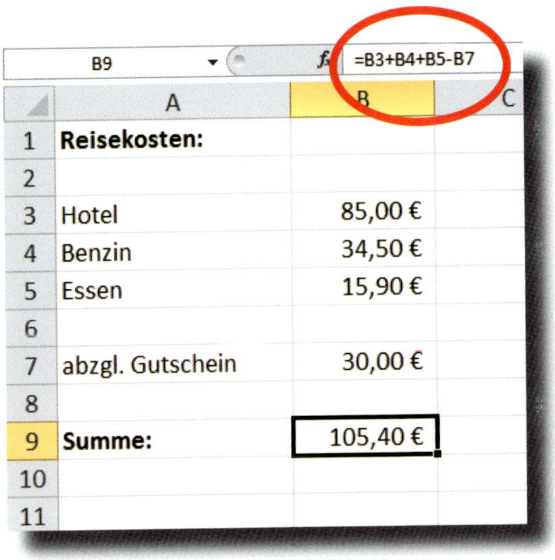

5 Excel zeigt Ihnen in der bearbeiteten Zelle das Ergebnis an. In der Bearbeitungsleiste sehen Sie, dass der eigentliche Eintrag in der Zelle jedoch nach wie vor aus der hinterlegten Formel mit den Variablen besteht.

6 Wenn Sie nun die Werte in den entsprechenden Zellen ändern, so ändert sich automatisch das Ergebnis mit. In der Bearbeitungsleiste sehen Sie jedoch, dass der Eintrag in der Zelle immer aus der gleich bleibenden Formel besteht.

Gut zu wissen

Sie können sich auf diese Weise komplexe Tabellenblätter mit Formeln erstellen, die Sie jeweils mit konkreten Werten ausfüllen können. Beispiele hierfür sind Kostenrechnungen oder Rechnungsformulare. Bei Folgeberechnungen können Sie auch auf Zellen zurückgreifen, die ihrerseits schon Formeln enthalten.

Ziel

Sehr oft werden Sie mit Berechnungen zu tun haben, bei denen nicht nur einzelne Werte, sondern umfangreiche Zahlenkolonnen zusammenaddiert werden müssen. Für solche Fälle hält Excel unter einer Vielzahl von Funktionen die Summenfunktion bereit.

1. Erfassen Sie zunächst alle benötigten Zahlenwerte. Zur sinnvollen Nutzung der Summenfunktion sollten Sie diese in einer Spalte untereinander erfassen.

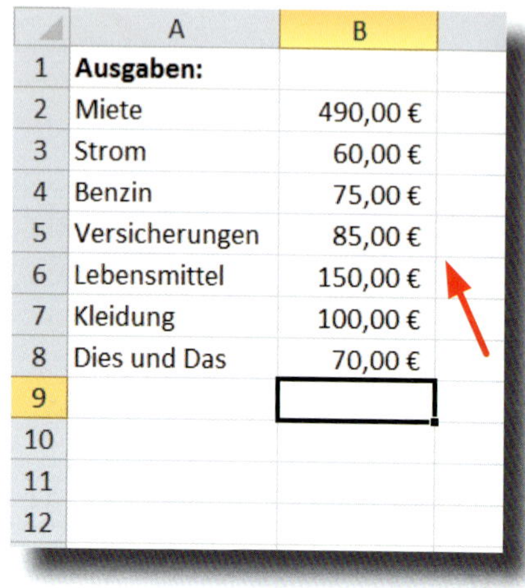

2. Setzen Sie nun den Cursor in die Ergebniszelle und wählen Sie im Menüband das Symbol für Summe.

3. Excel markiert Ihnen als Vorschlag alle Zahlen oberhalb der Ergebniszelle. Bestätigen Sie mit Enter ⏎.

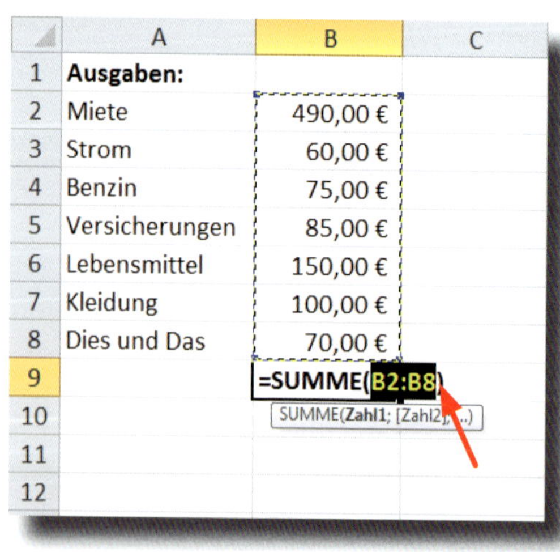

4 In der Ergebniszelle wird jetzt der Summenwert angezeigt. In der Bearbeitungsleiste sehen Sie die hinterlegte Formel. Wenn Sie einzelne Werte ändern, ändert sich das Ergebnis automatisch mit.

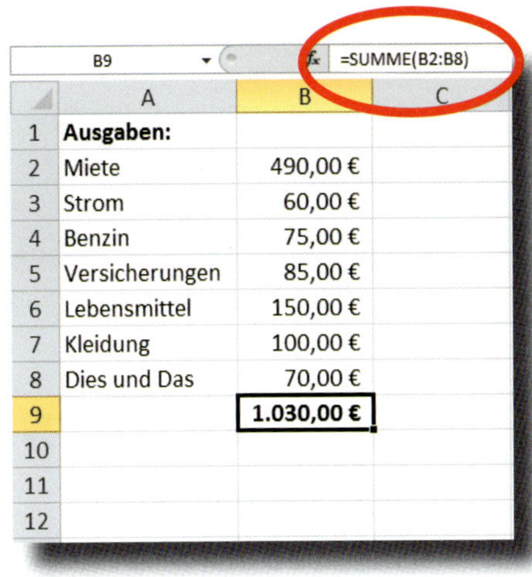

5 Wenn Sie in der Reihe Zeilen einfügen, so passt Excel die Formel automatisch an. Die neue Zeile wird mit aufgenommen.

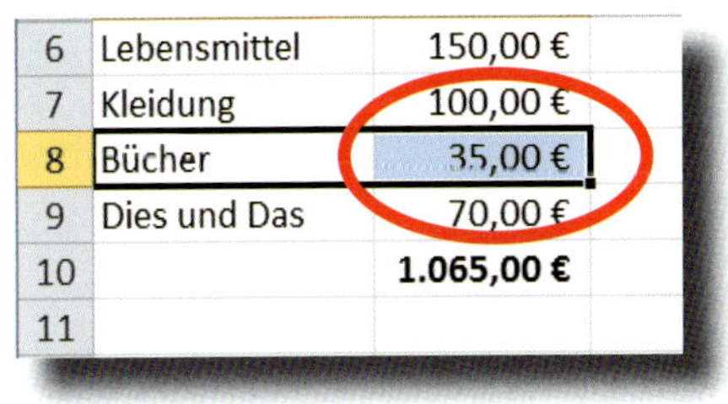

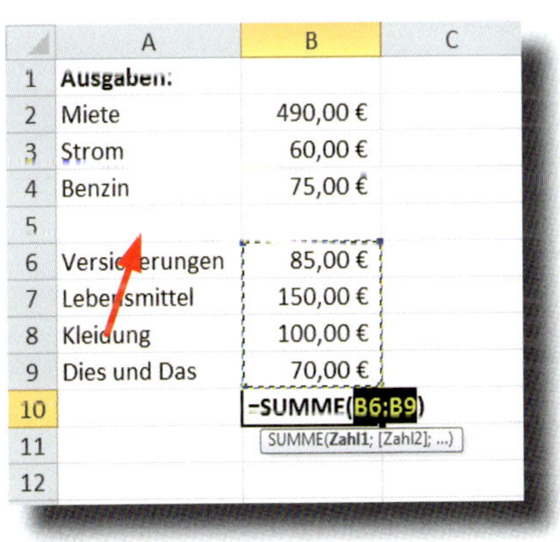

6 Wenn innerhalb der Zahlenreihe Leerzeilen sind, so schlägt Excel Ihnen nur die Werte bis zur Leerzeile zur Summierung vor. Sie können diesen Vorschlag aber überschreiben, indem Sie den gewünschten Bereich markieren.

Gut zu wissen

Excel erleichtert Ihnen die Arbeit, indem es immer mitdenkt. Sie dürfen den Vorschlägen von Excel aber niemals blind vertrauen. Bei den Summenvorschlagswerten verfährt Excel so, dass zunächst immer die Zahlen oberhalb der Ergebniszelle zur Summierung vorgeschlagen werden. Erst an zweiter Stelle folgen die Zahlen links von der Ergebniszelle.

Ziel

Neben der Summenfunktion gibt es eine Reihe weiterer Funktionen, wie Sie eine Zahlenreihe berechnen können. Sie können mit Excel sehr einfach den Durchschnitt errechnen, oder sich den höchsten oder den niedrigsten Wert aus einer Tabelle anzeigen lassen.

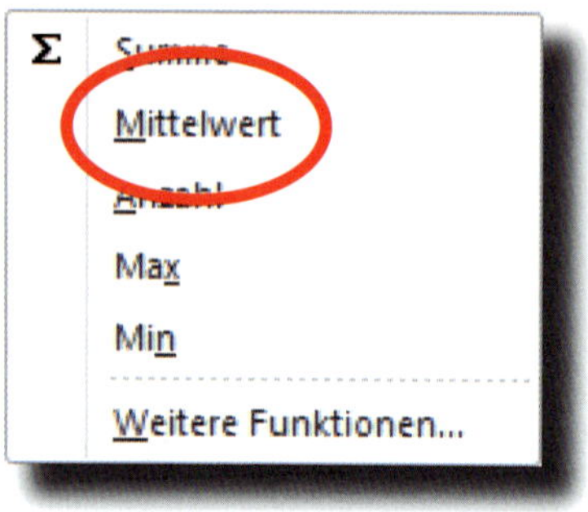

1. Um den Durchschnitt zu berechnen, klicken Sie auf den Auswahlpfeil neben dem Summensymbol und wählen Sie die Funktion ***Mittelwert***.

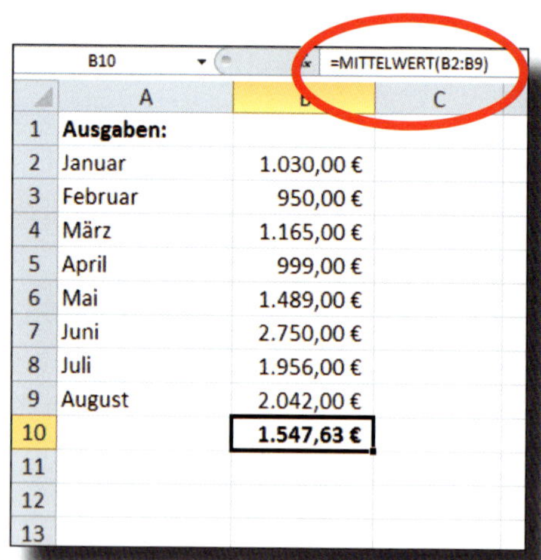

B10 =MITTELWERT(B2:B9)

	A	B	C
1	**Ausgaben:**		
2	Januar	1.030,00 €	
3	Februar	950,00 €	
4	März	1.165,00 €	
5	April	999,00 €	
6	Mai	1.489,00 €	
7	Juni	2.750,00 €	
8	Juli	1.956,00 €	
9	August	2.042,00 €	
10		**1.547,63 €**	
11			
12			
13			

2. Excel schlägt Ihnen die Zahlenreihe oberhalb der Ergebniszelle zur Berechnung vor. Wenn Sie mit Enter [↵] bestätigen, zeigt Excel Ihnen das Ergebnis und in der Bearbeitungsleiste die zugehörige Formel.

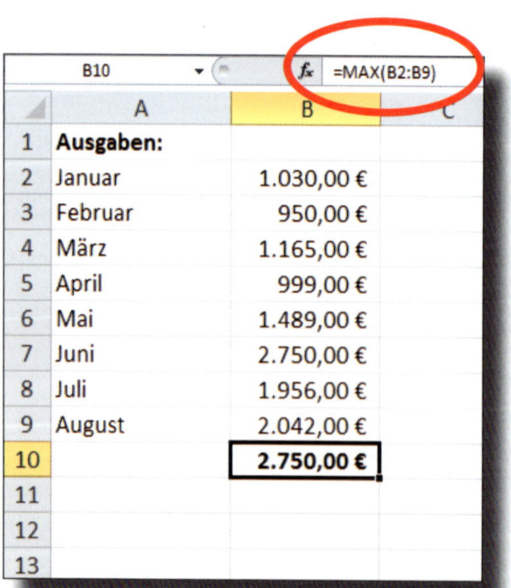

B10 =MAX(B2:B9)

	A	B	C
1	**Ausgaben:**		
2	Januar	1.030,00 €	
3	Februar	950,00 €	
4	März	1.165,00 €	
5	April	999,00 €	
6	Mai	1.489,00 €	
7	Juni	2.750,00 €	
8	Juli	1.956,00 €	
9	August	2.042,00 €	
10		**2.750,00 €**	
11			
12			
13			

3. Die Funktion ***Maximum*** zeigt Ihnen in gleicher Weise den höchsten Wert einer Zahlenmenge, die Funktion ***Minimum*** den niedrigsten Wert an.

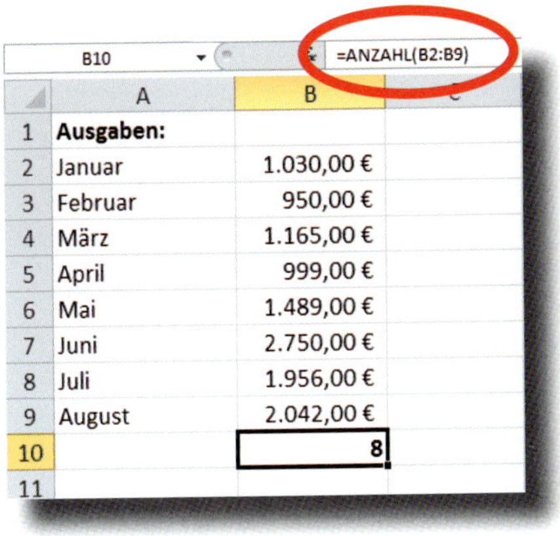

B10	=ANZAHL(B2:B9)
	A	**B**
1	**Ausgaben:**	
2	Januar	1.030,00 €
3	Februar	950,00 €
4	März	1.165,00 €
5	April	999,00 €
6	Mai	1.489,00 €
7	Juni	2.750,00 €
8	Juli	1.956,00 €
9	August	2.042,00 €
10		8
11		

4 Die Funktion ***Anzahl*** zeigt Ihnen an, wie viele Werte sich in einer vorgegebenen Menge befinden. Verwechseln Sie dies nicht mit der Summe.

5 Diese Funktionen können Sie nicht nur für eine Spalte oder Zeile, sondern auch für einen ganzen Zellbereich nutzen. Excel nimmt als Grundlage immer den Zellbereich, den Sie vorher markiert haben.

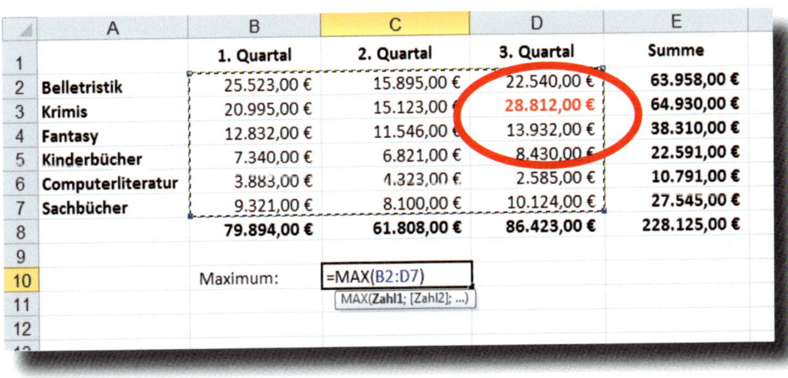

	A	B	C	D	E
1		**1. Quartal**	**2. Quartal**	**3. Quartal**	**Summe**
2	**Belletristik**	25.523,00 €	15.895,00 €	22.540,00 €	**63.958,00 €**
3	**Krimis**	20.995,00 €	15.123,00 €	28.812,00 €	**64.930,00 €**
4	**Fantasy**	12.832,00 €	11.546,00 €	13.932,00 €	**38.310,00 €**
5	**Kinderbücher**	7.340,00 €	6.821,00 €	8.430,00 €	**22.591,00 €**
6	**Computerliteratur**	3.883,00 €	4.323,00 €	2.585,00 €	**10.791,00 €**
7	**Sachbücher**	9.321,00 €	8.100,00 €	10.124,00 €	**27.545,00 €**
8		**79.894,00 €**	**61.808,00 €**	**86.423,00 €**	**228.125,00 €**
9					
10		Maximum:	=MAX(B2:D7)		
11			MAX(Zahl1; [Zahl2]; ...)		
12					

6 Die Funktionen ***Summe***, ***Mittelwert***, ***Maximum***, ***Minimum*** und ***Anzahl*** sind häufig benötigte Werkzeuge. Über die Option ***Weitere Funktionen*** können Sie den Funktions-Assistenten starten und alle möglichen weiteren Berechnungen aufrufen.

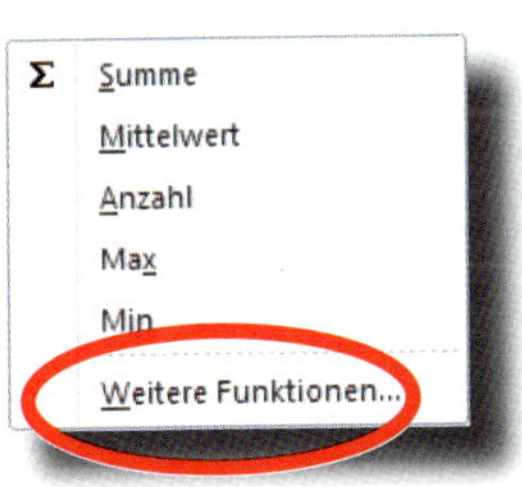

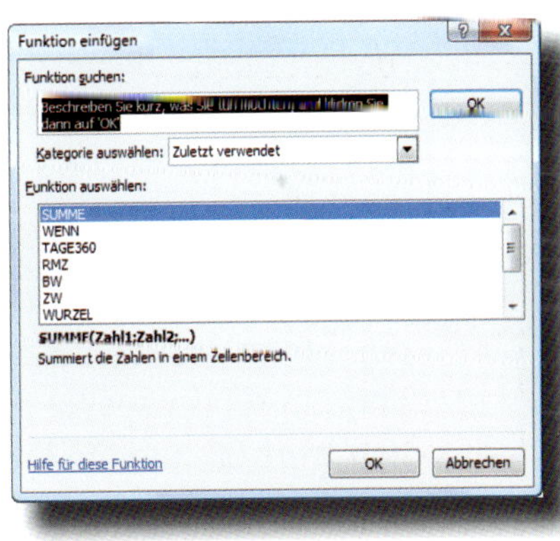

Gut zu wissen

Die Verwendung der in Excel enthaltenen Funktionen hat den großen Vorteil, dass Sie sich über die korrekte Schreibweise der jeweiligen Formeln keine Gedanken machen müssen. Sie müssen nur den entsprechenden Zahlenbereich markieren und dann die gewünschte Funktion wählen. Den Rest erledigt Excel für Sie.

Ziel

Eine Anforderung, der Sie immer wieder begegnen werden, ist die Berechnung eines prozentualen Anteils. Sie möchten z. B. wissen, um wie viel Prozent sich die Einnahmen aus Ihrem Buchladen gegenüber dem Vorjahr verbessert haben. Excel stellt Ihnen hierfür die nötigen Instrumente bereit.

1. Legen Sie in Ihrer Tabelle mit den Daten des aktuellen Jahres und des Vorjahres eine Spalte ***Steigerung*** an und markieren Sie die komplette Spalte.

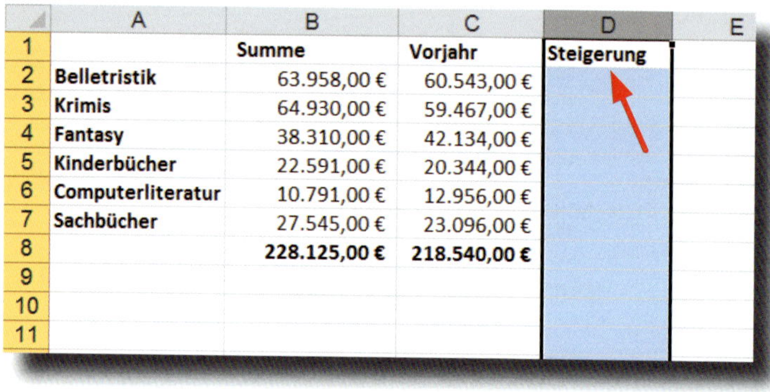

	A	B	C	D	E
1		Summe	Vorjahr	Steigerung	
2	Belletristik	63.958,00 €	60.543,00 €		
3	Krimis	64.930,00 €	59.467,00 €		
4	Fantasy	38.310,00 €	42.134,00 €		
5	Kinderbücher	22.591,00 €	20.344,00 €		
6	Computerliteratur	10.791,00 €	12.956,00 €		
7	Sachbücher	27.545,00 €	23.096,00 €		
8		228.125,00 €	218.540,00 €		
9					
10					
11					

2. Legen Sie nun für diese Spalte über die Menüleiste die Formatierung ***Prozent*** fest.

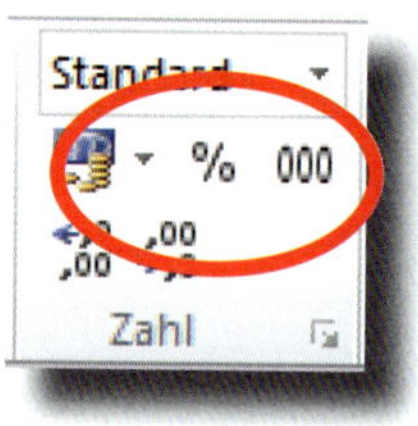

3. Geben Sie durch Anklicken der Zellen den Wert des Jahresumsatzes B2 abzüglich des Wertes des Vorjahresumsatzes C2 ein und teilen sie nochmals durch den Wert C2, um die Prozente angezeigt zu bekommen.

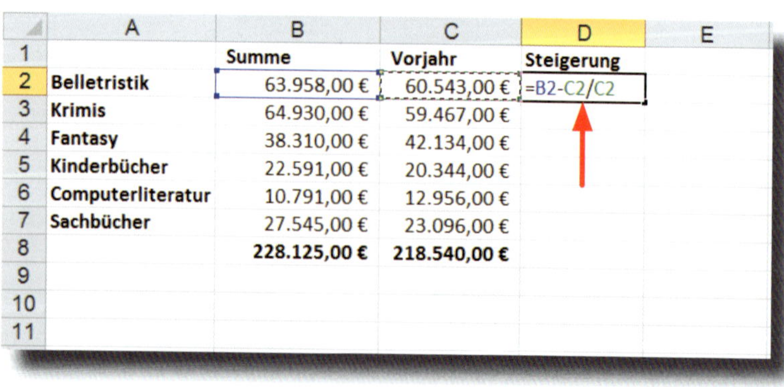

	A	B	C	D	E
1		Summe	Vorjahr	Steigerung	
2	Belletristik	63.958,00 €	60.543,00 €	=B2-C2/C2	
3	Krimis	64.930,00 €	59.467,00 €		
4	Fantasy	38.310,00 €	42.134,00 €		
5	Kinderbücher	22.591,00 €	20.344,00 €		
6	Computerliteratur	10.791,00 €	12.956,00 €		
7	Sachbücher	27.545,00 €	23.096,00 €		
8		228.125,00 €	218.540,00 €		
9					
10					
11					

4 Da in Excel die altbekannte Regel Punkt vor Strich gilt, ergänzen Sie in Ihrer Formel noch die Klammern und erhalten den korrekten Prozentwert angezeigt.

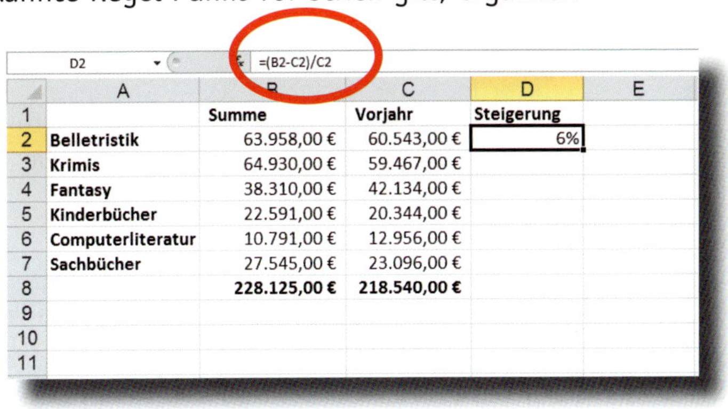

	A	B	C	D	E
1		Summe	Vorjahr	Steigerung	
2	Belletristik	63.958,00 €	60.543,00 €	6%	
3	Krimis	64.930,00 €	59.467,00 €		
4	Fantasy	38.310,00 €	42.134,00 €		
5	Kinderbücher	22.591,00 €	20.344,00 €		
6	Computerliteratur	10.791,00 €	12.956,00 €		
7	Sachbücher	27.545,00 €	23.096,00 €		
8		**228.125,00 €**	**218.540,00 €**		
9					
10					
11					

5 Excel zeigt Prozentwerte standardmäßig ohne Nachkommastellen. Wenn Sie den Wert genauer haben möchten, so wählen Sie über das Kontextmenü mit der rechten Maustaste die Option ***Zellen formatieren***. Dort wählen Sie die Zahl der Nachkommastellen.

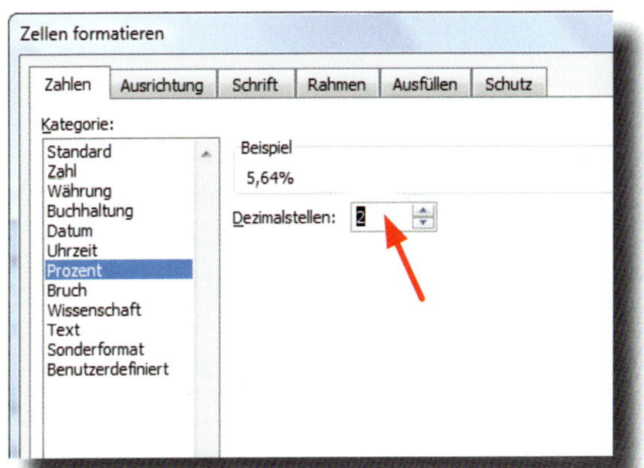

6 Excel präsentiert Ihnen jetzt das Ergebnis in der gewünschten Form. Sie können die Formel in die anderen Zeilen übertragen.

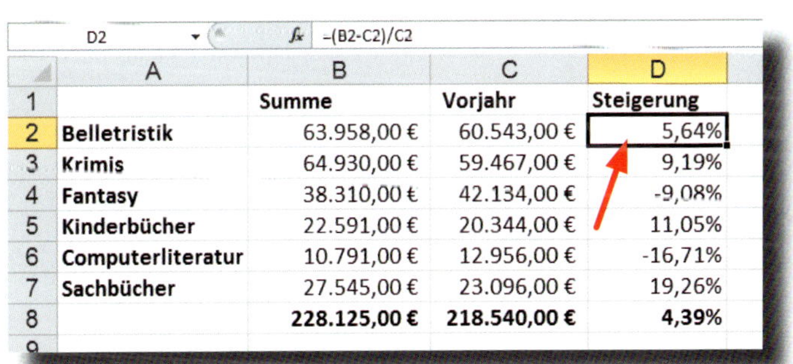

	A	B	C	D
1		Summe	Vorjahr	Steigerung
2	Belletristik	63.958,00 €	60.543,00 €	5,64%
3	Krimis	64.930,00 €	59.467,00 €	9,19%
4	Fantasy	38.310,00 €	42.134,00 €	-9,08%
5	Kinderbücher	22.591,00 €	20.344,00 €	11,05%
6	Computerliteratur	10.791,00 €	12.956,00 €	-16,71%
7	Sachbücher	27.545,00 €	23.096,00 €	19,26%
8		**228.125,00 €**	**218.540,00 €**	**4,39%**

Gut zu wissen

Wegen der Rundungen bei der Anzeige von Nachkommastellen brauchen Sie sich keine Sorgen zu machen. Egal, wie viele Nachkommastellen Sie sich anzeigen lassen, Excel rechnet immer mit dem genauen Wert, da der Inhalt der Zelle ja die Formel, nicht der angezeigte Wert ist.

Ziel

Excel enthält verschiedene Formatierungen und erkennt anhand Ihrer Eingabe, welche Formatierung im gegebenen Fall vorliegt, ob Text oder Zahl. Manchmal jedoch wünschen Sie ausdrücklich eine andere Formatierung. Im Beispiel soll der Roman ***1984*** als Texteintrag in einer Liste erscheinen.

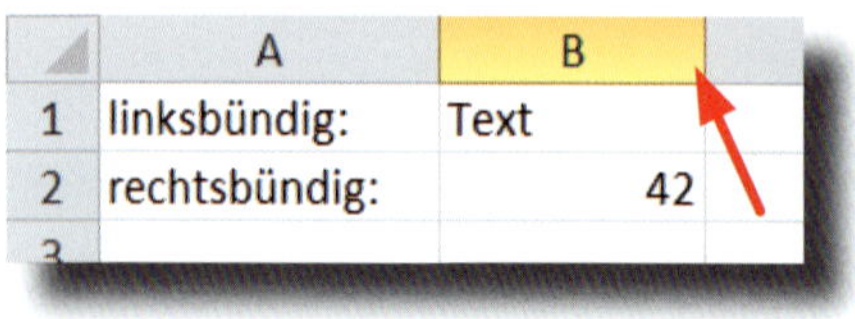

1 Texte werden von Excel grundsätzlich linksbündig, Zahlen grundsätzlich rechtsbündig dargestellt.

2 Nur mit Zahlenformaten können Sie rechnen. Zeilen, die Text enthalten, ignoriert Excel bei der Berechnung.

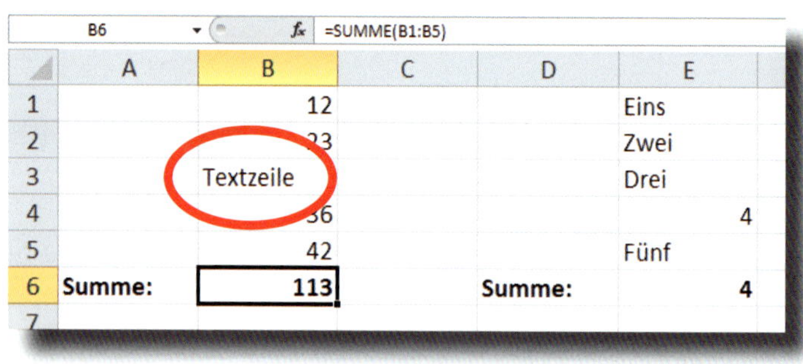

3 Ist der Eintrag in einer Zelle zu lang für die Darstellung, so wird der Eintrag beim Textformat einfach abgeschnitten. Beim Zahlenformat wird der ganze Eintrag als Gittersymbol angezeigt, um falsche Aussagen zu vermeiden. Sie müssen die Spalte verbreitern.

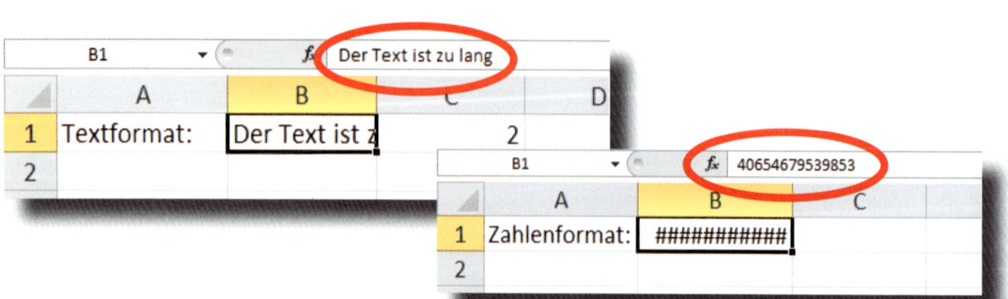

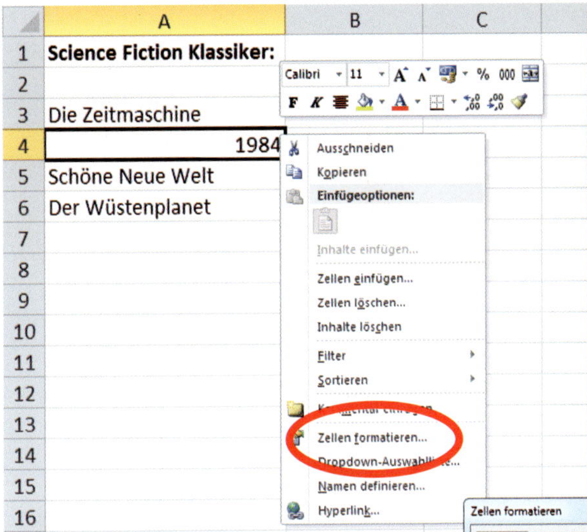

4 Wenn Sie eine Zahl als Text darstellen wollen, wie im Beispiel den Roman ***1984***, so wählen Sie über das Kontextmenü mit der rechten Maustaste die Option ***Zellen formatieren***.

5 Legen Sie dort als Zellformat ***Text*** fest, wird der Eintrag als reine Texteingabe behandelt.

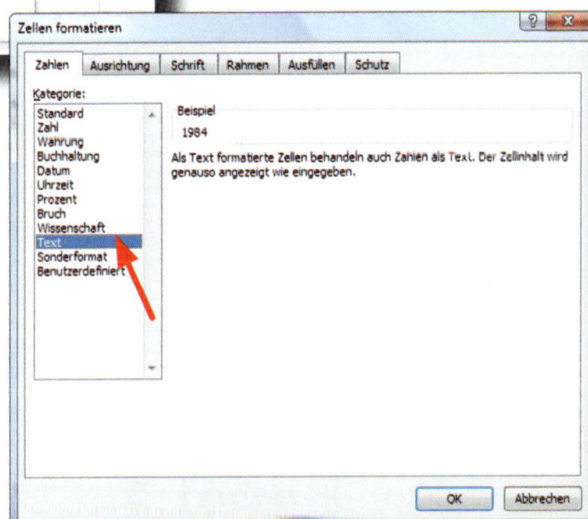

6 Im Ergebnis wird der Eintrag jetzt wie jeder ganz normale Text linksbündig angezeigt, auch wenn er aus lauter Zahlen besteht.

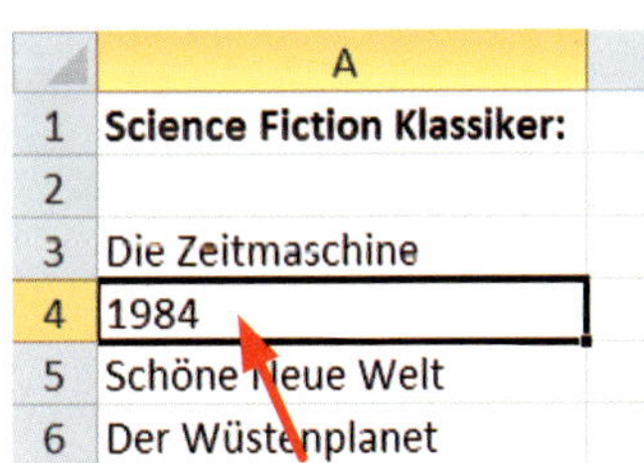

Gut zu wissen

Wenn Sie Eingaben in Zellen vornehmen, verwendet Excel das Format ***Standard***. Excel behandelt aber Text und Zahlen in diesem Standardformat unterschiedlich. Die speziellen Formatierungen ***Text*** und ***Zahl*** dienen dazu, Excel zu einer bestimmten Anzeige zu bringen. Nur die Formatierung ***Zahl*** z. B. ermöglicht es, Nachkommastellen festzulegen.

Ziel

Neben den am häufigsten vorkommenden Eingaben von reinem Text und von Zahlen, enthält Excel eine Reihe spezieller Formatierungen, um eingegebene Werte in ganz bestimmter Weise anzuzeigen. Die zwei, die Sie am häufigsten brauchen werden, sind sicher das Währungsformat und das Datumsformat.

1. Sehr oft werden Sie in Excel Geldbeträge erfassen müssen und Sie wollen natürlich, dass diese auch als Währung angezeigt werden. Haben Sie Ihre reinen Beträge erfasst, markieren Sie anschließend die Spalte und klicken auf das Währungssymbol im Menü.

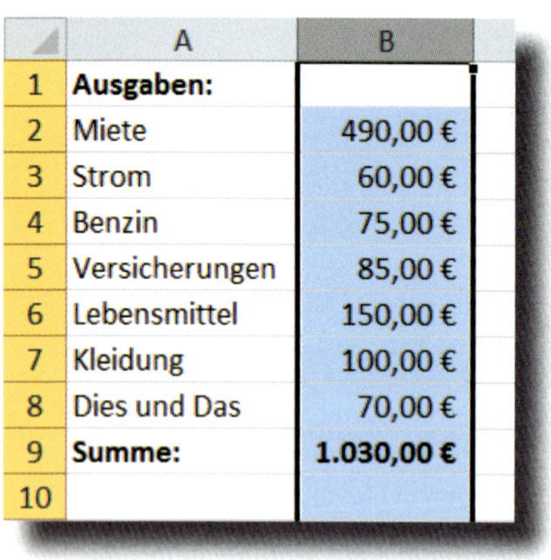

	A	B
1	**Ausgaben:**	
2	Miete	490,00 €
3	Strom	60,00 €
4	Benzin	75,00 €
5	Versicherungen	85,00 €
6	Lebensmittel	150,00 €
7	Kleidung	100,00 €
8	Dies und Das	70,00 €
9	**Summe:**	**1.030,00 €**
10		

2. Die Darstellung erfolgt sofort als Währung. Wenn Sie die ganze Spalte so formatieren, werden alle neuen Einträge in dieser Spalte von Anfang an als Währung formatiert werden.

3. Ein Datum kann Excel bei der Eingabe automatisch erkennen und als solches darstellen. Geben Sie z. B. einfach ***02.Aug*** ein, formatiert Excel die Eingabe rechtsbündig und zeigt in der Bearbeitungsleiste das vollständige Datum an.

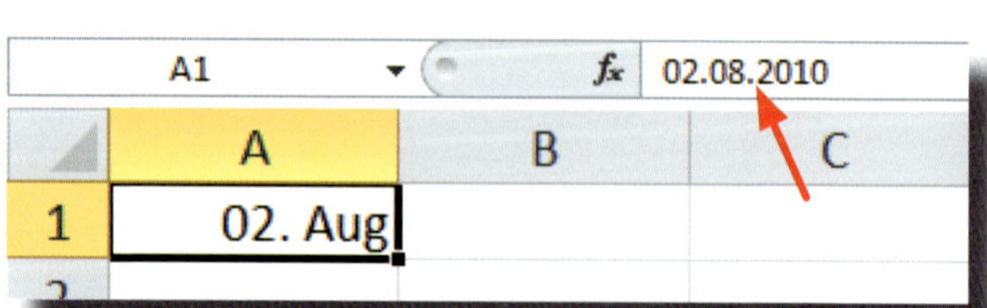

4 Wählen Sie jetzt über das Kontextmenü mit der rechten Maustaste die Option ***Zellen formatieren***, so sehen Sie, dass Excel das Format ***Benutzerdefiniert*** mit Tag und Monat vergeben hat. Wechseln Sie zur Formatierung ***Datum*** und sehen, welche Darstellungen möglich sind.

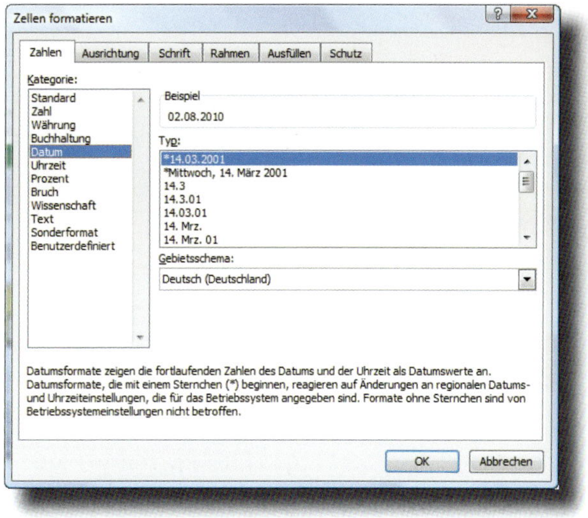

5 Sie möchten gerne ein Quittungsformular entwerfen, in dem immer das aktuelle Datum stehen soll. Excel hat dafür die Funktion ***Heute()***. Geben Sie diese Funktion in eine Zelle ein, wird Excel Ihnen das jeweilige Datum anzeigen, und zwar jeden Tag das zutreffende.

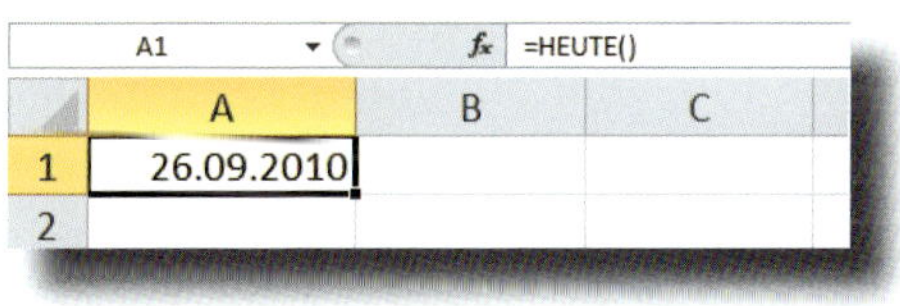

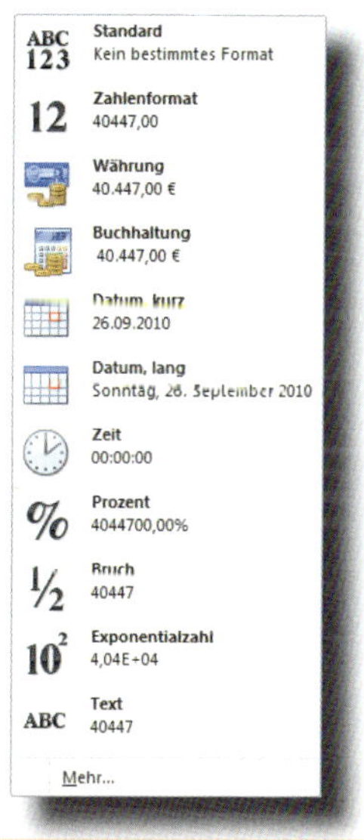

6 Einen Überblick über die häufigsten Zellenformate erhalten Sie über den Auswahlpfeil neben der Anzeige Ihrer aktuellen Zellformatierung.

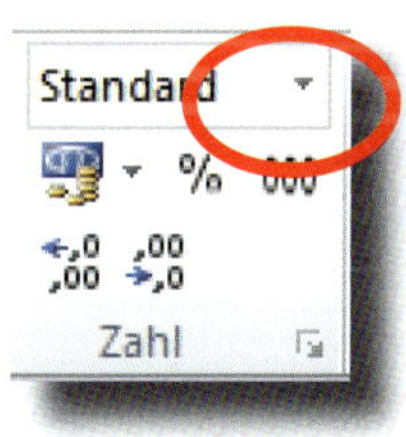

Gut zu wissen

Um die Eingabe möglichst abzukürzen, können Sie zur Eingabe eines Datums auch das Minus- oder Divisionszeichen verwenden. Die Eingabe von ***2-8*** oder ***2/8*** erkennt Excel als Datumseingabe und wird in beiden Fällen den 02. August identifizieren.

Ziel

Häufig werden Sie in Tabellen bei verschiedenen Zahlenreihen die gleiche Formel verwenden wollen, nur eben auf andere Reihen bezogen. Sie müssen die Formel nicht jedes Mal neu eingeben, sondern Excel bietet Ihnen die Möglichkeit, Formeln zu kopieren.

1 Sie haben eine Umsatztabelle, in der Sie die Summe für das erste Quartal bereits berechnet haben. Diese Formel möchten Sie auf die anderen Quartale übertragen.

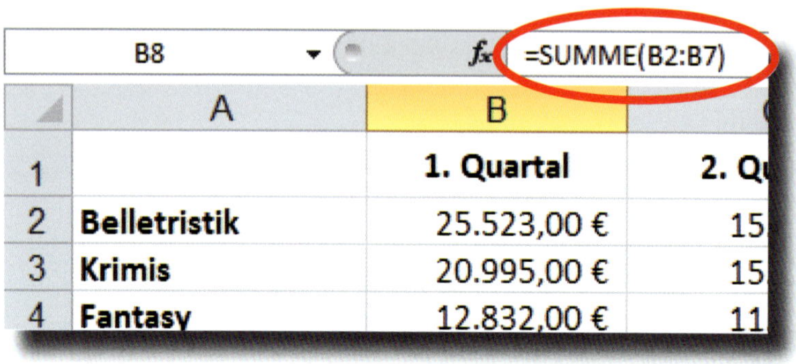

	A	B	C
1		1. Quartal	2. Qu
2	Belletristik	25.523,00 €	15
3	Krimis	20.995,00 €	15
4	Fantasy	12.832,00 €	11

2 Markieren Sie die Zelle mit dem Summenwert und setzen Sie den Cursor auf das Ausfüllkästchen der Zelle, sodass er sich in ein kleines schwarzes Kreuz verwandelt.

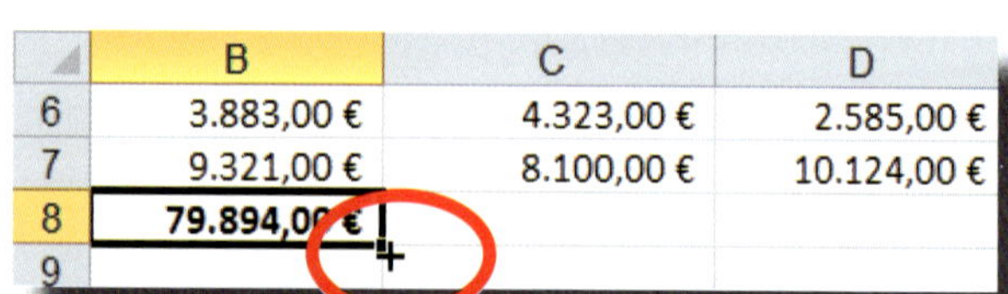

	B	C	D
6	3.883,00 €	4.323,00 €	2.585,00 €
7	9.321,00 €	8.100,00 €	10.124,00 €
8	79.894,00 €		
9			

3 Halten Sie nun die linke Maustaste gedrückt und ziehen Sie den Cursor über die gewünschten Zellen.

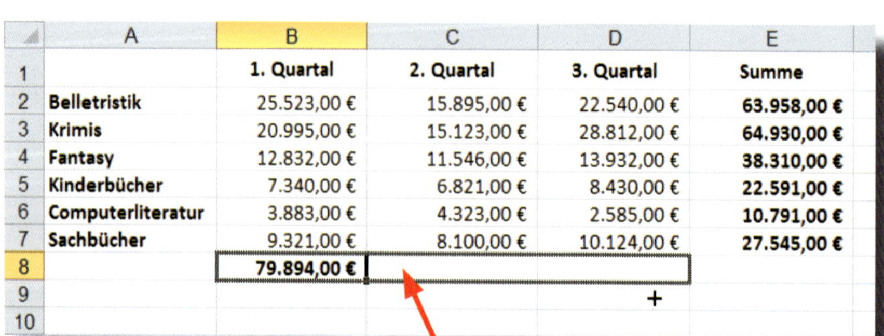

	A	B	C	D	E
1		1. Quartal	2. Quartal	3. Quartal	Summe
2	Belletristik	25.523,00 €	15.895,00 €	22.540,00 €	63.958,00 €
3	Krimis	20.995,00 €	15.123,00 €	28.812,00 €	64.930,00 €
4	Fantasy	12.832,00 €	11.546,00 €	13.932,00 €	38.310,00 €
5	Kinderbücher	7.340,00 €	6.821,00 €	8.430,00 €	22.591,00 €
6	Computerliteratur	3.883,00 €	4.323,00 €	2.585,00 €	10.791,00 €
7	Sachbücher	9.321,00 €	8.100,00 €	10.124,00 €	27.545,00 €
8		79.894,00 €			
9					
10					

4 Lassen Sie die Maustaste los, füllt Excel Ihnen alle markierten Spalten mit der entsprechenden Formel auf.

	A	B	C	D	E
1		1. Quartal	2. Quartal	3. Quartal	Summe
2	Belletristik	25.523,00 €	15.895,00 €	22.540,00 €	63.958,00 €
3	Krimis	20.995,00 €	15.123,00 €	28.812,00 €	64.930,00 €
4	Fantasy	12.832,00 €	11.546,00 €	13.932,00 €	38.310,00 €
5	Kinderbücher	7.340,00 €	6.821,00 €	8.430,00 €	22.591,00 €
6	Computerliteratur	3.883,00 €	4.323,00 €	2.585,00 €	10.791,00 €
7	Sachbücher	9.321,00 €	8.100,00 €	10.124,00 €	27.545,00 €
8		79.894,00 €	61.808,00 €	86.423,00 €	
9					
10					

5 Zur Kontrolle klicken Sie in eines der ausgefüllten Summenfelder und prüfen die Formel in der Bearbeitungsleiste. Sie sehen, dass die Zellbezüge entsprechend angepasst wurden. Statt auf Spalte B, bezieht die Formel sich jetzt auf Spalte D.

D8 =SUMME(D2:D7)

	A	B	C	D	E
1		1. Quartal	2. Quartal	3. Quartal	Summe
2	Belletristik	25.523,00 €	15.895,00 €	22.540,00 €	63.958,00 €
3	Krimis	20.995,00 €	15.123,00 €	28.812,00 €	64.930,00 €
4	Fantasy	12.832,00 €	11.546,00 €	13.932,00 €	38.310,00 €
5	Kinderbücher	7.340,00 €	6.821,00 €	8.430,00 €	22.591,00 €
6	Computerliteratur	3.883,00 €	4.323,00 €	2.585,00 €	10.791,00 €
7	Sachbücher	9.321,00 €	8.100,00 €	10.124,00 €	27.545,00 €
8		79.894,00 €	61.808,00 €	86.423,00 €	
9					
10					

6 Wenn Sie ungern mit dem Ausfüllkästchen arbeiten, dann können Sie die Ausfüllfunktion auch über das Menü aufrufen. Wichtig ist hier allerdings, dass Sie Ursprungs- und Zielzellen vorher markieren.

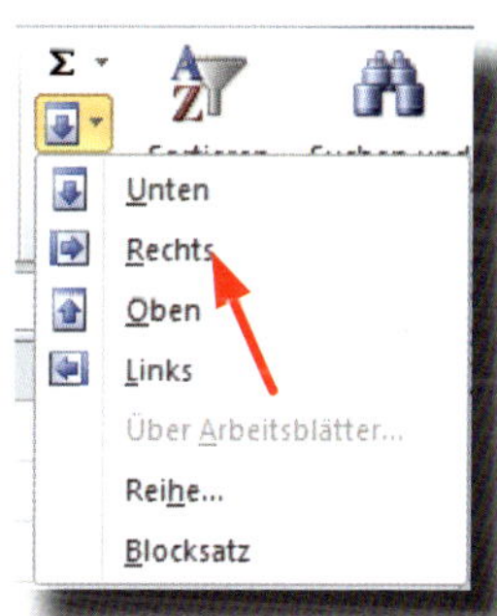

Gut zu wissen

Excel passt beim Kopieren von Formeln die Zellbezüge immer an die neue Umgebung an. Auch wenn Sie in einer bestehenden Tabelle mit mehreren Formeln nachträglich Zeilen oder Spalten löschen oder neue einfügen, so passt Excel automatisch die Bezüge in den bestehenden Formeln an die neuen Gegebenheiten an.

Einen absoluten Bezug festlegen

Ziel

Beim Übertragen und Kopieren von Formeln passt Excel alle Bezüge im Zielbereich an die neue Umgebung an. Aus der Summe von B2 bis B7 wird die Summe von D2 bis D7. Man spricht hier von einem relativen Bezug. Manchmal wollen Sie aber, dass bei einer solchen Formelübertragung ein Wert fest bleibt. Sie brauchen einen absoluten Bezug.

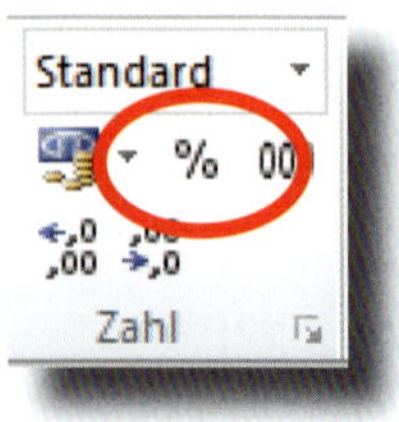

1 Sie möchten in einer gegebenen Umsatztabelle wissen, welchen Anteil die einzelnen Artikelgruppen am Gesamtumsatz haben. Fügen Sie eine neue Spalte ***Anteil*** hinzu und formatieren Sie die Spalte mit dem Format ***Prozent***.

2 Sie teilen jetzt den Inhalt der Zelle E2 mit dem Jahresumsatz an Belletristik durch den Inhalt der Zelle E8 für den Gesamtumsatz.

SUMME | =E2/E8

	A	B	C	D	E	F
1		**1. Quartal**	**2. Quartal**	**3. Quartal**	**Summe**	**Anteil**
2	**Belletristik**	25.523,00 €	15.895,00 €	28.540,00 €	**69.958,00 €**	=E2/E8
3	**Krimis**	20.995,00 €	15.123,00 €	22.812,00 €	**58.930,00 €**	
4	**Fantasy**	12.832,00 €	11.546,00 €	13.932,00 €	**38.310,00 €**	
5	**Kinderbücher**	7.340,00 €	6.821,00 €	8.430,00 €	**22.591,00 €**	
6	**EDV**	3.883,00 €	4.323,00 €	2.585,00 €	**10.791,00 €**	
7	**Sachbücher**	9.321,00 €	8.100,00 €	10.124,00 €	**27.545,00 €**	
8		**79.894,00 €**	**61.808,00 €**	**86.423,00 €**	**228.125,00 €**	
9						
10						

3 Sie übertragen die Formel auf die anderen Artikelgruppen, indem Sie das Ausfüllkästchen über den Bereich ziehen.

	A	B	C	D	E	F
1		**1. Quartal**	**2. Quartal**	**3. Quartal**	**Summe**	**Anteil**
2	**Belletristik**	25.523,00 €	15.895,00 €	28.540,00 €	**69.958,00 €**	31%
3	**Krimis**	20.995,00 €	15.123,00 €	22.812,00 €	**58.930,00 €**	
4	**Fantasy**	12.832,00 €	11.546,00 €	13.932,00 €	**38.310,00 €**	
5	**Kinderbücher**	7.340,00 €	6.821,00 €	8.430,00 €	**22.591,00 €**	
6	**EDV**	3.883,00 €	4.323,00 €	2.585,00 €	**10.791,00 €**	
7	**Sachbücher**	9.321,00 €	8.100,00 €	10.124,00 €	**27.545,00 €**	
8		**79.894,00 €**	**61.808,00 €**	**86.423,00 €**	**228.125,00 €**	
9						
10						

4 Im Ergebnis sehen Sie einen Fehler. Excel passt die Rechnung an die neue Umgebung an und bezieht sich in seiner Formel auf die leere Zelle E9. Sie müssen aber in jeder Zeile durch E8 dividieren!

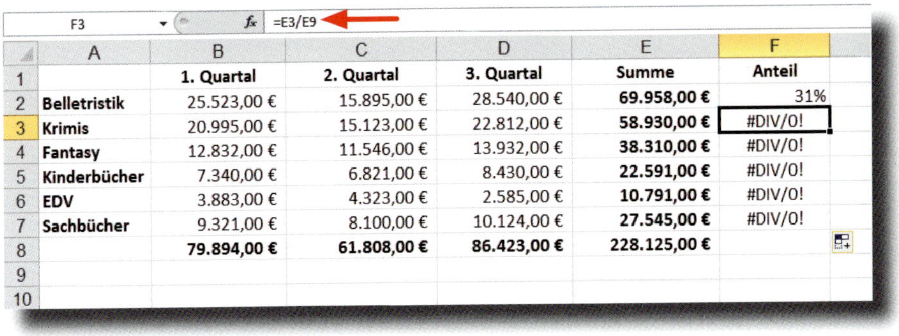

F3 =E3/E9

	A	B	C	D	E	F
1		1. Quartal	2. Quartal	3. Quartal	Summe	Anteil
2	Belletristik	25.523,00 €	15.895,00 €	28.540,00 €	69.958,00 €	31%
3	Krimis	20.995,00 €	15.123,00 €	22.812,00 €	58.930,00 €	#DIV/0!
4	Fantasy	12.832,00 €	11.546,00 €	13.932,00 €	38.310,00 €	#DIV/0!
5	Kinderbücher	7.340,00 €	6.821,00 €	8.430,00 €	22.591,00 €	#DIV/0!
6	EDV	3.883,00 €	4.323,00 €	2.585,00 €	10.791,00 €	#DIV/0!
7	Sachbücher	9.321,00 €	8.100,00 €	10.124,00 €	27.545,00 €	#DIV/0!
8		79.894,00 €	61.808,00 €	86.423,00 €	228.125,00 €	
9						
10						

5 Machen Sie die Übertragung der Formel rückgängig. Sie müssen in der ursprünglichen Formel die Zelle E8 als absoluten Bezug festlegen. Dies erreichen Sie mit einem vorangestellten $-Zeichen. Aus E8 wird $E$8.

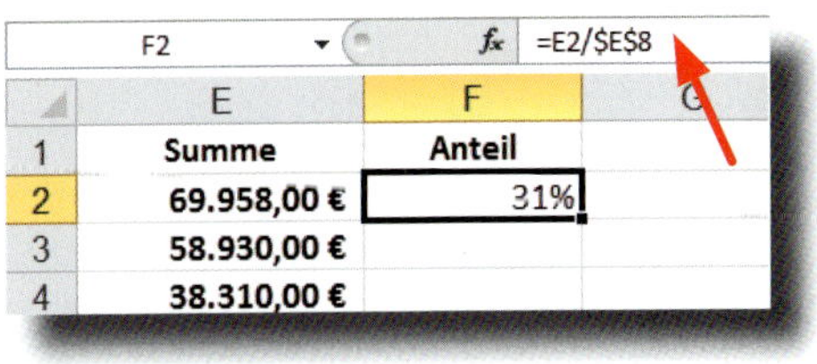

F2 =E2/$E$8

	E	F	G
1	Summe	Anteil	
2	69.958,00 €	31%	
3	58.930,00 €		
4	38.310,00 €		

6 Wiederholen Sie den Kopiervorgang. Eine Kontrolle zeigt, dass jetzt bei der Übertragung auf die anderen Zeilen der absolute Bezug auf die Zelle E8 immer erhalten bleibt.

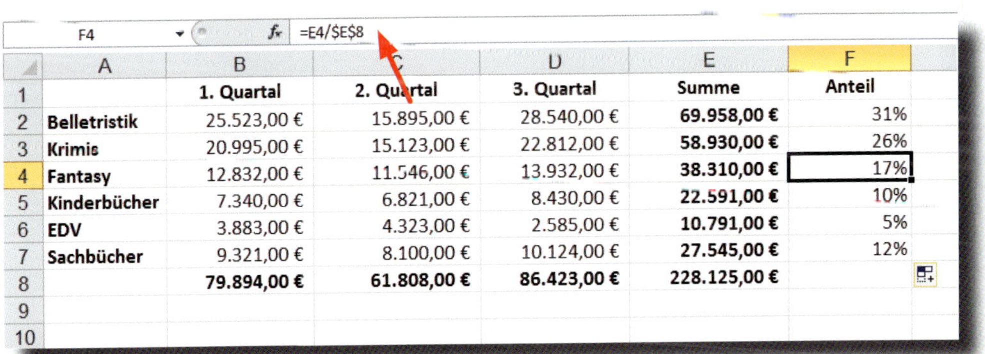

F4 =E4/$E$8

	A	B	C	D	E	F
1		1. Quartal	2. Quartal	3. Quartal	Summe	Anteil
2	Belletristik	25.523,00 €	15.895,00 €	28.540,00 €	69.958,00 €	31%
3	Krimis	20.995,00 €	15.123,00 €	22.812,00 €	58.930,00 €	26%
4	Fantasy	12.832,00 €	11.546,00 €	13.932,00 €	38.310,00 €	17%
5	Kinderbücher	7.340,00 €	6.821,00 €	8.430,00 €	22.591,00 €	10%
6	EDV	3.883,00 €	4.323,00 €	2.585,00 €	10.791,00 €	5%
7	Sachbücher	9.321,00 €	8.100,00 €	10.124,00 €	27.545,00 €	12%
8		79.894,00 €	61.808,00 €	86.423,00 €	228.125,00 €	
9						
10						

Gut zu wissen

Bei der Festlegung eines absoluten Bezuges müssen Sie den Eintrag der $-Zeichen nicht immer per Hand einzeln vornehmen. Es genügt, wenn Sie den Cursor auf den Ausdruck E8 platzieren und dann einmal auf die Taste F4 auf Ihrer Tastatur drücken. So setzt Excel die benötigten $-Zeichen selbstständig.

Wichtige Begriffe

Absoluter Bezug: Jede Formel enthält Bezüge zwischen verschiedenen Zellen. Wenn die Formel auf andere Zellen übertragen wird, passt Excel die Bezüge in der Formel an die neue Umgebung an. Man spricht von einem relativen Bezug. Aus der Summe von A1 und A2 wird z. B. die Summe von B1 und B2. Bei einem absoluten Bezug soll mindestens ein Wert der Formel fest bleiben, auch wenn die Formel in andere Zellen übertragen wird. Aus der Summe von A1 und A2, wird B1 und A2, C1 und A2 usw. Man erreicht dies durch Voranstellen eines $-Zeichens: $A$2.

Variablen: Variablen sind Platzhalter, die Sie in Formeln verwenden. Sie verwenden in Ihren Formeln nur die Zelladressen und füllen diese Zellen dann mit bestimmten Werten aus. Die Formel bleibt auf diese Weise immer die gleiche, während die einzelnen Werte bei Bedarf immer geändert werden können.

Zellformate: Excel hält verschiedene Formate für einzelne Zellen bereit, so werden Texteingaben anders behandelt als Zahleneingaben oder Datumseingaben. Im Regelfall erkennt Excel selbstständig, um welches Format es sich handelt. Sie können aber jederzeit diese Formatierungen ändern und Excel ein bestimmtes Format vorschreiben.

10 Tabellenlayout gestalten

In diesem Kapitel lernen Sie:

- ☑ wie Sie Tabellen in Excel formatieren
- ☑ wie Sie Schriftarten, Seitenränder und Querformat festlegen
- ☑ wie Überschriften genau über einer Tabelle zentriert werden
- ☑ wie Sie Tabellen mit Rahmen versehen können
- ☑ wie Schattierungen bei Tabellen verwendet werden
- ☑ wie Sie eine Überschrift auf jeder Seite ausdrucken lassen
- ☑ wie Formatvorlagen eingesetzt werden können

Ziel

Nachdem Sie alle Daten erfasst und die gewünschten Berechnungen durchgeführt haben, möchten Sie Ihrer Tabelle ein ansprechendes Äußeres geben. Das Layout der Tabelle soll auf dem Bildschirm, aber auch für den Ausdruck aufbereitet werden.

1. Um die Schrift zu verändern, markieren Sie den gewünschten Text und wählen dann über das Kontextmenü der rechten Maustaste Schriftart, Schriftgröße, Fettdruck etc. Im Beispiel ist für die Zelle Schriftgrad 12 und Fettdruck eingestellt.

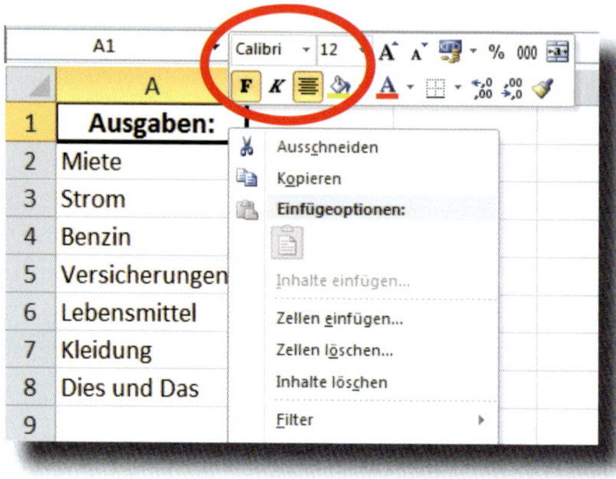

2. Über das Menü ***Ausrichtung*** haben Sie die Möglichkeit, die Einträge in einer Zelle links- oder rechtsbündig oder auch in der Zellenmitte zentriert anzeigen zu lassen, wie es im vorliegenden Beispiel der Fall ist.

3. Bei vergrößerter Zeilenhöhe bietet Excel die Option, den Eintrag wahlweise an den oberen oder unteren Rand der Zeile zu setzen.

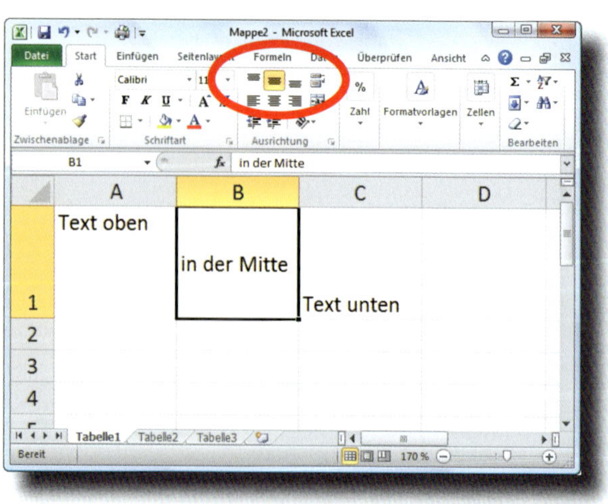

4 Sollte die Tabelle nicht komplett auf eine Seite passen, kann es u. U. ausreichen, die Seitenränder etwas zu verschieben. Wechseln Sie dazu auf das Menüband ***Seitenlayout*** und klicken Sie auf die Schaltfläche ***Seitenränder***.

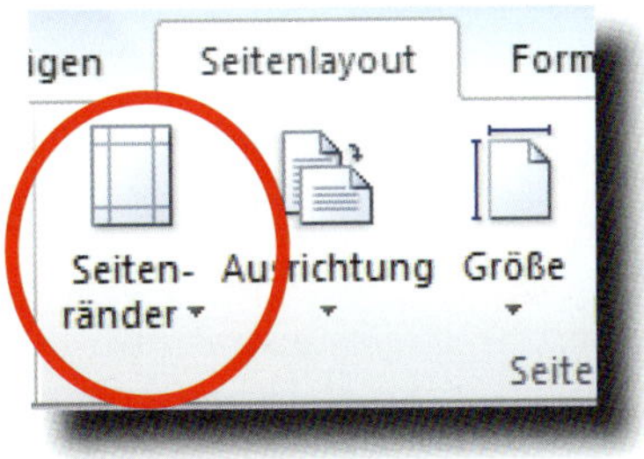

5 Sollten Ihnen die vordefinierten Seitenränder nicht genügen, klicken Sie auf ***Benutzerdefinierte Seitenränder*** und können anschließend die Seitenränder ganz individuell verändern.

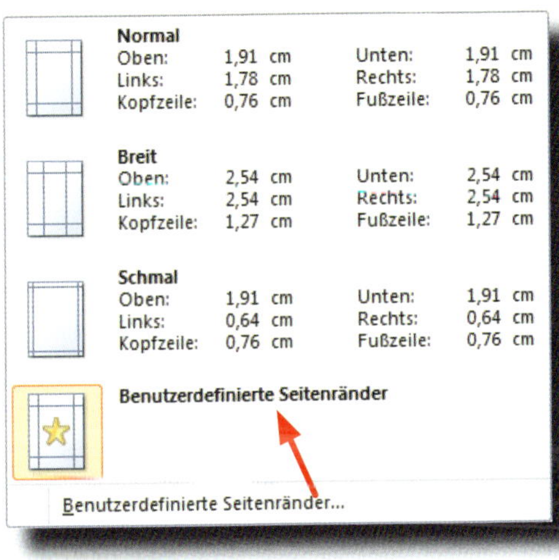

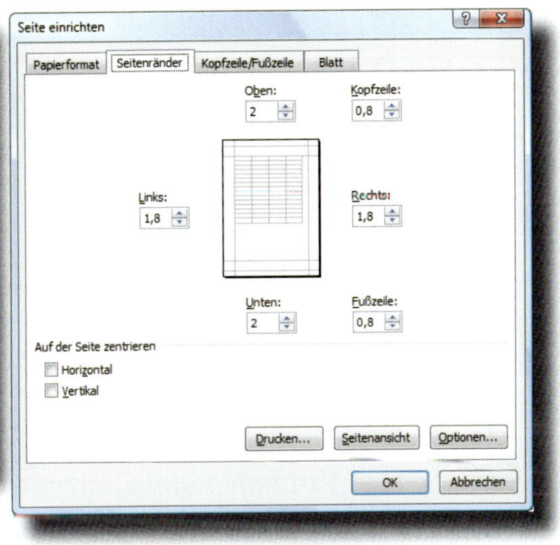

6 Bei breiteren Tabellen mit vielen Spalten empfiehlt es sich generell, die Tabelle im Querformat auszudrucken. Klicken Sie dazu auf die Schaltfläche ***Ausrichtung*** und wählen Sie ***Querformat***.

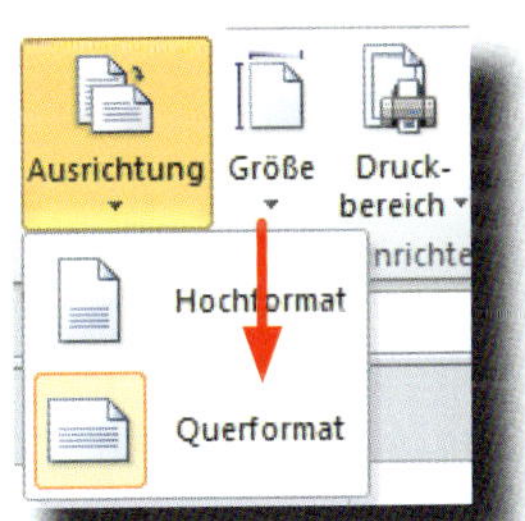

Gut zu wissen

Da Excel auf dem Bildschirm die Daten in der Normalansicht auf einem theoretisch unendlich großen Arbeitsblatt präsentiert, sollten Sie vor dem Ausdrucken über die ***Layout***-Ansicht oder ***Druckvorschau*** immer erst prüfen, wie die Tabelle auf dem Papier aussehen würde und entsprechend nachformatieren, um unnötige Papiervergeudung zu vermeiden.

Ziel

Zur besseren Gestaltung möchten Sie, dass die Überschrift Ihrer Tabelle so zentriert wird, dass sie genau in der Mitte über dem gesamten Text der Tabelle steht.

1. Markieren Sie als Erstes alle Zellen der Überschrift, und zwar genau so weit, wie die Tabelle reicht. Markieren Sie auf keinen Fall die ganze Zeile.

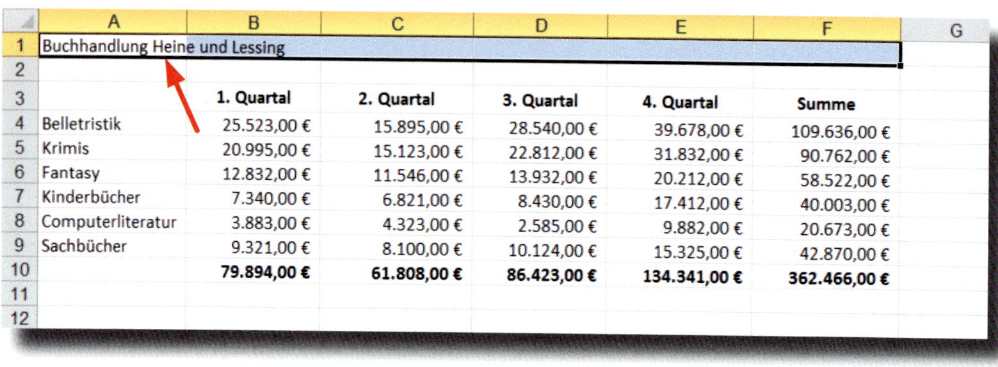

	A	B	C	D	E	F	G
1	Buchhandlung Heine und Lessing						
2							
3		1. Quartal	2. Quartal	3. Quartal	4. Quartal	Summe	
4	Belletristik	25.523,00 €	15.895,00 €	28.540,00 €	39.678,00 €	109.636,00 €	
5	Krimis	20.995,00 €	15.123,00 €	22.812,00 €	31.832,00 €	90.762,00 €	
6	Fantasy	12.832,00 €	11.546,00 €	13.932,00 €	20.212,00 €	58.522,00 €	
7	Kinderbücher	7.340,00 €	6.821,00 €	8.430,00 €	17.412,00 €	40.003,00 €	
8	Computerliteratur	3.883,00 €	4.323,00 €	2.585,00 €	9.882,00 €	20.673,00 €	
9	Sachbücher	9.321,00 €	8.100,00 €	10.124,00 €	15.325,00 €	42.870,00 €	
10		**79.894,00 €**	**61.808,00 €**	**86.423,00 €**	**134.341,00 €**	**362.466,00 €**	
11							
12							

2. Klicken Sie anschließend auf das Symbol ***Verbinden und Zentrieren*** in der Befehlsgruppe ***Ausrichtung*** auf dem Menüband ***Start***.

3. Excel fasst jetzt alle markierten Zellen zu einer einzigen Zelle zusammen und setzt den vorhandenen Text genau in die Mitte.

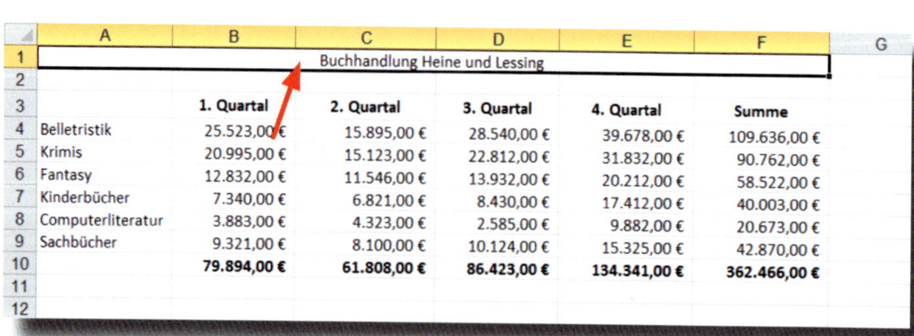

	A	B	C	D	E	F	G
1	Buchhandlung Heine und Lessing						
2							
3		1. Quartal	2. Quartal	3. Quartal	4. Quartal	Summe	
4	Belletristik	25.523,00 €	15.895,00 €	28.540,00 €	39.678,00 €	109.636,00 €	
5	Krimis	20.995,00 €	15.123,00 €	22.812,00 €	31.832,00 €	90.762,00 €	
6	Fantasy	12.832,00 €	11.546,00 €	13.932,00 €	20.212,00 €	58.522,00 €	
7	Kinderbücher	7.340,00 €	6.821,00 €	8.430,00 €	17.412,00 €	40.003,00 €	
8	Computerliteratur	3.883,00 €	4.323,00 €	2.585,00 €	9.882,00 €	20.673,00 €	
9	Sachbücher	9.321,00 €	8.100,00 €	10.124,00 €	15.325,00 €	42.870,00 €	
10		**79.894,00 €**	**61.808,00 €**	**86.423,00 €**	**134.341,00 €**	**362.466,00 €**	
11							
12							

4 Um die Überschrift noch hervorzuheben, wählen Sie über das Kontextmenü mit der rechten Maustaste die Option ***Fettdruck*** und die Schriftgröße ***14***.

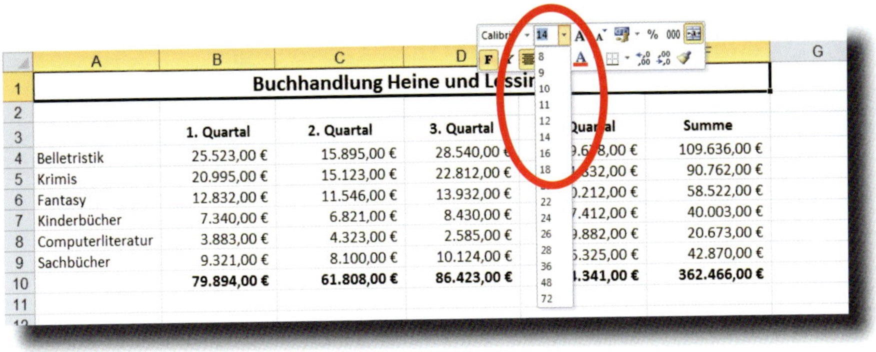

	A	B	C	D	E	F	G
1	Buchhandlung Heine und Lessir						
2							
3		1. Quartal	2. Quartal	3. Quartal	Quar al	Summe	
4	Belletristik	25.523,00 €	15.895,00 €	28.540,00	.6 8,00 €	109.636,00 €	
5	Krimis	20.995,00 €	15.123,00 €	22.812,00 €	332,00 €	90.762,00 €	
6	Fantasy	12.832,00 €	11.546,00 €	13.932,00 €	.212,00 €	58.522,00 €	
7	Kinderbücher	7.340,00 €	6.821,00 €	8.430,00 €	.412,00 €	40.003,00 €	
8	Computerliteratur	3.883,00 €	4.323,00 €	2.585,00 €	.882,00 €	20.673,00 €	
9	Sachbücher	9.321,00 €	8.100,00 €	10.124,00 €	.325,00 €	42.870,00 €	
10		**79.894,00 €**	**61.808,00 €**	**86.423,00 €**	**.341,00 €**	**362.466,00 €**	
11							

5 Eine solche Zentrierung über mehrere Zellen können Sie wieder aufheben, indem Sie auf den Auswahlpfeil neben dem Symbol für ***Verbinden und Zentrieren*** klicken und die Option ***Zellverbund aufheben*** auswählen.

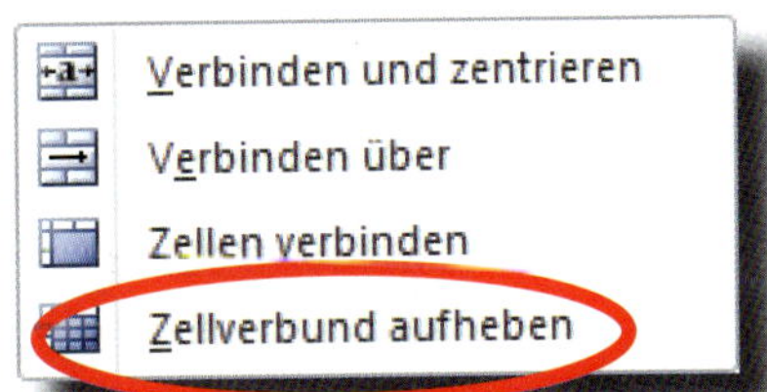

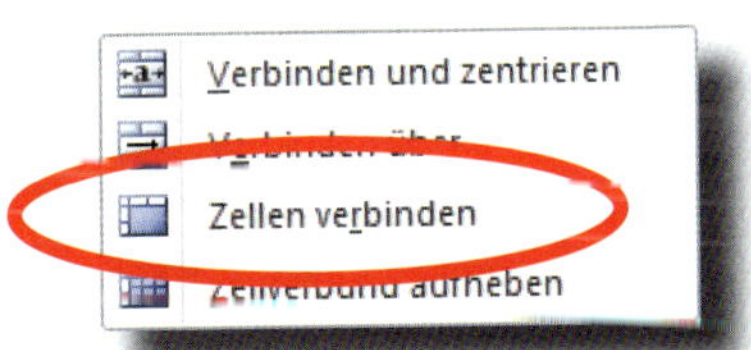

6 Mit der Option ***Zellen verbinden*** könnten Sie die Zellen mehrerer Zeilen zusammenfassen und die Überschrift noch zentraler herausstellen.

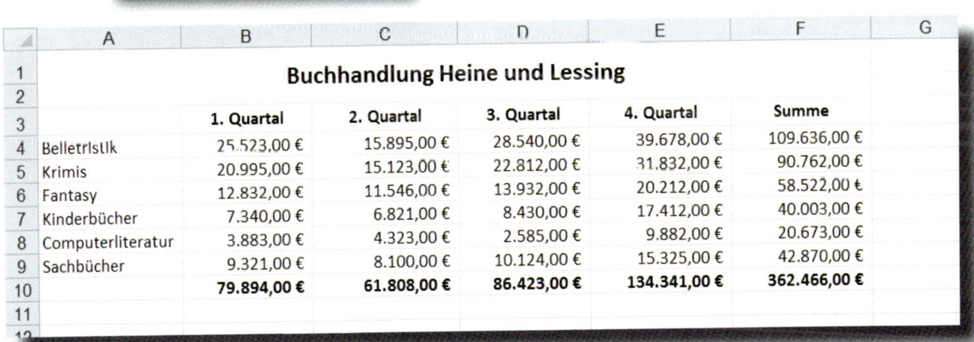

	A	B	C	D	E	F	G
1	Buchhandlung Heine und Lessing						
2							
3		1. Quartal	2. Quartal	3. Quartal	4. Quartal	Summe	
4	Belletristik	25.523,00 €	15.895,00 €	28.540,00 €	39.678,00 €	109.636,00 €	
5	Krimis	20.995,00 €	15.123,00 €	22.812,00 €	31.832,00 €	90.762,00 €	
6	Fantasy	12.832,00 €	11.546,00 €	13.932,00 €	20.212,00 €	58.522,00 €	
7	Kinderbücher	7.340,00 €	6.821,00 €	8.430,00 €	17.412,00 €	40.003,00 €	
8	Computerliteratur	3.883,00 €	4.323,00 €	2.585,00 €	9.882,00 €	20.673,00 €	
9	Sachbücher	9.321,00 €	8.100,00 €	10.124,00 €	15.325,00 €	42.870,00 €	
10		**79.894,00 €**	**61.808,00 €**	**86.423,00 €**	**134.341,00 €**	**362.466,00 €**	
11							

Gut zu wissen

Da die Funktion ***Verbinden und Zentrieren*** sich immer auf die bereits vorhandenen Spalten bezieht, ist es ratsam, erst die Tabelle mit allen Werten fertig zu stellen und diese Formatierung am Ende vorzunehmen, sonst müssten Sie nach dem Ergänzen neuer Spalten die Formatierung erneut durchführen.

Ziel

Für die Präsentation Ihrer Tabelle können Sie festlegen, ob sie mit oder ohne Gitternetzlinien ausgedruckt wird. Diese Gitternetze erleichtern bei großen Tabellen die Orientierung. Sie können diese Linien aber auch variieren, indem Sie sie unterschiedlich dick gestalten, oder Summenwerte durch einen doppelten Strich abtrennen lassen.

1. Die einfachste Art der Orientierung in Tabellen sind Gitternetzlinien. Im Menüband ***Seitenlayout*** finden Sie die gewünschten Einstellungen. Im Standard zeigt Excel die Gitternetzlinien auf dem Bildschirm an, im Ausdruck nicht. Sie können beides ändern.

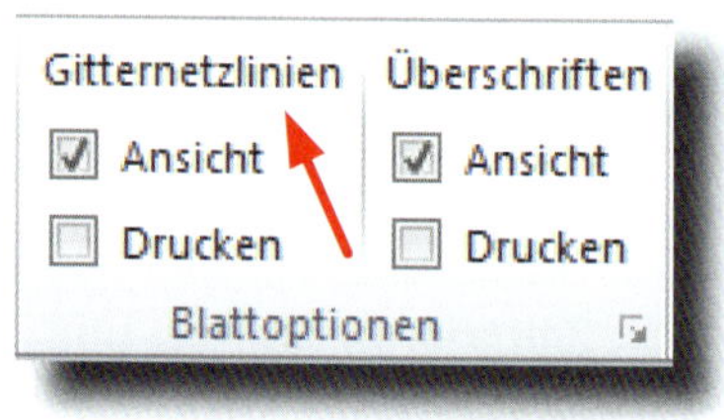

2. Die Optionen zur individuellen Rahmengestaltung finden Sie im Menüband ***Start*** unter dem Rahmensymbol.

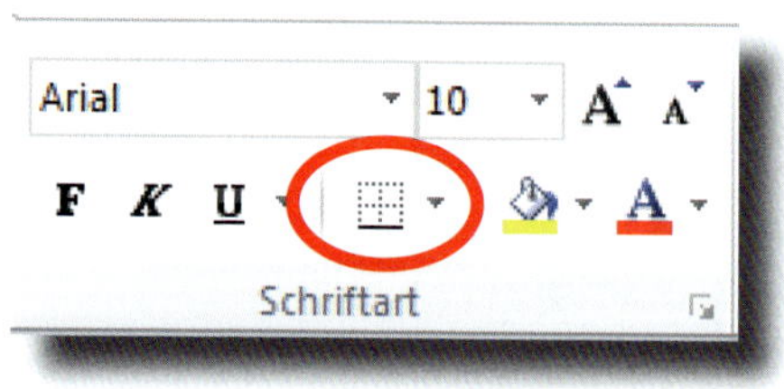

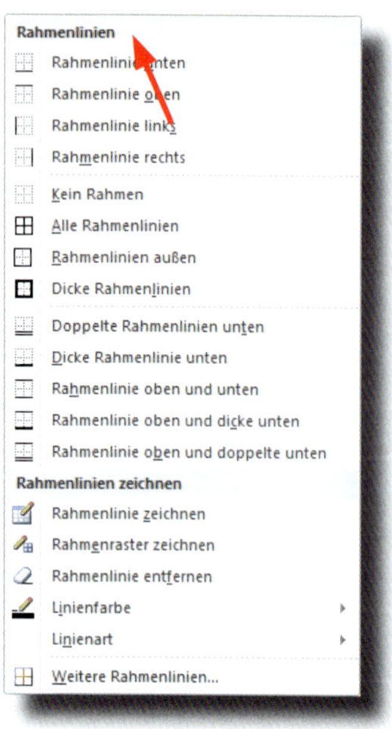

3. Klicken Sie auf den Auswahlpfeil, dann zeigt Excel Ihnen alle denkbaren Rahmen und Linienarten an.

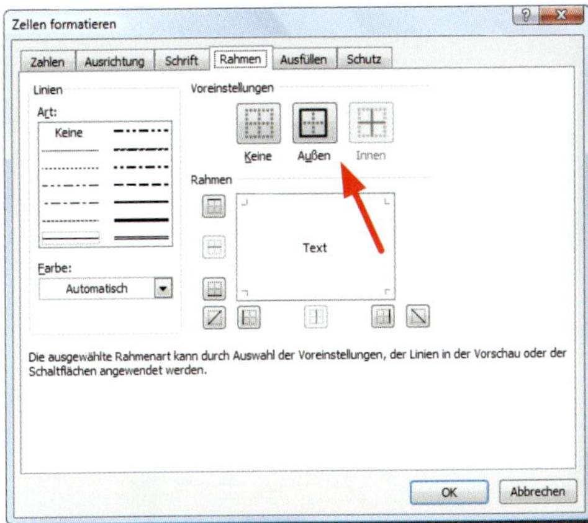

4 Wenn Ihnen diese Auswahl nicht genügt, dann können Sie auf die letzte Zeile der Liste klicken und ***Weitere Rahmenlinien*** auswählen, u. a. gestrichelte oder gepunktete Linien.

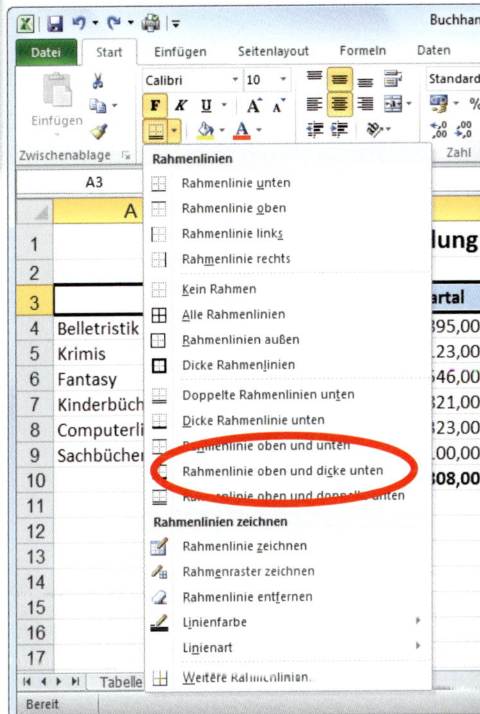

5 Markieren Sie in Ihrer Tabelle jetzt die Zellen mit Werten in der Überschriftenzeile und wählen Sie als Rahmenart ***Rahmenlinie oben und dicke unten***.

6 Markieren Sie anschließend die Zeile oberhalb der Summenwerte, solange sie Werte enthalten, und wählen Sie dieses Mal ***Doppelte Rahmenlinien unten***, so erhalten Sie das gewünschte Ergebnis.

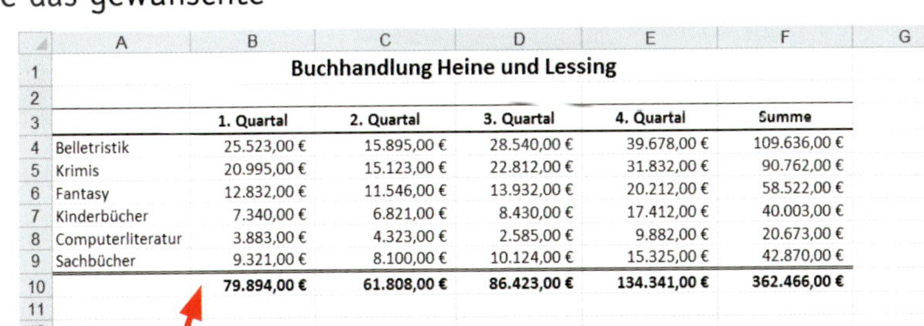

Buchhandlung Heine und Lessing

	1. Quartal	2. Quartal	3. Quartal	4. Quartal	Summe
Belletristik	25.523,00 €	15.895,00 €	28.540,00 €	39.678,00 €	109.636,00 €
Krimis	20.995,00 €	15.123,00 €	22.812,00 €	31.832,00 €	90.762,00 €
Fantasy	12.832,00 €	11.546,00 €	13.932,00 €	20.212,00 €	58.522,00 €
Kinderbücher	7.340,00 €	6.821,00 €	8.430,00 €	17.412,00 €	40.003,00 €
Computerliteratur	3.883,00 €	4.323,00 €	2.585,00 €	9.882,00 €	20.673,00 €
Sachbücher	9.321,00 €	8.100,00 €	10.124,00 €	15.325,00 €	42.870,00 €
	79.894,00 €	**61.808,00 €**	**86.423,00 €**	**134.341,00 €**	**362.466,00 €**

Gut zu wissen

Beim Markieren für die Rahmengestaltung sollten Sie niemals die ganze Zeile markieren, sondern die Zellen immer nur soweit, wie Werte darin enthalten sind. Sonst ragen die Rahmenlinien in den leeren Bereich des Tabellenblattes hinaus.

Ziel

Eine Tabelle wirkt noch stärker, wenn Sie einzelne Spalten oder Zeilen mit unterschiedlicher Hintergrundschattierung unterlegen. Sie können dabei auch die gesamte Farbpalette einsetzen. Sie möchten im Folgenden die Überschriftenzeile und die Summenzeile einer Tabelle mit Schattierungen aufbereiten.

1. Sie finden die Auswahl für Farbschattierungen auf dem Menüband ***Start*** unter dem Symbol für ***Füllfarbe***.

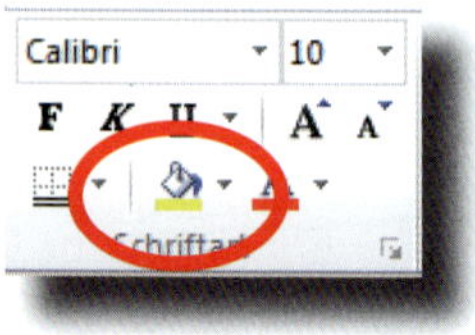

2. Markieren Sie die Überschriftenzeile Ihrer Tabelle und rufen Sie die Füllfarben auf. Während Sie mit dem Cursor über die verschiedenen Farben gleiten, zeigt Ihnen Excel in seiner Livevorschau an, wie Ihre Tabelle aussehen würde.

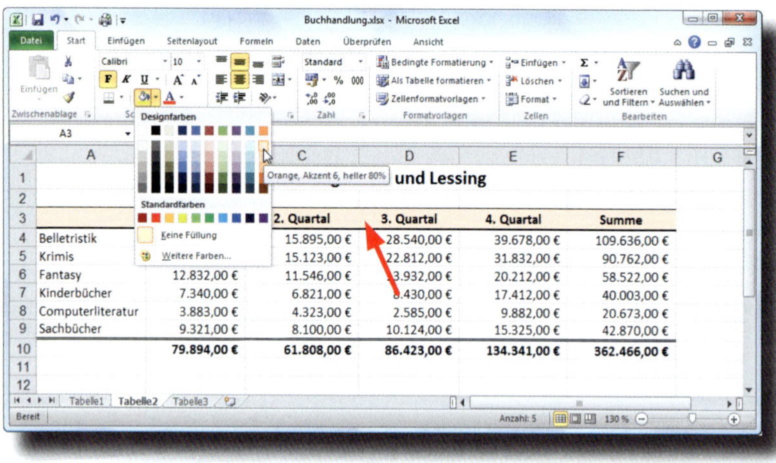

3. Wiederholen Sie die Auswahl für die Summenzeile und achten Sie darauf, dass Sie die Zeile immer nur so weit markieren, wie Werte enthalten sind, und auch darauf, dass Sie die Schattierung nicht zu dunkel wählen. Sonst sieht es aus wie im Beispiel!

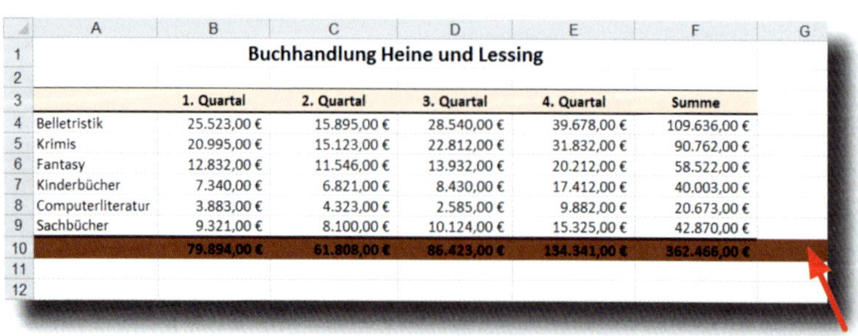

	A	B	C	D	E	F	G
1	Buchhandlung Heine und Lessing						
2							
3		1. Quartal	2. Quartal	3. Quartal	4. Quartal	Summe	
4	Belletristik	25.523,00 €	15.895,00 €	28.540,00 €	39.678,00 €	109.636,00 €	
5	Krimis	20.995,00 €	15.123,00 €	22.812,00 €	31.832,00 €	90.762,00 €	
6	Fantasy	12.832,00 €	11.546,00 €	13.932,00 €	20.212,00 €	58.522,00 €	
7	Kinderbücher	7.340,00 €	6.821,00 €	8.430,00 €	17.412,00 €	40.003,00 €	
8	Computerliteratur	3.883,00 €	4.323,00 €	2.585,00 €	9.882,00 €	20.673,00 €	
9	Sachbücher	9.321,00 €	8.100,00 €	10.124,00 €	15.325,00 €	42.870,00 €	
10		79.894,00 €	61.808,00 €	86.423,00 €	134.341,00 €	362.466,00 €	
11							
12							

4 Wenn Sie mehrere Bereiche in gleicher Weise formatieren wollen, können Sie diese vorher bei gedrückter Strg-Taste zusammen markieren und dann auf einmal schattieren.

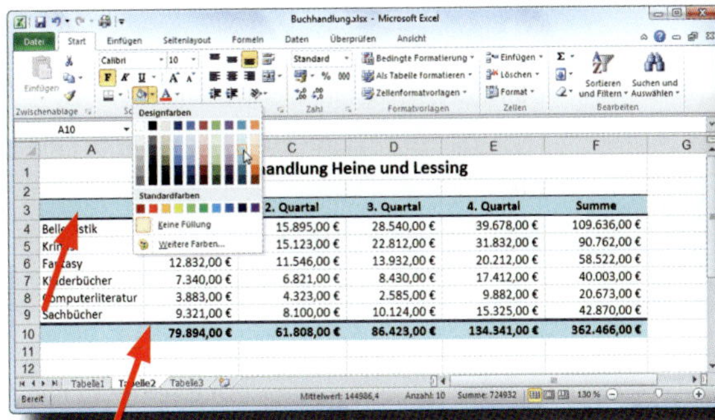

5 Über die Auswahl der Option ***Zellen formatieren*** des Kontextmenüs erhalten Sie auf der Seite ***Ausfüllen*** weitere Optionen.

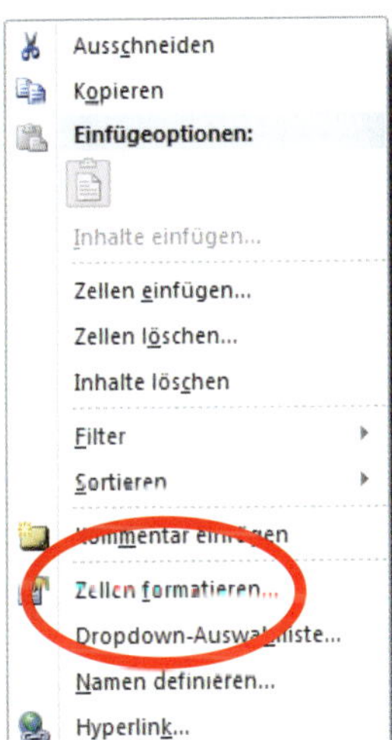

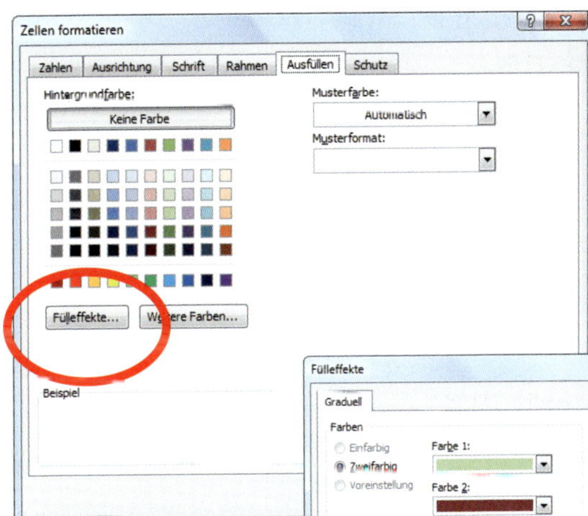

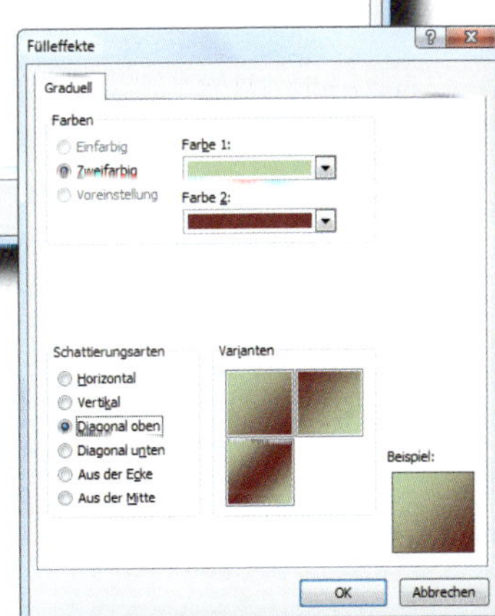

6 Unter ***Fülleffekte*** können Sie beispielsweise fließende Farbverläufe einstellen.

Gut zu wissen

Beachten Sie, ob Sie einen Farbdrucker oder einen Schwarzweißdrucker ansteuern. Im Ausdruck macht es u. U. einen Unterschied, ob Sie Grautöne ausgewählt hatten, oder ob die Grautöne sich daraus ergeben, dass der Schwarzweißdrucker die gewählten Farben nicht anders darstellen kann.

Wiederholungszeile festlegen

Ziel

Bei umfangreichen Tabellen finden Sie beim Ausdruck standardmäßig die Überschriftenzeile nur auf der ersten Seite. Auf den Folgeseiten wird die Tabelle fortlaufend gedruckt. Dies erschwert die Orientierung. Sie möchten deshalb die Überschriftenzeile auf jeder Seite gedruckt haben.

1. Wechseln Sie in das Menüband ***Seitenlayout*** und klicken Sie dort auf das Symbol für ***Drucktitel***.

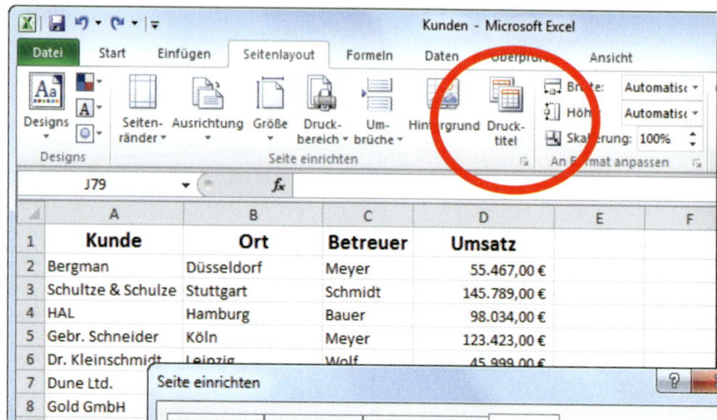

2. Setzen Sie den Cursor in die Zeile ***Wiederholungszeilen oben.***

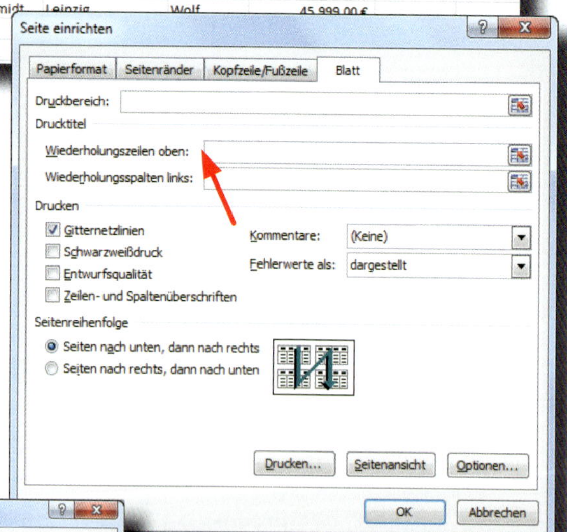

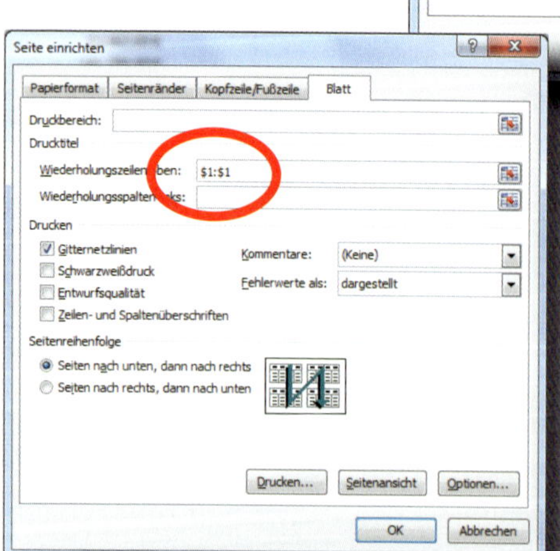

3. Markieren Sie in der Tabelle die gewünschte Zeile. In der Regel wird dies die Zeile mit den Überschriften sein. Der Zellbereich wird automatisch in die Wiederholungszeile übertragen.

4 In gleicher Weise könnten Sie in der Zeile ***Wiederholungsspalten links*** eine oder mehrere Spalten festlegen, die bei sehr breiten Tabellen auf jeder Seite wiederholt würden.

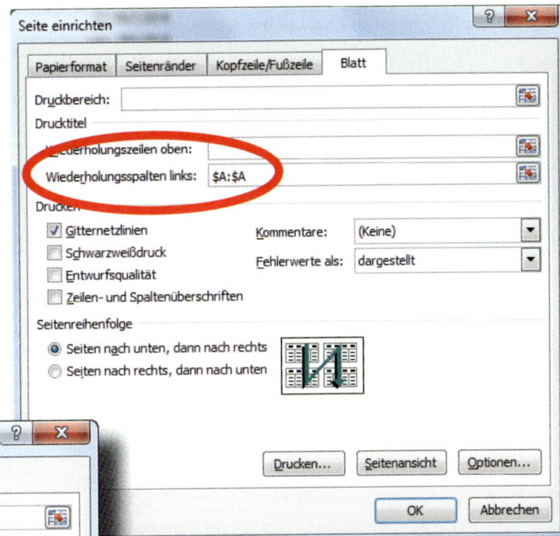

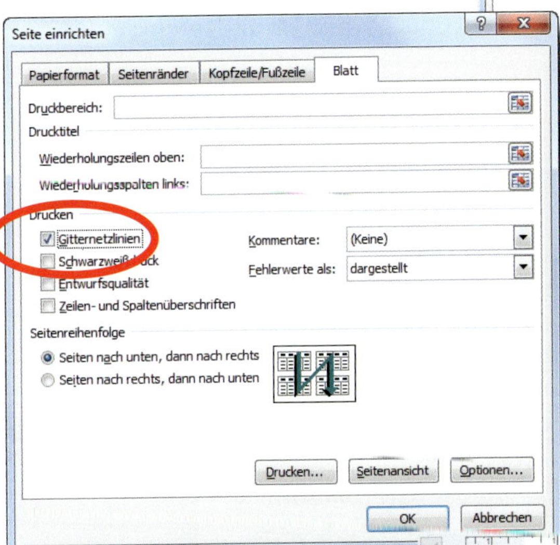

5 In diesem Fenster können Sie durch ein Häkchen im Feld ***Gitternetzlinien*** zusätzlich festlegen, dass die Gitternetzlinien des Bildschirms auch im Ausdruck mitgedruckt werden.

6 Im Ausdruck erscheint die Zeile mit den Überschriften jetzt auf jeder Seite, egal wie lang die Tabelle ist.

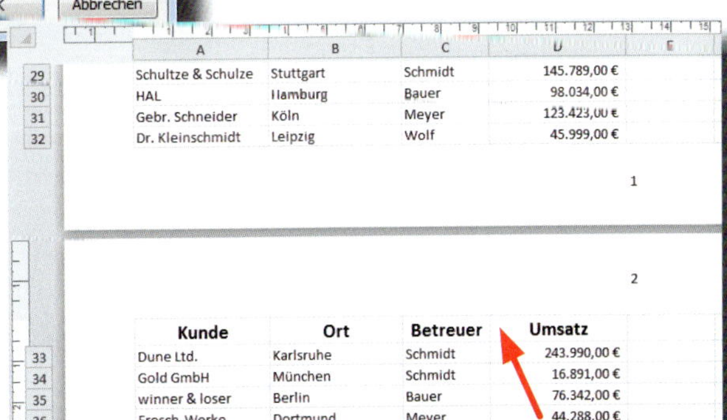

Gut zu wissen

Beachten Sie, dass diese Funktion der Wiederholungszeile nur für den Ausdruck gültig ist. Auf dem Bildschirm sehen Sie nicht, ob Sie irgendwelche Zeilen als Wiederholungszeilen definiert haben. Sie müssten dies zur Sicherheit über den Menüpunkt ***Drucktitel*** oder über die ***Layout***-Ansicht prüfen.

Ziel

Eine Tabelle zu formatieren, kann sehr zeitaufwändig sein. Falls Sie mit dem Ergebnis nicht zufrieden sind, müssen Sie nachträglich alles wieder korrigieren. Deshalb bietet Excel Ihnen einen ganzen Katalog fertiger Formatvorlagen, die Sie in Ihre Tabelle übernehmen können.

1. Bei allen Formatierungen ist immer Voraussetzung, dass Sie als Erstes die betreffenden Zellbereiche markieren. Hier empfiehlt sich eine Trennung zwischen Überschriften, Ergebniszeilen und Daten. Im Beispiel ist der Datenbereich markiert.

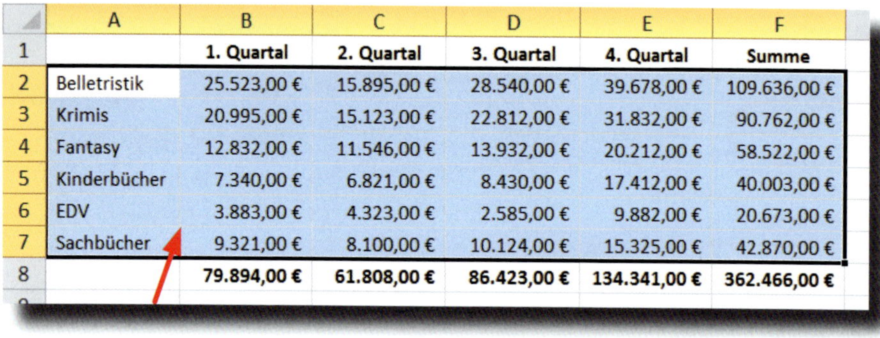

	A	B	C	D	E	F
1		1. Quartal	2. Quartal	3. Quartal	4. Quartal	Summe
2	Belletristik	25.523,00 €	15.895,00 €	28.540,00 €	39.678,00 €	109.636,00 €
3	Krimis	20.995,00 €	15.123,00 €	22.812,00 €	31.832,00 €	90.762,00 €
4	Fantasy	12.832,00 €	11.546,00 €	13.932,00 €	20.212,00 €	58.522,00 €
5	Kinderbücher	7.340,00 €	6.821,00 €	8.430,00 €	17.412,00 €	40.003,00 €
6	EDV	3.883,00 €	4.323,00 €	2.585,00 €	9.882,00 €	20.673,00 €
7	Sachbücher	9.321,00 €	8.100,00 €	10.124,00 €	15.325,00 €	42.870,00 €
8		79.894,00 €	61.808,00 €	86.423,00 €	134.341,00 €	362.466,00 €

2. Klicken Sie in der Befehlsgruppe ***Formatvorlagen*** auf das Symbol für ***Zellenformatvorlagen***.

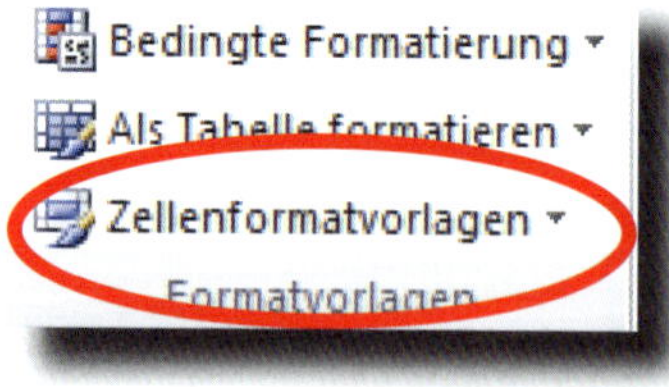

3. Suchen Sie sich eine Formatierung aus, die Ihnen gefällt. Excel zeigt Ihnen in der Livevorschau in dem vorher markierten Zellbereich an, wie die Formatierung in Ihrer Tabelle aussehen würde.

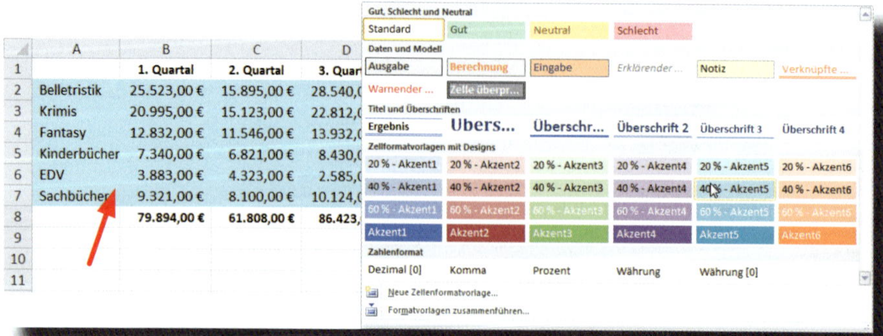

4 Mit der Schaltfläche ***Bedingte Formatierung*** können Sie die höchsten und niedrigsten Werte in einer Tabelle farblich hervorheben. Hier stehen Ihnen ebenfalls viele Optionen und auch die Livevorschau zur Verfügung.

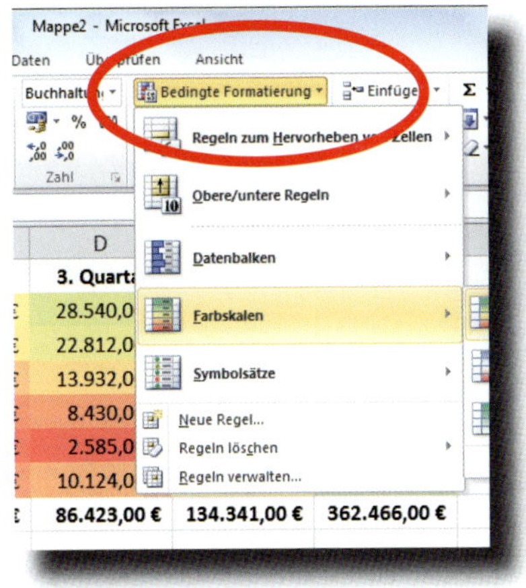

5 Formatvorlagen sind jeweils auf einzelne Elemente der Tabelle bezogen. Excel enthält auch Vorlagen für eine komplette Tabelle, die so genannten ***Designs***. Wechseln Sie auf das Menüband ***Seitenlayout*** und wählen Sie ein Design aus.

6 Die Livevorschau zeigt Ihnen, wie das gewählte Design mit der entsprechenden Schriftart in Ihrer Tabelle aussehen würde.

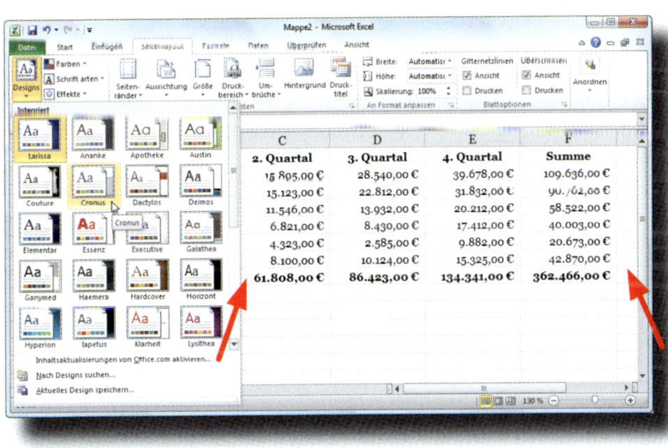

Gut zu wissen

Die Formatvorlagen und Designs, die Excel nach der Installation enthält, sind nur einige Vorschläge. Sie können sich eigene Vorlagen und Designs entwerfen und über die entsprechenden Schaltflächen zur weiteren Verwendung abspeichern. Sie können sich aber über ***Office.com*** auch weitere Designvorschläge aus dem Internet laden.

Wichtige Begriffe

Füllfarben: Sie können einzelne Zellen, aber auch komplette Tabellen mit Farben unterlegen, den so genannten Füllfarben. Dabei steht Ihnen die ganze Farbpalette zur Verfügung. Die Füllfarben können in allen Schattierungen von blass bis kräftig verwendet werden.

Rahmen: In Excel können Sie Tabellen mit Rahmen umgeben, wobei Ihnen hier alle Möglichkeiten von einfachen, doppelten und fetten Unterstreichungen bis zu kompletten Rahmen um die Tabelle zur Verfügung stehen.

Tabellenlayout: Das Tabellenlayout umfasst alle Gesichtspunkte, die die optische Gestaltung von Tabellen betreffen, ob die Tabelle im Hoch- oder Querformat angelegt ist, welche Schriftarten, Schriftgrößen und Ausrichtungen verwendet werden, ob die Tabelle Rahmen enthält, welche Farben usw.

11 Diagramme in Excel erstellen

In diesem Kapitel lernen Sie:

- ☑ wie Sie Ihre Daten mit Diagrammen veranschaulichen
- ☑ welche Diagrammtypen es gibt
- ☑ wann welcher Diagrammtyp der beste ist
- ☑ wie Sie Diagramme bearbeiten
- ☑ wie Sie das Diagrammlayout gestalten können
- ☑ wie Sie Bilder und Grafiken einfügen
- ☑ wie Sie Sparklines einsetzen können

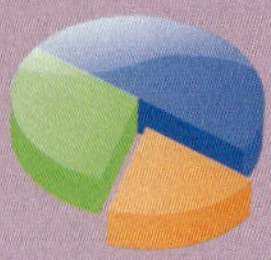

Ziel

Daten und Auswertungen sind immer viel aussagekräftiger, wenn Sie die reinen Zahlen mit Grafiken bzw. Diagrammen veranschaulichen. Bei der Erstellung eines Diagramms müssen Sie als Erstes festlegen, welche Daten Sie einbeziehen wollen.

1. Wechseln Sie auf das Menüband ***Einfügen***. Dort finden Sie alle Werkzeuge, die Sie zur Diagrammerstellung benötigen.

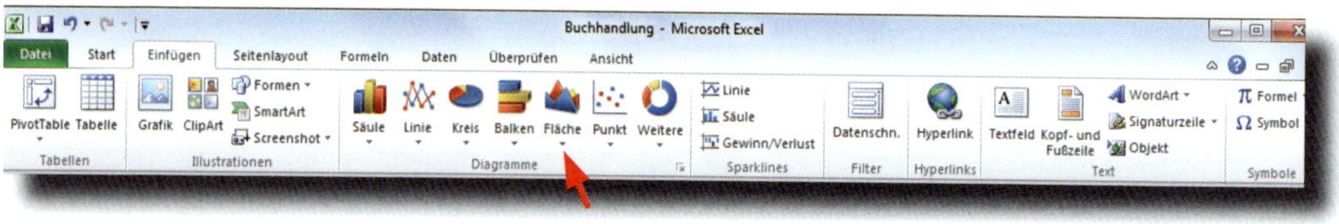

2. Markieren Sie in Ihrer Tabelle alle Daten, die in das Diagramm einbezogen werden.

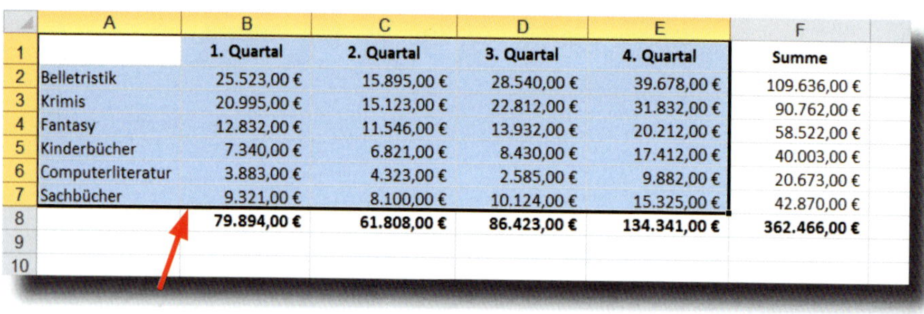

	A	B	C	D	E	F
1		1. Quartal	2. Quartal	3. Quartal	4. Quartal	Summe
2	Belletristik	25.523,00 €	15.895,00 €	28.540,00 €	39.678,00 €	109.636,00 €
3	Krimis	20.995,00 €	15.123,00 €	22.812,00 €	31.832,00 €	90.762,00 €
4	Fantasy	12.832,00 €	11.546,00 €	13.932,00 €	20.212,00 €	58.522,00 €
5	Kinderbücher	7.340,00 €	6.821,00 €	8.430,00 €	17.412,00 €	40.003,00 €
6	Computerliteratur	3.883,00 €	4.323,00 €	2.585,00 €	9.882,00 €	20.673,00 €
7	Sachbücher	9.321,00 €	8.100,00 €	10.124,00 €	15.325,00 €	42.870,00 €
8		79.894,00 €	61.808,00 €	86.423,00 €	134.341,00 €	362.466,00 €
9						
10						

3. Wählen Sie im Menü den gewünschten Diagrammtyp aus. Klicken Sie im vorliegenden Beispiel auf ***Säule***.

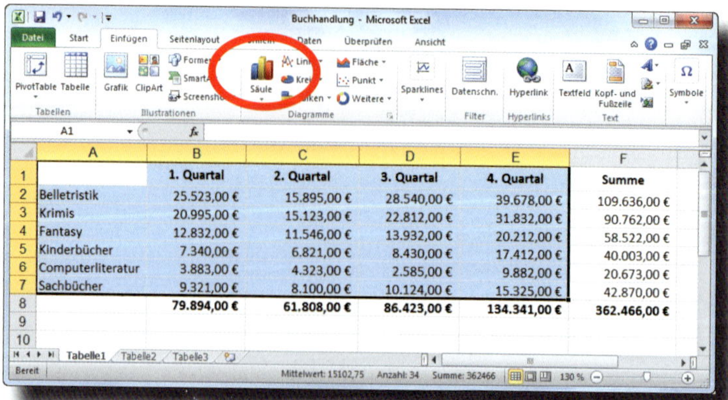

	A	B	C	D	E	F
1		1. Quartal	2. Quartal	3. Quartal	4. Quartal	Summe
2	Belletristik	25.523,00 €	15.895,00 €	28.540,00 €	39.678,00 €	109.636,00 €
3	Krimis	20.995,00 €	15.123,00 €	22.812,00 €	31.832,00 €	90.762,00 €
4	Fantasy	12.832,00 €	11.546,00 €	13.932,00 €	20.212,00 €	58.522,00 €
5	Kinderbücher	7.340,00 €	6.821,00 €	8.430,00 €	17.412,00 €	40.003,00 €
6	Computerliteratur	3.883,00 €	4.323,00 €	2.585,00 €	9.882,00 €	20.673,00 €
7	Sachbücher	9.321,00 €	8.100,00 €	10.124,00 €	15.325,00 €	42.870,00 €
8		79.894,00 €	61.808,00 €	86.423,00 €	134.341,00 €	362.466,00 €
9						
10						

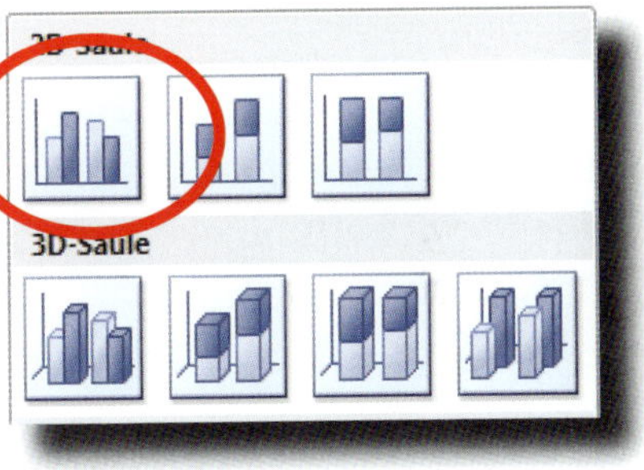

4. Excel bietet Ihnen jetzt eine Auswahl verschiedener Diagrammgestaltungen an. Wählen Sie dasjenige aus, das Ihnen am besten zusagt, im Beispiel eine 2D-Säule.

5. Excel fügt das Diagramm jetzt in Ihre Tabelle ein.

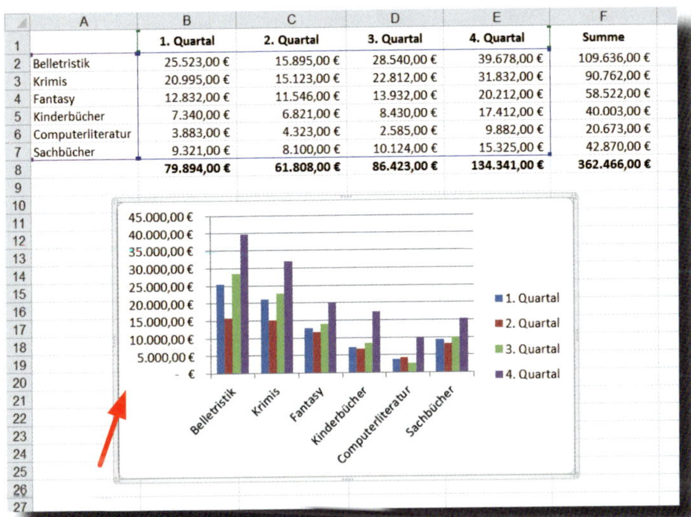

	A	B	C	D	E	F
1		1. Quartal	2. Quartal	3. Quartal	4. Quartal	Summe
2	Belletristik	25.523,00 €	15.895,00 €	28.540,00 €	39.678,00 €	109.636,00 €
3	Krimis	20.995,00 €	15.123,00 €	22.812,00 €	31.832,00 €	90.762,00 €
4	Fantasy	12.832,00 €	11.546,00 €	13.932,00 €	20.212,00 €	58.522,00 €
5	Kinderbücher	7.340,00 €	6.821,00 €	8.430,00 €	17.412,00 €	40.003,00 €
6	Computerliteratur	3.883,00 €	4.323,00 €	2.585,00 €	9.882,00 €	20.673,00 €
7	Sachbücher	9.321,00 €	8.100,00 €	10.124,00 €	15.325,00 €	42.870,00 €
8		**79.894,00 €**	**61.808,00 €**	**86.423,00 €**	**134.341,00 €**	**362.466,00 €**

6. Im Menüband erscheinen daraufhin automatisch die ***Diagrammtools***. Sie können das Aussehen Ihres Diagramms nach Belieben verändern.

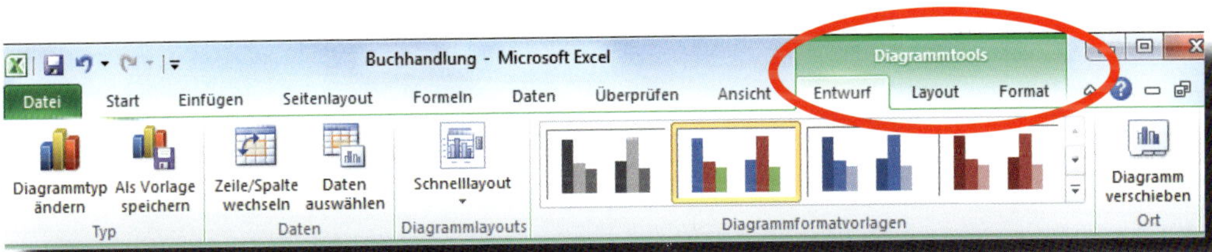

Gut zu wissen

Bei der Datenauswahl sollten Sie Überschriften grundsätzlich mit einbeziehen, da Excel diese zur Beschriftung des Diagramms verwendet. Summenwerte dürfen auf keinen Fall einbezogen werden, da sonst die Umsätze doppelt im Diagramm enthalten wären. Sie würden in diesem Fall eine Säule für die Summenwerte erhalten, die so groß wäre, wie alle anderen Säulen zusammen.

Ziel

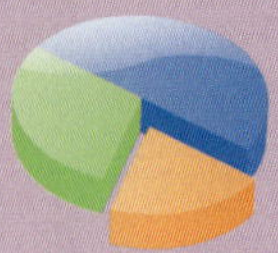

Excel enthält eine Vielzahl an verschiedenen Diagrammtypen, doch nicht jeder Diagrammtyp ist für jede Auswertung geeignet. Sie können bei der Gestaltung zunächst einfach ausprobieren, welches Diagramm Ihre Daten am besten veranschaulicht.

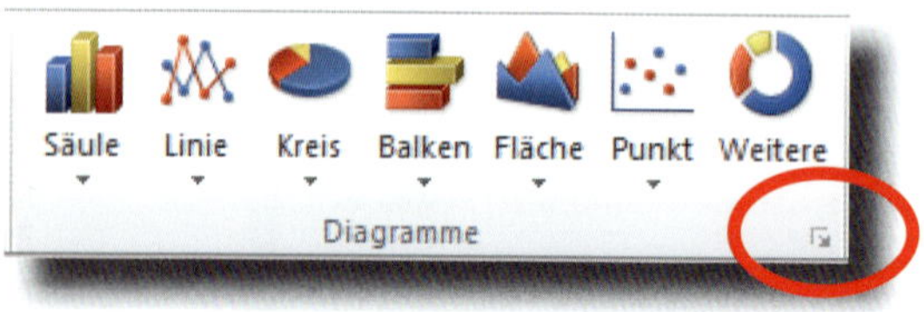

1 Klicken Sie in der Befehlsgruppe ***Diagramme*** auf das kleine Kästchen rechts unten, um eine Komplettübersicht zu erhalten.

2 Excel zeigt Ihnen jetzt alle Diagrammtypen an, die zur Auswahl stehen. Die häufigsten sind Säulen-, Linien- und Kreisdiagramme.

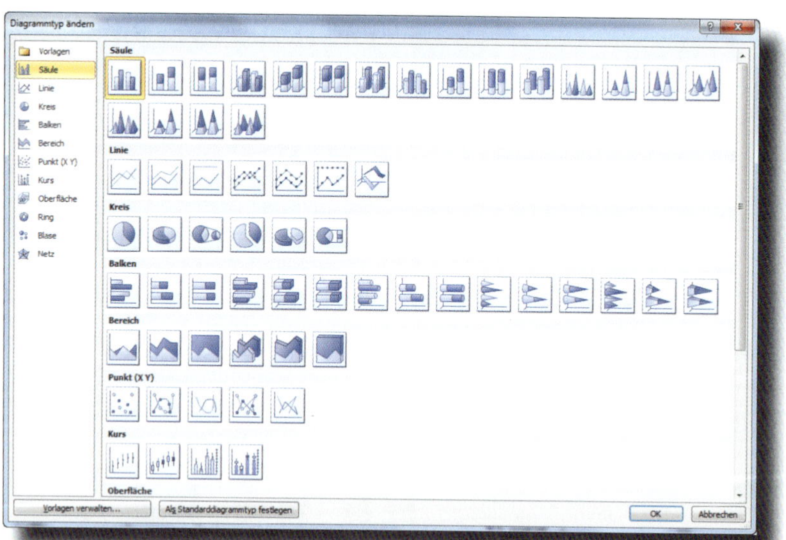

3 Säulendiagramme veranschaulichen Datenänderungen über einen Zeitraum und sind z. B. für Umsätze oder Kosten in bestimmten Perioden geeignet.

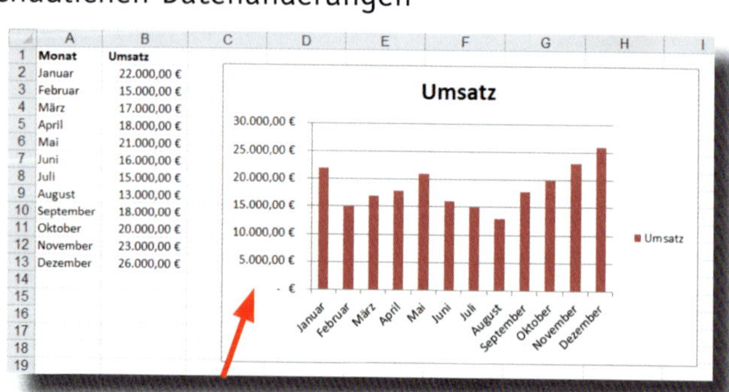

Monat	Umsatz
Januar	22.000,00 €
Februar	15.000,00 €
März	17.000,00 €
April	18.000,00 €
Mai	21.000,00 €
Juni	16.000,00 €
Juli	15.000,00 €
August	13.000,00 €
September	18.000,00 €
Oktober	20.000,00 €
November	23.000,00 €
Dezember	26.000,00 €

4 Liniendiagramme zeigen fortlaufende Daten über einen Zeitraum an und veranschaulichen Entwicklungen, wie z. B. Temperaturänderungen oder Börsenkurse.

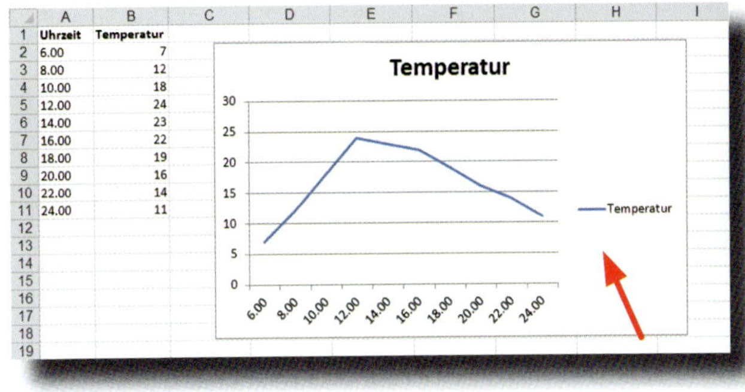

5 Kreisdiagramme, auch Tortendiagramme genannt, zeigen den prozentualen Anteil an einem Gesamtwert an. Die verwendeten Daten dürfen nur in einer Spalte oder Zeile vorliegen!

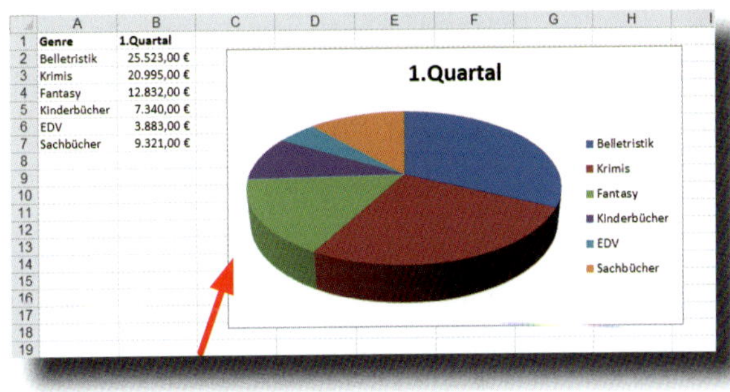

6 Wenn Sie bereits einen Diagrammtyp ausgewählt haben, können Sie wieder in die Auswahl aller möglichen Diagrammtypen wechseln, indem Sie über das Kontextmenü mit der rechten Maustaste die Option ***Diagrammtyp ändern*** auswählen.

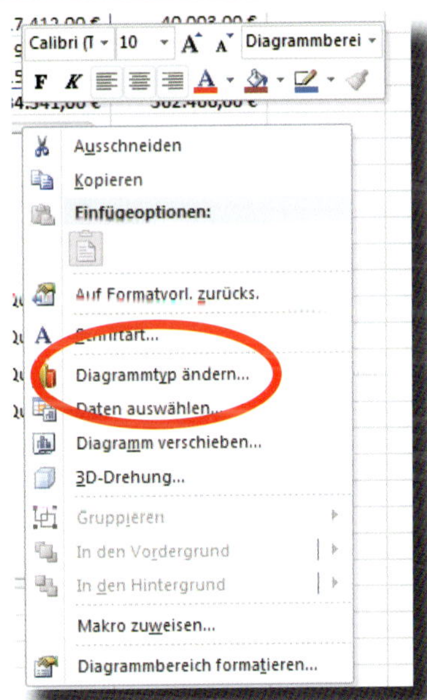

Gut zu wissen

Ein Balkendiagramm wird ähnlich wie ein Säulendiagramm verwendet, nur dass die Balken übereinanderliegen. Die übrigen Diagrammtypen, wie z. B. Blasen- oder Netzdiagramme, dienen meist für ganz spezielle Anwendungen in Naturwissenschaften oder in der Statistik.

Ziel

Ein Diagramm ist mit wenigen Mausklicks zu erstellen. Excel verwendet hierbei Standardeinstellungen, die in den meisten Fällen völlig ausreichen werden. Sie können Ihre Diagramme aber natürlich in jeder Hinsicht nachträglich bearbeiten und verändern. Im Folgenden erfahren Sie einige Möglichkeiten, die Ihnen hier zur Verfügung stehen.

1. Um die Platzierung zu verändern, setzen Sie den Cursor in den Randbereich des Diagramms. Der Mauszeiger verwandelt sich dabei in ein kleines Kreuz mit Pfeilen. Halten Sie die linke Maustaste gedrückt und schieben Sie das Diagramm an die gewünschte Stelle.

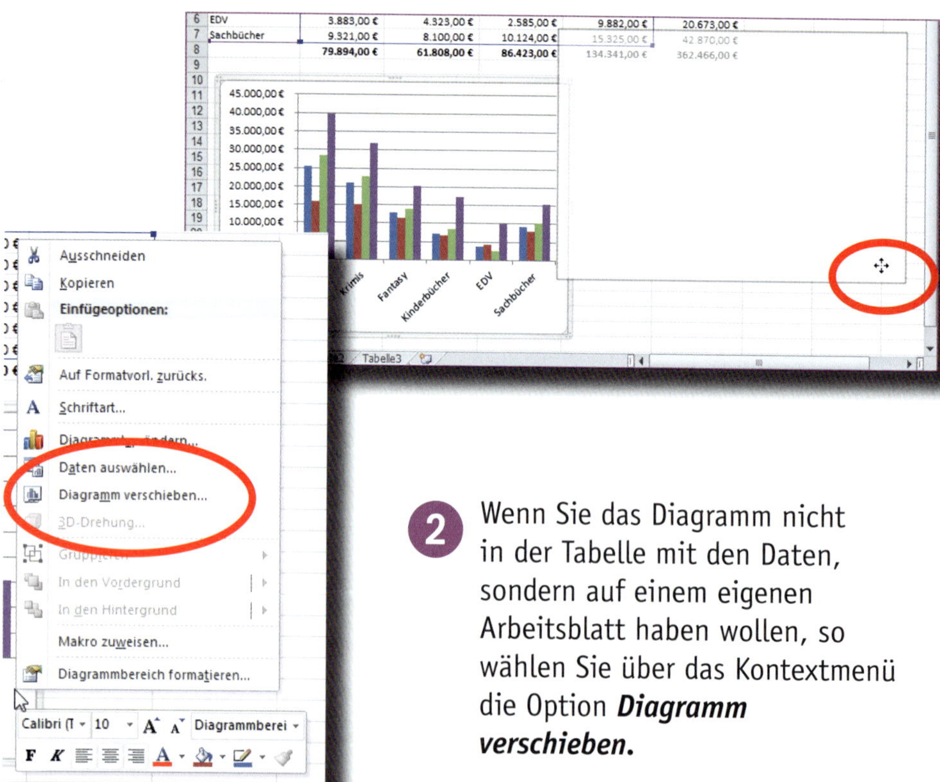

2. Wenn Sie das Diagramm nicht in der Tabelle mit den Daten, sondern auf einem eigenen Arbeitsblatt haben wollen, so wählen Sie über das Kontextmenü die Option ***Diagramm verschieben.***

3. Klicken Sie anschließend auf die Option ***Neues Blatt*** und geben Sie Ihrem Diagramm einen sprechenden Namen.

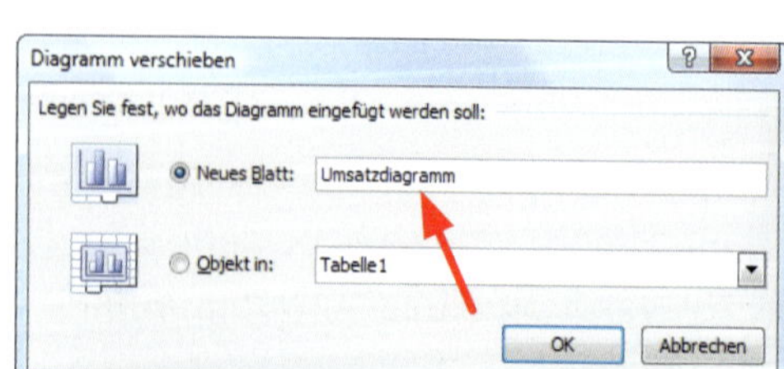

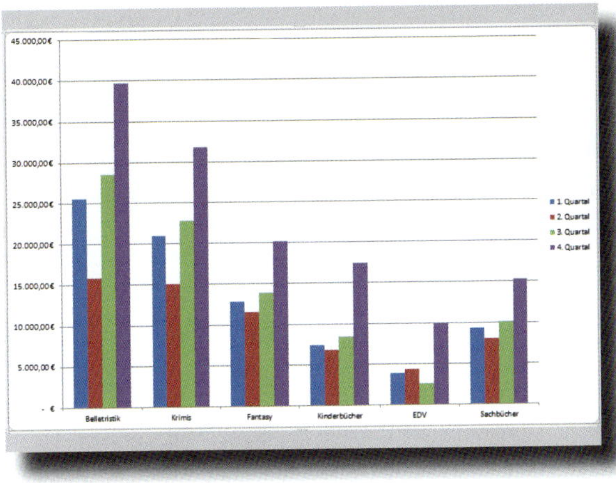

4 Excel legt Ihnen das Diagramm nun in ein eigenes Arbeitsblatt. Über die gleiche Option ***Diagramm verschieben*** könnten Sie es wieder in die Tabelle zurück verschieben.

5 Wollen Sie für ein bestehendes Diagramm nachträglich die zugrundeliegende Datenmenge vergrößern oder verkleinern, klicken Sie im Menüband auf das Symbol für ***Daten auswählen***. Sie können den neuen Bereich entweder direkt eingeben oder mit der Maus auswählen.

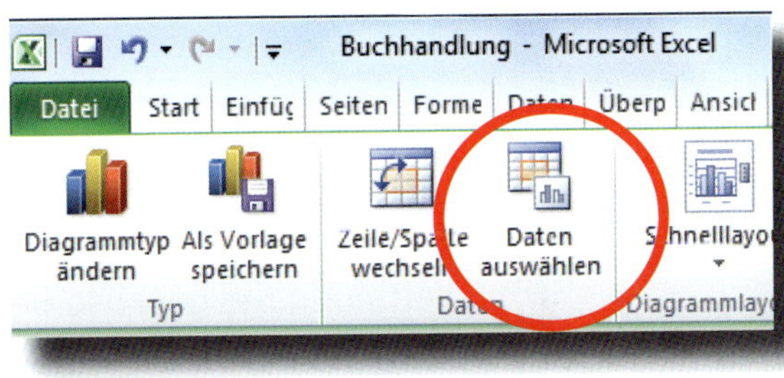

6 Wenn Sie den Datenbereich ändern, zeigt Excel den neu ausgewählten Bereich umrandet an und die Säulen im Diagramm werden sofort an die neuen Daten angepasst.

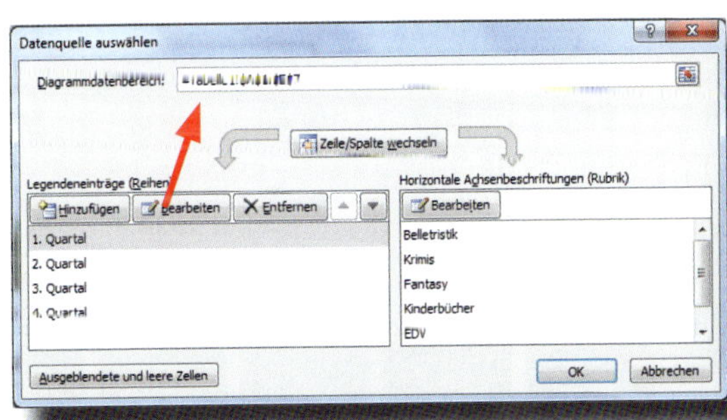

Gut zu wissen

Bei kleinen Tabellen, wo das Diagramm nur eine Veranschaulichung sein soll, können Sie es auf dem gleichen Blatt belassen. Bei umfangreichen Tabellen empfiehlt es sich aus Gründen der Übersichtlichkeit und auch wegen der besseren Präsentationsmöglichkeiten, Diagramme auf einem eigenen Arbeitsblatt abzulegen.

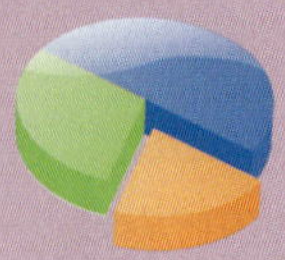

Ziel

Ein Diagramm soll bei einer Präsentation die optimale Wirkung entfalten. Excel stellt Ihnen eine Vielzahl an Werkzeugen zur Verfügung, wie Sie das Layout, das Aussehen Ihres Diagramms gestalten können.

1. Klicken Sie im Menüband ***Diagrammtools*** auf die Befehlsgruppe ***Diagrammlayouts***, um zwischen verschiedenen Modellen zur Layoutgestaltung auszuwählen. Über den Auswahlpfeil erhalten Sie alle Modelle.

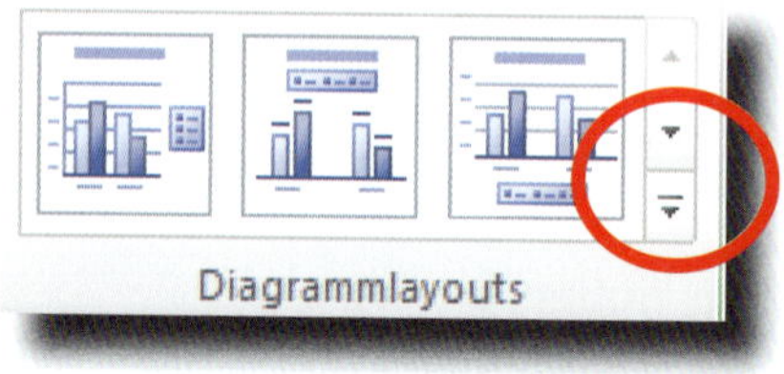

2. Verfahren Sie genauso bei der Befehlsgruppe ***Diagrammformatvorlagen,*** um die gewünschte farbliche Gestaltung auszuwählen.

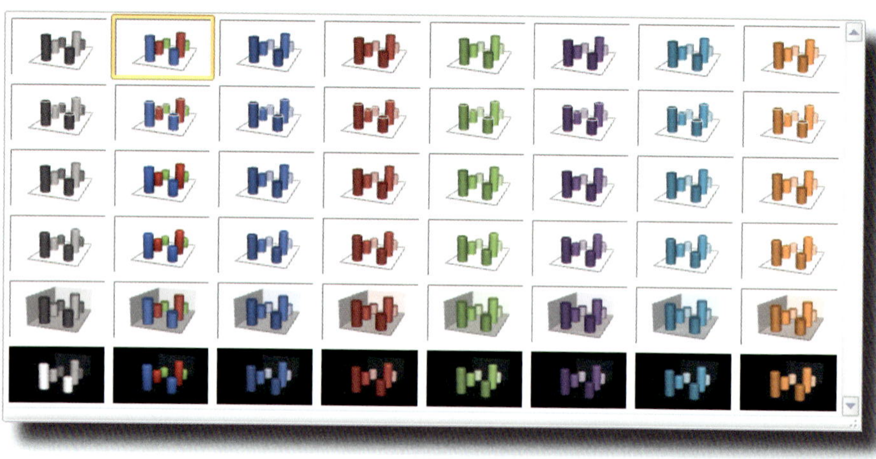

3. Für weitere Optionen zur Layoutgestaltung klicken Sie unter ***Diagrammtools*** auf ***Layout***.

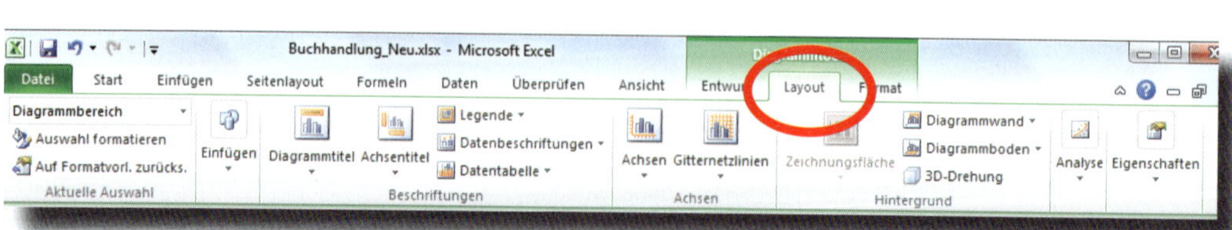

4 Hier finden Sie alle Optionen, um den Diagrammtitel und etwaige Achsentitel zu bearbeiten. Überschreiben Sie den Standardtitel ***Diagrammtitel*** mit Ihrem eigenen Titel ***Jahresumsatz***.

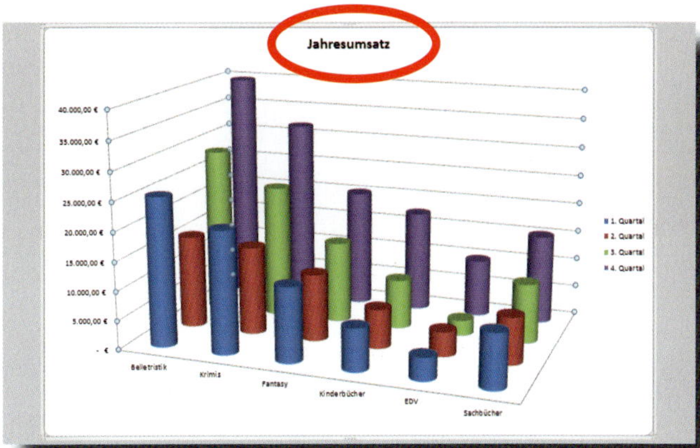

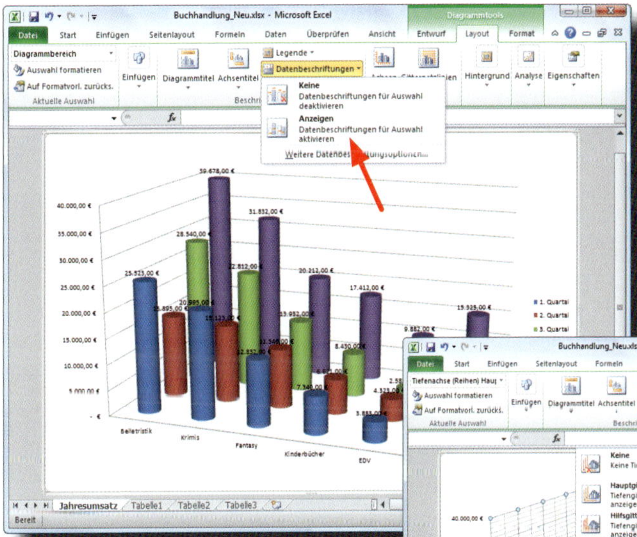

5 Wenn Sie unter dem Menüpunkt ***Datenbeschriftungen*** die Option ***Anzeigen*** wählen, so beschriftet Excel jede einzelne Säule des Diagramms mit dem exakten Wert.

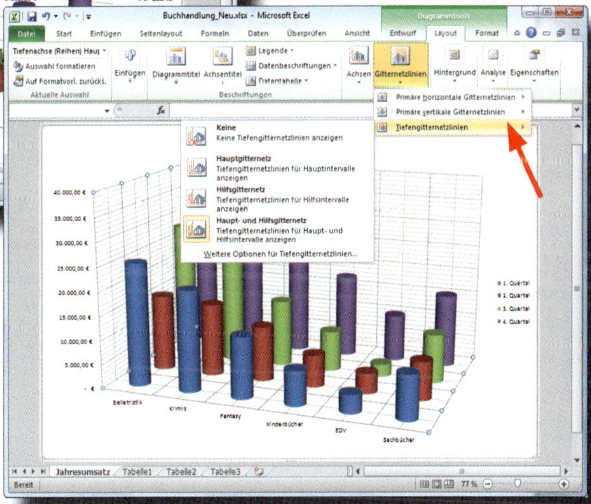

6 Die Anzeige von Gitternetzlinien kann dem Diagramm mehr Räumlichkeit verleihen und die Werte lassen sich optisch leichter einordnen.

Gut zu wissen

Die vielfältigen Optionen, die Excel zur Diagrammgestaltung bereithält, sollten Sie nicht dazu verleiten, Ihre Diagramme zu überfrachten. Halten Sie sich immer vor Augen, dass die vordringlichste Aufgabe eines Diagramms darin besteht, Ihre Zahlen zu veranschaulichen.

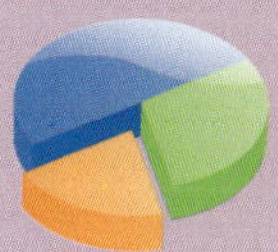

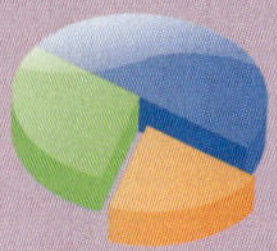

Ziel

Außer dem Einfügen von Diagrammen, bietet Excel noch mehr Optionen, um Ihre Tabellen grafisch aufzubereiten. Sie können unabhängig von Tabellendaten Bilder und Grafiken in Ihre Arbeitsmappen einfügen, um diese aufzulockern oder um Anschauungsmaterial zu bieten, das nicht nur die Tabellendaten abbildet.

1 Gehen Sie auf das Menüband ***Einfügen***. Dort finden Sie alle Optionen in der Befehlsgruppe ***Illustrationen***.

2 Um ein beliebiges Bild, sei es eine Zeichnung oder ein Foto einzufügen, klicken Sie auf das Symbol ***Grafik***. Excel öffnet ein Fenster zur Auswahl eines beliebigen Bildes auf Ihrer Festplatte. Klicken Sie auf ***Einfügen***.

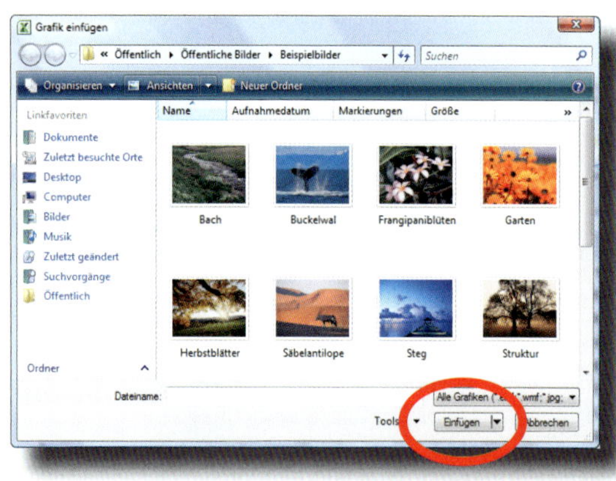

3 Excel fügt das Bild in die Tabelle ein und öffnet Ihnen ein eigenes Menüband ***Bildtools*** zur Gestaltung des Bildes.

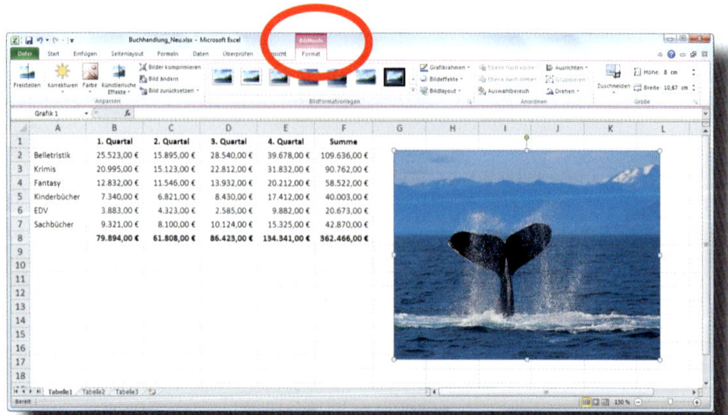

4 Es wird meist erforderlich sein, dass Sie Ihr Bild verkleinern. Die Werkzeuge finden Sie in der Befehlsgruppe ***Größe***.

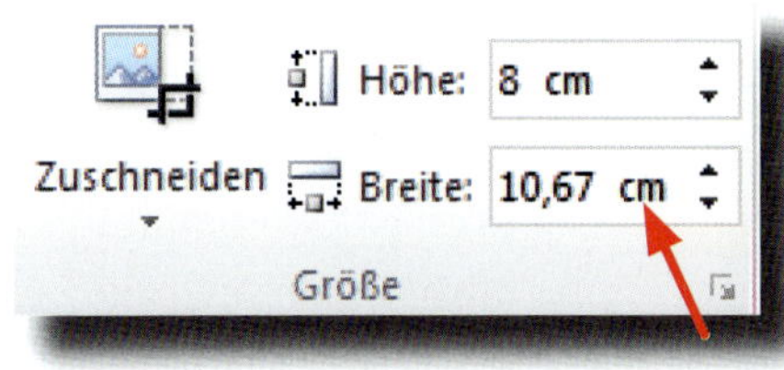

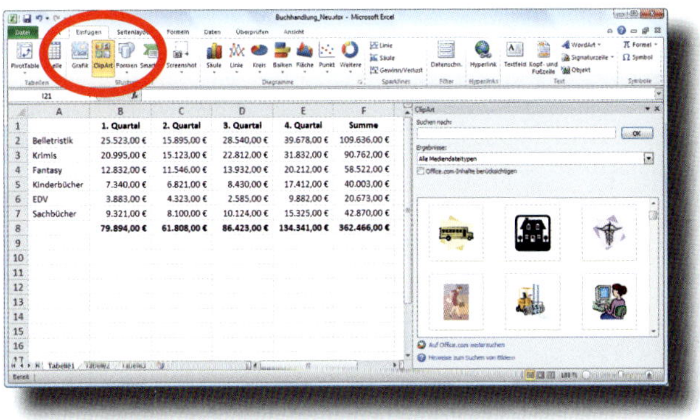

5 Außer Bildern können Sie auch ClipArts einfügen. Wählen Sie dazu das entsprechende Symbol. Excel öffnet ein Auswahlfenster, in dem Sie nach ClipArts suchen können.

6 Unter der Option ***SmartArt*** hält Excel einen ganzen Katalog an Symbolen bereit, mit denen Sie Ihre Tabellen grafisch aufbereiten können.

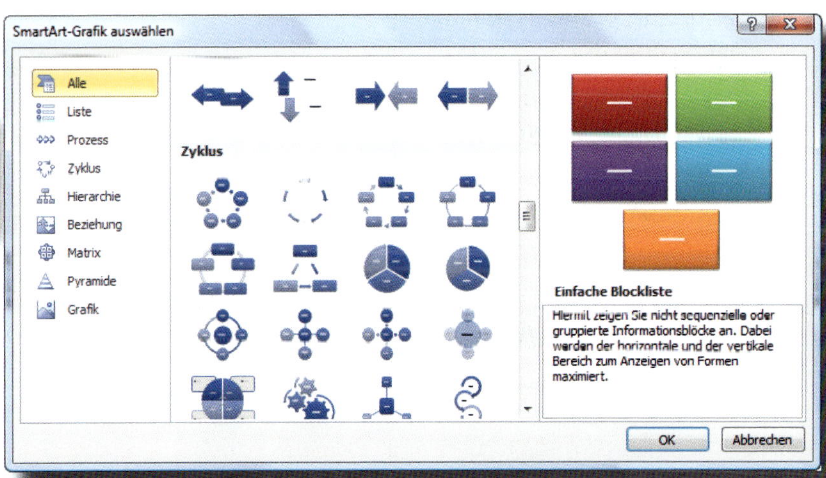

Gut zu wissen

Beim Einfügen von Bildern und Grafiken sind Sie völlig frei. Sie sollten aber immer bedenken, dass Bilder, v. a. Fotos oft recht speicherintensiv sind und die Dateigröße Ihrer Excel-Datei sehr aufblähen können. Dies ist besonders dann zu berücksichtigen, wenn Sie die Dateien per E-Mail verschicken wollen.

Ziel

Nicht immer haben Sie den Platz, um große Diagramme einzufügen, Sie möchten aber trotzdem Ihre Umsatzentwicklung grafisch veranschaulichen. Excel bietet Ihnen dafür die Sparklines. Das sind Minidiagramme, die in eine Zelle passen.

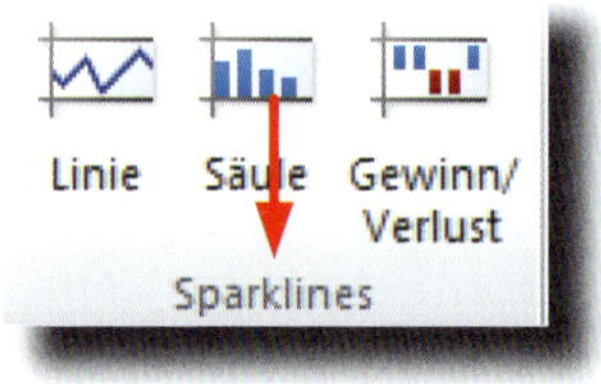

1. Sie finden die Sparklines in der entsprechenden Befehlsgruppe im Menüband ***Einfügen***. Excel bietet drei Modelle: Linie, Säule und Gewinn/ Verlust.

2. Zum Erstellen einer Sparkline setzen Sie den Cursor in die gewünschte Zelle und klicken auf ein Sparkline-Symbol, z. B. Linie. Excel öffnet ein Fenster, in dem Sie den Datenbereich auswählen.

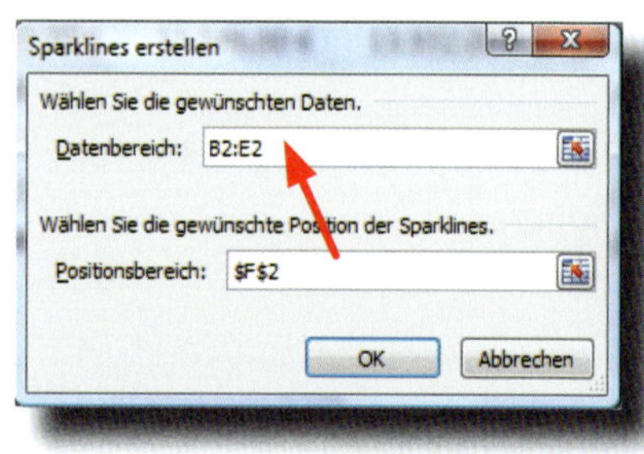

3. Im Ergebnis zeigt Excel Ihnen die Umsatzentwicklung in Zelle F2 grafisch als Linie an, und bietet ein neues Menüband ***Sparklinetools***.

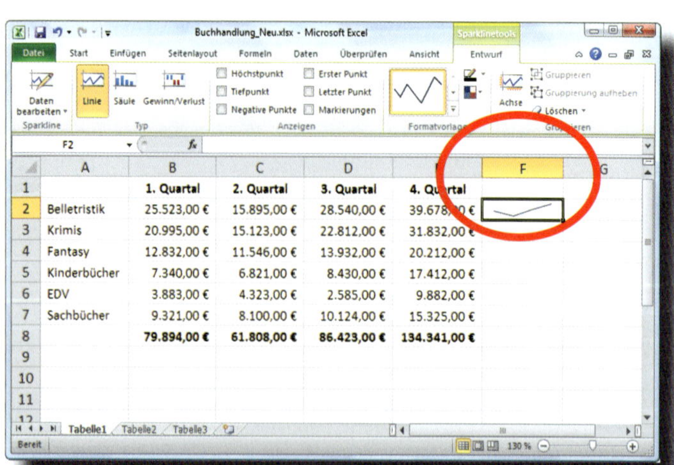

4 Mithilfe des Ausfüllkästchens können Sie die erzeugte Sparkline auf andere Zeilen übertragen.

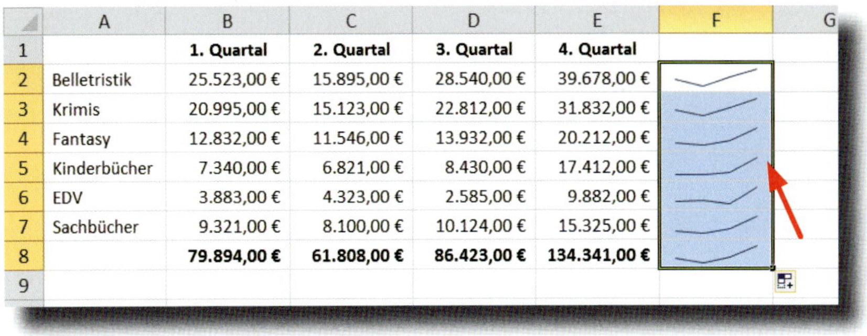

	A	B	C	D	E	F	G
1		1. Quartal	2. Quartal	3. Quartal	4. Quartal		
2	Belletristik	25.523,00 €	15.895,00 €	28.540,00 €	39.678,00 €		
3	Krimis	20.995,00 €	15.123,00 €	22.812,00 €	31.832,00 €		
4	Fantasy	12.832,00 €	11.546,00 €	13.932,00 €	20.212,00 €		
5	Kinderbücher	7.340,00 €	6.821,00 €	8.430,00 €	17.412,00 €		
6	EDV	3.883,00 €	4.323,00 €	2.585,00 €	9.882,00 €		
7	Sachbücher	9.321,00 €	8.100,00 €	10.124,00 €	15.325,00 €		
8		**79.894,00 €**	**61.808,00 €**	**86.423,00 €**	**134.341,00 €**		
9							

5 Durch Setzen der entsprechenden Häkchen in den Sparklinetools können Sie sich in einer Linie den Höchstpunkt und den Tiefpunkt markieren lassen.

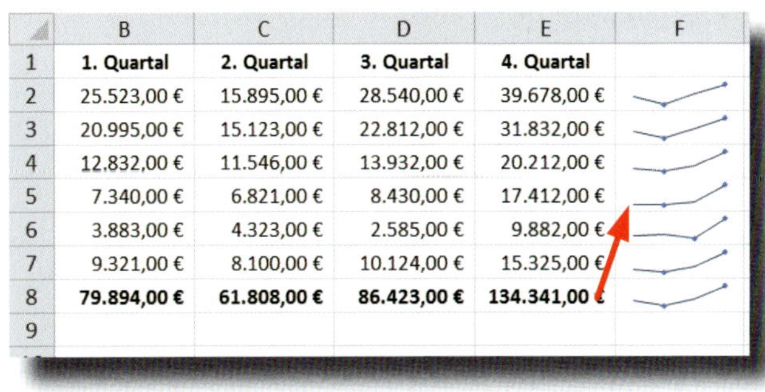

	B	C	D	E	F
1	1. Quartal	2. Quartal	3. Quartal	4. Quartal	
2	25.523,00 €	15.895,00 €	28.540,00 €	39.678,00 €	
3	20.995,00 €	15.123,00 €	22.812,00 €	31.832,00 €	
4	12.832,00 €	11.546,00 €	13.932,00 €	20.212,00 €	
5	7.340,00 €	6.821,00 €	8.430,00 €	17.412,00 €	
6	3.883,00 €	4.323,00 €	2.585,00 €	9.882,00 €	
7	9.321,00 €	8.100,00 €	10.124,00 €	15.325,00 €	
8	**79.894,00 €**	**61.808,00 €**	**86.423,00 €**	**134.341,00 €**	
9					

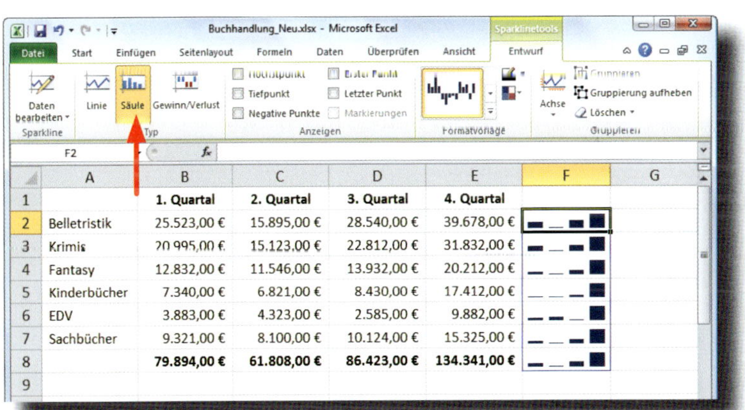

	A	B	C	D	E	F	G
1		1. Quartal	2. Quartal	3. Quartal	4. Quartal		
2	Belletristik	25.523,00 €	15.895,00 €	28.540,00 €	39.678,00 €		
3	Krimis	20.995,00 €	15.123,00 €	22.812,00 €	31.832,00 €		
4	Fantasy	12.832,00 €	11.546,00 €	13.932,00 €	20.212,00 €		
5	Kinderbücher	7.340,00 €	6.821,00 €	8.430,00 €	17.412,00 €		
6	EDV	3.883,00 €	4.323,00 €	2.585,00 €	9.882,00 €		
7	Sachbücher	9.321,00 €	8.100,00 €	10.124,00 €	15.325,00 €		
8		**79.894,00 €**	**61.808,00 €**	**86.423,00 €**	**134.341,00 €**		
9							

6 Auf Wunsch können Sie durch einfaches Anklicken den Sparklinetyp von Linie auf Säule ändern.

Gut zu wissen

Sparklines sind ein Werkzeug, das es erst in der Version Office 2010 gibt. Öffnen Sie eine Datei, die Sparklines enthält mit einer früheren Version, z. B. auch Excel 2007, so werden sie nicht angezeigt, sondern die Zellen bleiben leer.

Wichtige Begriffe

Diagramm: Ein Diagramm in Excel ist eine bildliche Veranschaulichung von Daten. Ein Diagramm beruht immer auf Werten, die in der Tabelle erfasst sind. Ändern Sie diese Werte, so ändert sich automatisch auch das Diagramm.

Diagrammlayout: Das Diagrammlayout fasst alle Gesichtspunkte der grafischen Gestaltung eines Diagramms zusammen, in welchen Farben das Diagramm gehalten ist, welche Beschriftungen eingetragen werden, inwieweit Gitternetzlinien angezeigt werden und Ähnliches.

Diagrammtypen: Excel hält eine ganze Reihe von Diagrammtypen bereit, angefangen vom Säulen- oder Balkendiagramm, über Liniendiagramme und Kreisdiagramme bis hin zu speziellen Kategorien, wie Netz-, Blasen- und Oberflächendiagrammen. Nicht jedes Diagramm ist für jede Tabelle geeignet. Kreisdiagramme können z. B. nur Daten aus einer Spalte abbilden.

12 Mit Funktionen in Excel arbeiten

In diesem Kapitel lernen Sie:

- ☑ wie Sie in Excel effizient den Funktions-Assistenten einsetzen
- ☑ wie mit Variabeln in Funktionen gearbeitet wird
- ☑ wie Sie eine einfache Wenn-Dann-Funktion erstellen
- ☑ wie Sie Fehler in Formeln vermeiden können
- ☑ wie Sie sich von Excel bei der Fehlersuche helfen lassen
- ☑ wie Sie die Spuren in Formeln verfolgen können
- ☑ wie Sie Namen für Zellen und Zellbereiche festlegen

Ziel

Neben den häufig benötigten Formeln, wie der Summe, enthält Excel eine Vielzahl von mathematischen, logischen, statistischen und finanztechnischen Formeln. Da sich niemand alle Formeln merken kann, hält Excel einen Funktions-Assistenten bereit, der Sie bei der Arbeit unterstützt, und den Sie nachfolgend kennen lernen.

1. Wechseln Sie auf das Menüband ***Formeln*** und wählen Sie dort über die Schaltfläche ***Funktion einfügen*** den Funktions-Assistenten.

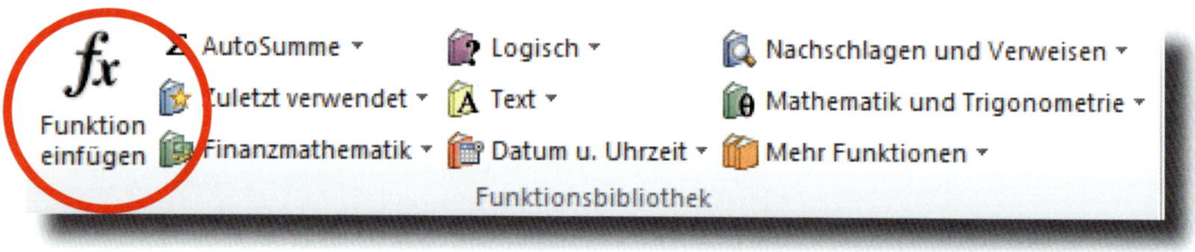

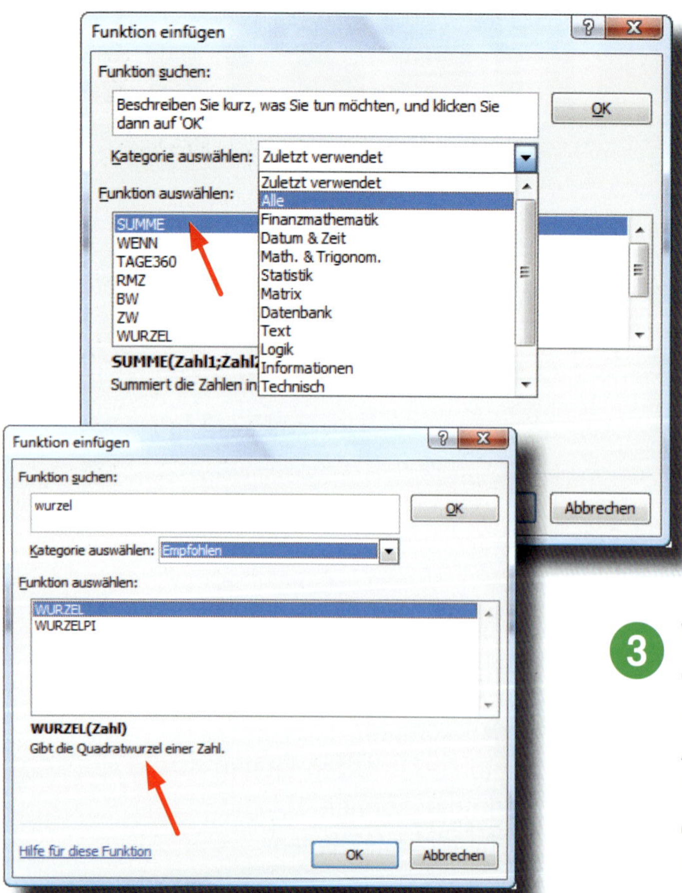

2. Sie können nun gezielt nach einer Funktion suchen oder aus der Liste aller oder der zuletzt verwendeten Funktionen eine auswählen.

3. Wählen Sie zum Beispiel die Funktion ***Wurzel***. Excel gibt Ihnen im Assistenten eine kurze Erläuterung, wozu diese Funktion dient. Bestätigen Sie mit ***OK***.

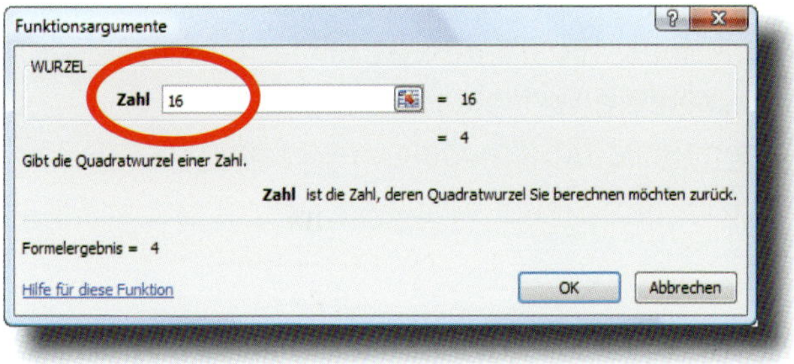

4 Im Feld ***Zahl*** können Sie nun eine bestimmte Zahl eingeben oder mittels einer Variablen sich auf eine bestimmte Zelle der Tabelle beziehen. Excel bietet Ihnen eine Vorschau des Ergebnisses.

5 Bestätigen Sie mit ***OK***, so überträgt Excel Ihnen den Wert in die Tabelle. In der Bearbeitungsleiste sehen Sie die hinterlegte Formel, deren korrekte Schreibweise Sie nicht wissen müssen, da Excel Ihnen diese Arbeit abnimmt.

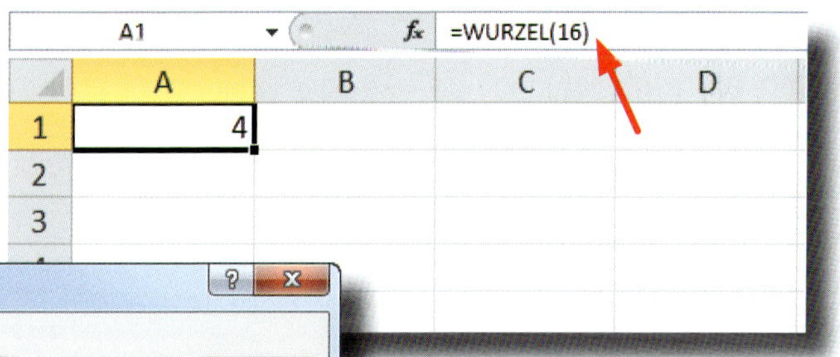

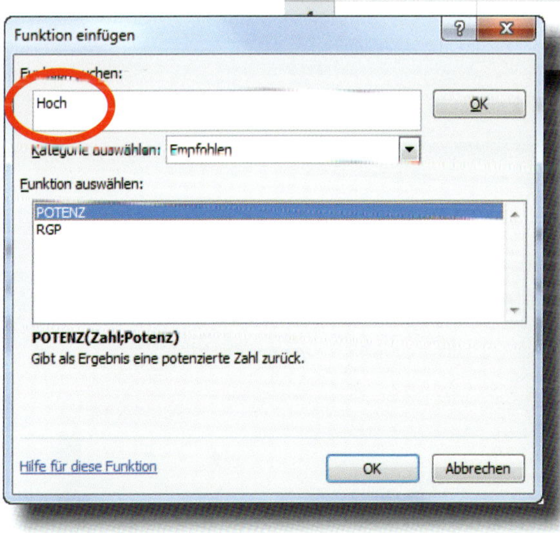

6 Wenn Sie nicht genau wissen, wie eine Funktion korrekt heißt, so geben Sie einen Suchbegriff ein, z. B. ***Hoch***, wenn Sie eine Zahl “Hoch 2“ nehmen wollen. Der Funktions-Assistent macht Ihnen Vorschläge und Sie sehen, dass die gesuchte Funktion ***POTENZ*** heißt.

Gut zu wissen

Um Ihnen die Arbeit zu erleichtern, hält Excel immer die zuletzt verwendeten Formeln bereit. Funktionen, die Sie häufiger benötigen, stehen also immer zuerst zur Verfügung. Als oberste Funktion in der Liste der zuletzt verwendeten steht immer die Funktion, die als letzte aufgerufen wurde.

Ziel

Die Handhabung des Funktions-Assistenten ist immer gleich, auch wenn die Funktion mehrere Variablen besitzt, wie im folgenden Beispiel. Angenommen, Sie haben einen Computer gekauft und wollen ihn über drei Jahre abschreiben.

1. Starten Sie in der Multifunktionsleiste ***Formeln*** über das Symbol ***Funktion einfügen*** den Funktions-Assistenten.

2. Geben Sie als Suchbegriff ***Abschreibung*** ein. Excel findet einige Formeln und Sie entscheiden sich für die Funktion ***LIA***, d. h. lineare Abschreibung.

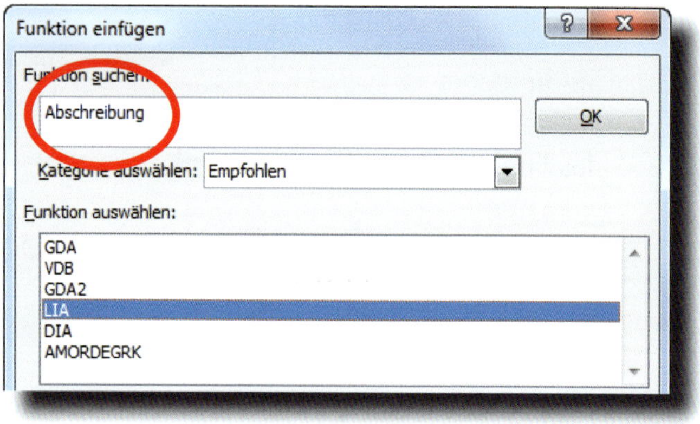

3. Die Funktion ***LIA*** hat drei Variablen, den Anschaffungswert, den Restwert und die Nutzungsdauer. Welche Bedeutung die Variablen haben, zeigt Excel Ihnen an, wenn Sie den Cursor im entsprechenden Feld platzieren.

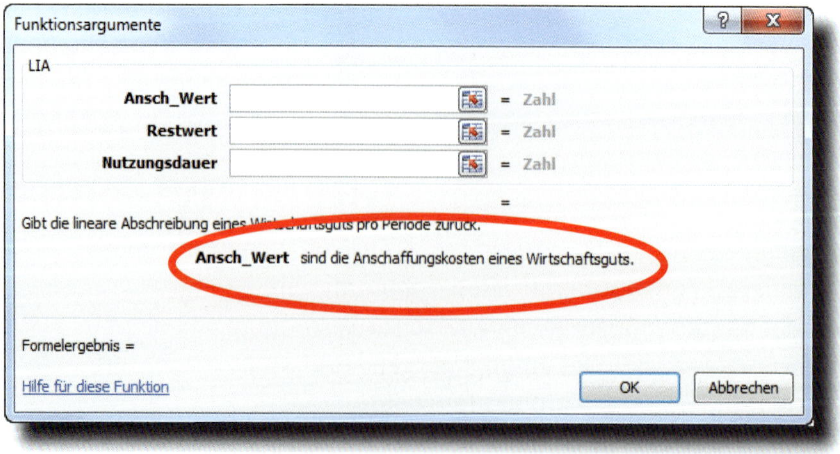

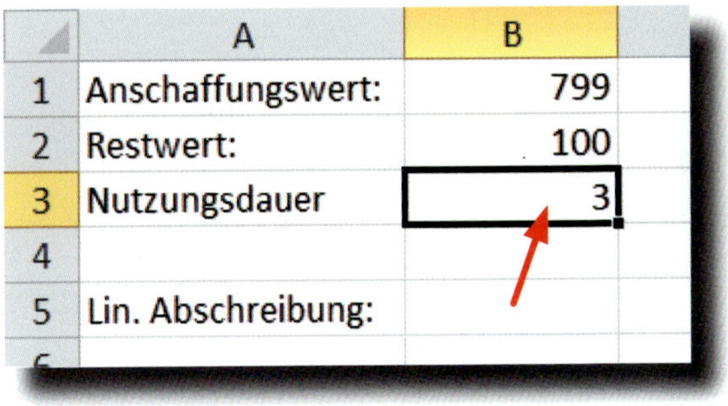

4 Schließen Sie den Assistenten und tragen Sie die benötigten Werte in der Tabelle ein. So haben Sie später immer Ihre Berechnung im Blick und können die Vorgabewerte leicht austauschen.

5 Starten Sie den Funktions-Assistenten erneut mit der Funktion ***LIA***. Klicken Sie in jedem Variablenfeld des Funktions-Assistenten auf das entsprechende Feld Ihrer Tabelle. Die Werte werden übernommen.

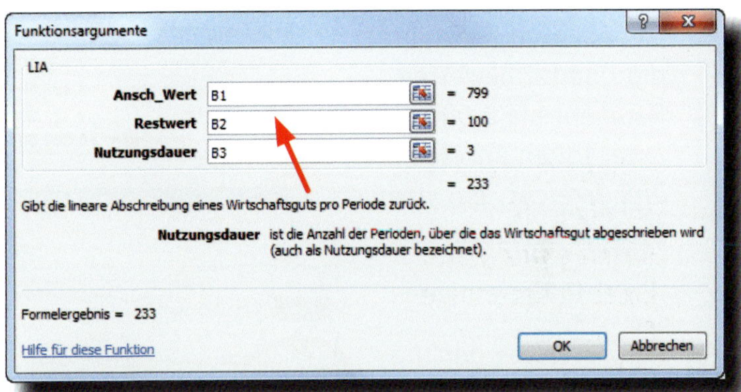

6 Klicken Sie auf ***OK***, übernimmt Excel den Wert in die Ergebniszelle. Die Formel lautet ***LIA(B3;B4;B5)***. Das Ergebnis ist der Wert der linearen Abschreibung pro Periode.

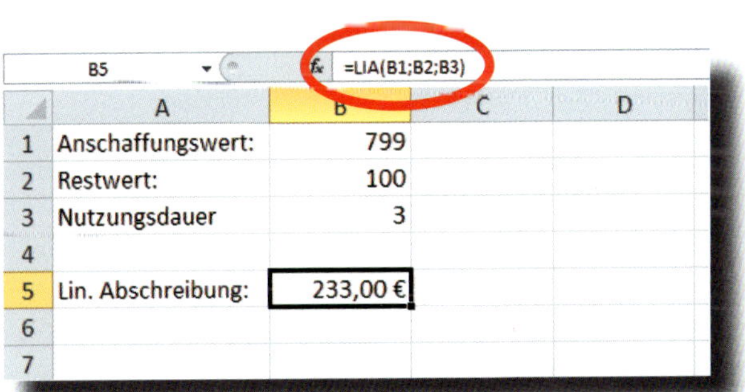

Gut zu wissen

Damit die Suche nach Formeln etwas übersichtlicher wird, hat Excel die verschiedenen Funktionen in mehrere Rubriken aufgeteilt. Neben den Gruppen ***Mathematik und Trigonometrie*** und der ***Finanzmathematik*** mit allen Funktionen zur Kapital- und Zinsberechnung sind v. a. die ***Logischen Funktionen*** wichtig, die logische Abhängigkeiten innerhalb von Ausdrücken darstellen, z. B. UND, ODER, WENN.

Ziel

Mit der ***Wenn-Dann***-Funktion können Sie Excel zum Sprechen bringen. Sie möchten sich Ihre Tabellen kommentieren lassen, und ihre trockenen Zahlen mit einer Bewertung versehen, die auf einen Blick die Auswertung zusammenfasst.

1 Nehmen Sie als Beispiel eine kleine Umsatztabelle. Sie möchten den Umsatz pro Quartal bewerten. Bei mehr als 2.000 € soll Excel Ihnen anzeigen: ***Ziel erreicht***, bei weniger: ***Umsatz steigern***.

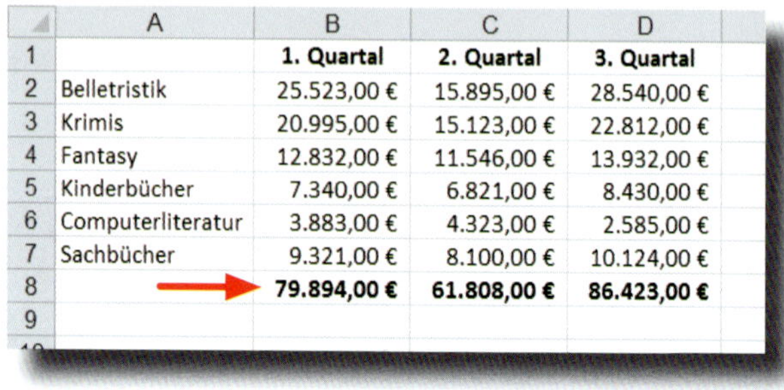

	A	B	C	D
1		**1. Quartal**	**2. Quartal**	**3. Quartal**
2	Belletristik	25.523,00 €	15.895,00 €	28.540,00 €
3	Krimis	20.995,00 €	15.123,00 €	22.812,00 €
4	Fantasy	12.832,00 €	11.546,00 €	13.932,00 €
5	Kinderbücher	7.340,00 €	6.821,00 €	8.430,00 €
6	Computerliteratur	3.883,00 €	4.323,00 €	2.585,00 €
7	Sachbücher	9.321,00 €	8.100,00 €	10.124,00 €
8		**79.894,00 €**	**61.808,00 €**	**86.423,00 €**
9				

2 Platzieren Sie den Cursor auf das Feld unterhalb des Summenwerts der ersten Spalte. Und starten Sie über das Symbol ***Funktion einfügen*** den Funktions-Assistenten.

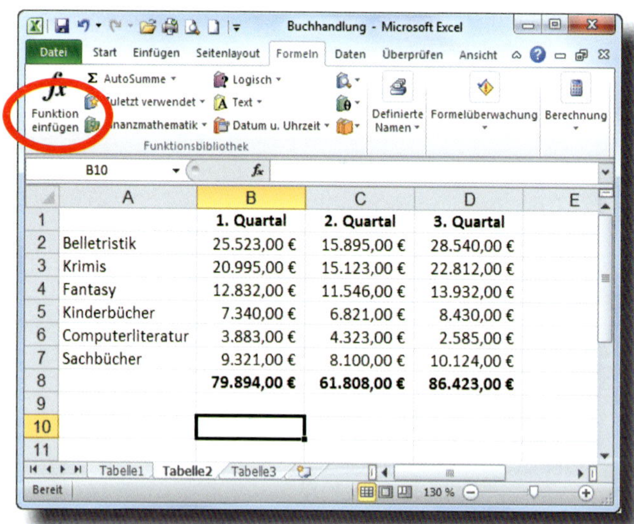

3 Wählen Sie die Funktion ***WENN*** aus.

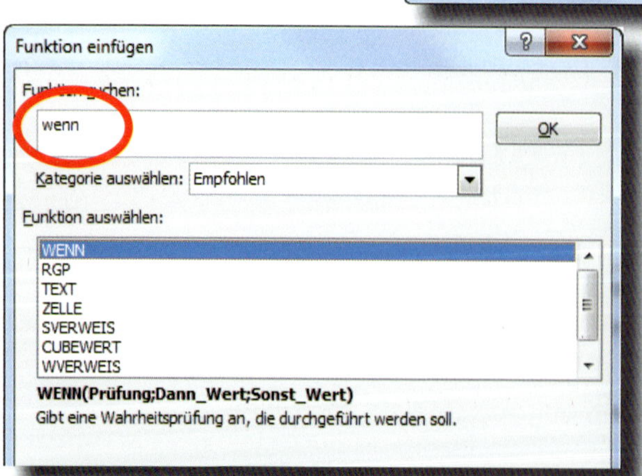

4 Geben Sie im Feld ***Prüfung*** die Zelle an, deren Wert geprüft werden soll und ergänzen Sie um den Eintrag ***>2000***.

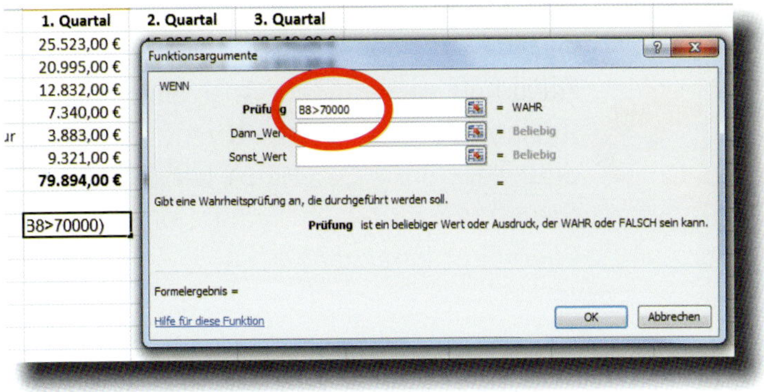

5 Im Feld ***Dann_Wert*** tragen Sie ein, was Excel anzeigen soll, wenn die Bedingung erfüllt ist, im Feld ***Sonst_Wert***, was Excel anzeigen soll, wenn die Bedingung nicht erfüllt ist.

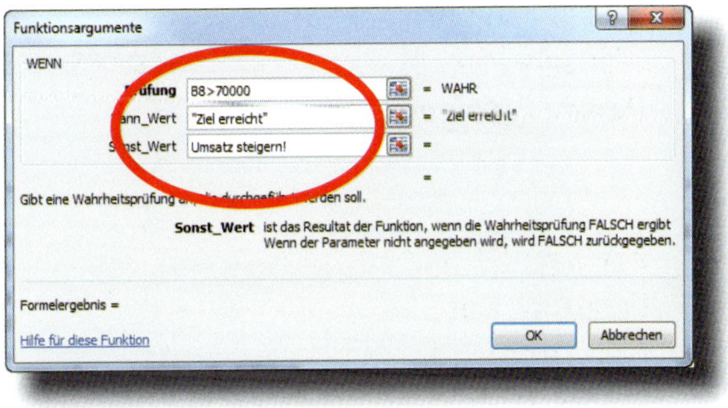

6 Bestätigen Sie mit ***OK***, und übertragen Sie die Formel auf die anderen Spalten. Excel zeigt Ihnen nun zu jeder Spalte die entsprechende Bewertung an.

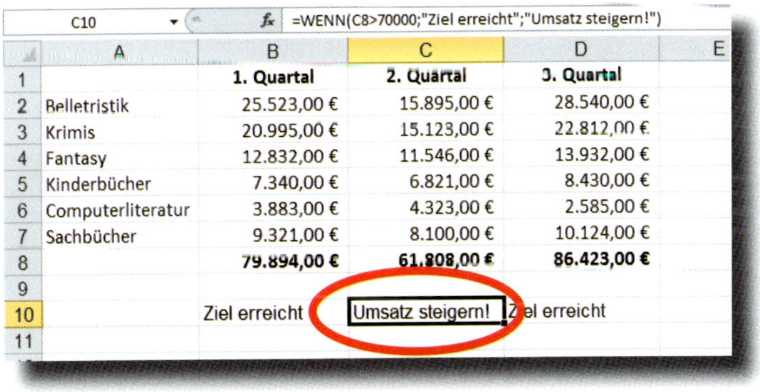

Gut zu wissen

Excel kann natürlich mehr als nur zwei Bewertungen verarbeiten. ***Wenn***-Formeln können über maximal 7 Ebenen verschachtelt werden. Sie müssen dann nur anstelle des ***Sonst***-Wertes eine neue ***Wenn***-Bedingung eintragen. Auf diese Weise könnten Sie Umsätze über 80.000,– EUR als sehr gut, zwischen 70.000,– EUR bis 80.000,– EUR als gut usw. bewerten lassen.

Ziel

Excel hält verschiedene Instrumente bereit, um Sie vor Fehlern in Ihren Formeln zu bewahren. Bei jeder Formel, die Sie eingeben, prüft Excel die Plausibilität, ob die Schreibweise der Formel, die so genannte Syntax, korrekt ist, und ob die Formel überhaupt berechenbar ist.

1. Falls Sie bei Ihrer Formel eine Klammer vergessen oder einen anderen Syntaxfehler machen, gibt Excel Ihnen eine eindeutige Fehlermeldung und bietet auch gleich eine Lösung an.

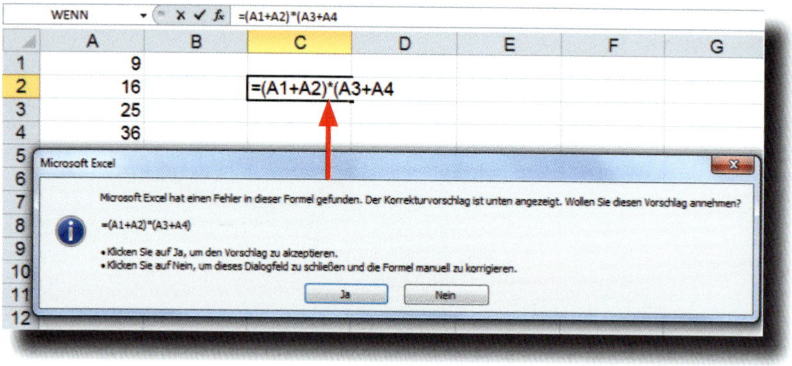

2. Wenn Sie die Korrektur nicht automatisch durchführen lassen wollen, zeigt Excel Ihnen exakt, wo der Fehler in der Formel liegt.

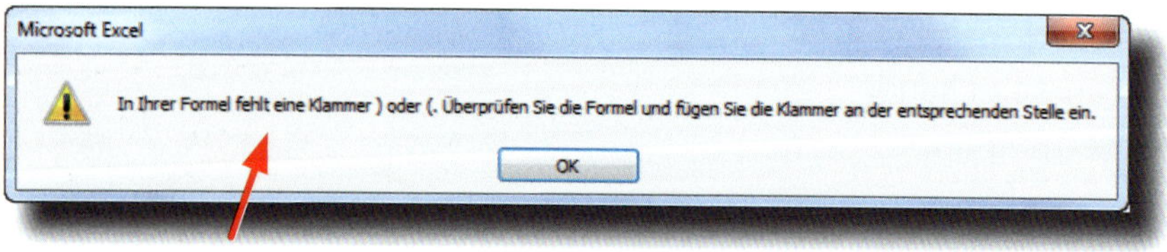

3. Die altbekannten Regeln aus dem Mathematikunterricht gelten auch in Excel. So können Sie beispielsweise niemals durch 0 teilen.

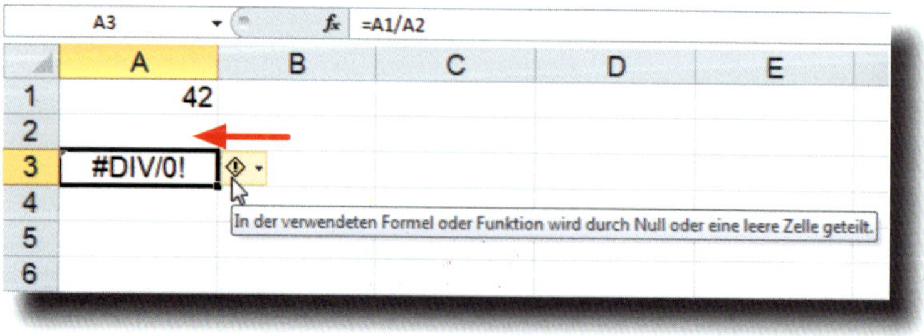

4 Excel prüft auch, ob die beabsichtigte Rechenoperation mit den angegebenen Feldern überhaupt funktioniert. Ein klassischer Fehler wäre zum Beispiel, mit einem Textfeld rechnen zu wollen.

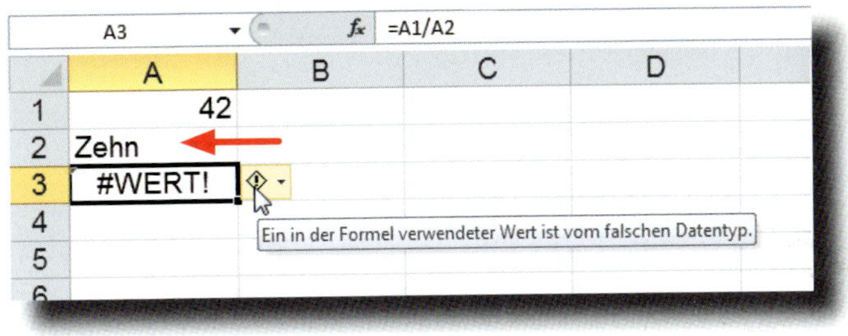

5 Excel versieht das Ergebnis mit einem kleinen gelben Warnkästchen mit Ausrufezeichen. Wenn Sie dieses Kästchen anklicken, gibt Excel Ihnen eine Erläuterung. Im Beispiel wurden bei der Summierung nur die ersten 3 Quartale einbezogen.

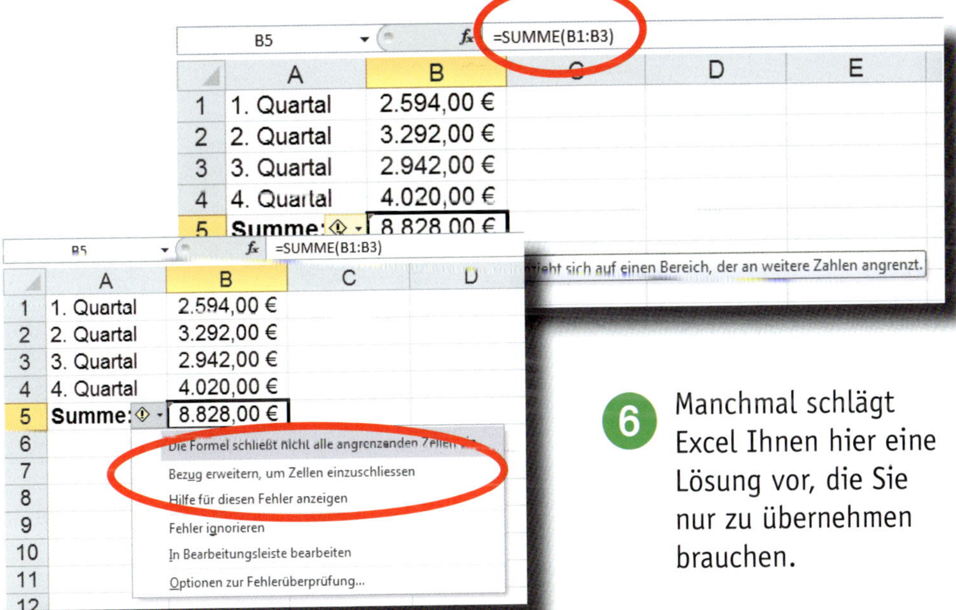

6 Manchmal schlägt Excel Ihnen hier eine Lösung vor, die Sie nur zu übernehmen brauchen.

Gut zu wissen

Nicht in allen Fällen, in denen Excel Ihnen ein Warnkästchen zeigt, liegt wirklich ein Fehler vor. Es kann z. B. Absicht sein, dass Sie nicht alle zusammenhängenden Felder summieren wollten. Sie sollten aber jeden Hinweis, den Excel Ihnen gibt, unbedingt überprüfen, um Leichtsinnsfehler auszuschließen.

Ziel

Es kann Fehler in Berechnungen geben, obwohl jeder einzelne Rechenschritt für sich korrekt ist. Meist ergeben sich Probleme daraus, dass in einer Berechnung auf ein falsches Feld Bezug genommen wird. Excel hält hier zur Kontrolle das Instrument der Spurenverfolgung bereit.

1 Sie entdecken in einer Tabelle, z. B. einer Umsatzberechnung ein Ergebnis, das nicht stimmen kann. Setzen Sie den Cursor auf die fragwürdige Zelle.

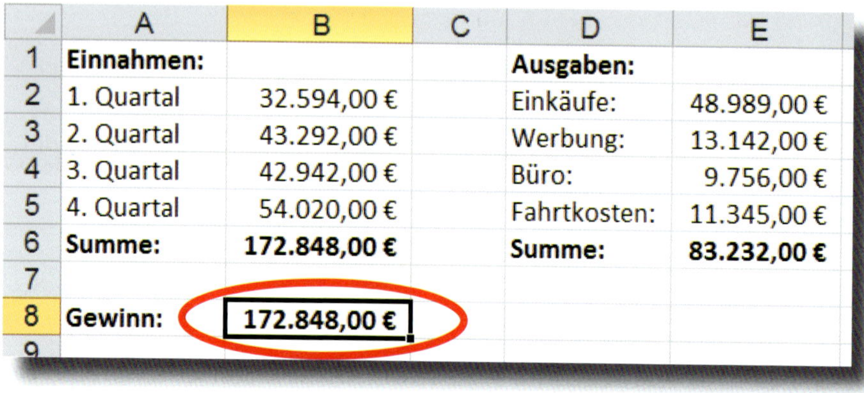

	A	B	C	D	E
1	**Einnahmen:**			**Ausgaben:**	
2	1. Quartal	32.594,00 €		Einkäufe:	48.989,00 €
3	2. Quartal	43.292,00 €		Werbung:	13.142,00 €
4	3. Quartal	42.942,00 €		Büro:	9.756,00 €
5	4. Quartal	54.020,00 €		Fahrtkosten:	11.345,00 €
6	**Summe:**	**172.848,00 €**		**Summe:**	**83.232,00 €**
7					
8	**Gewinn:**	**172.848,00 €**			

2 Klicken Sie im Menüband ***Formeln*** auf die Schaltfläche ***Spur zum Vorgänger***.

3 Excel zeigt Ihnen jetzt mit Pfeilen, aus welchen Zellen sich das Ergebnis zusammensetzt, und Sie sehen, dass eine leere Zelle in der Formel enthalten ist.

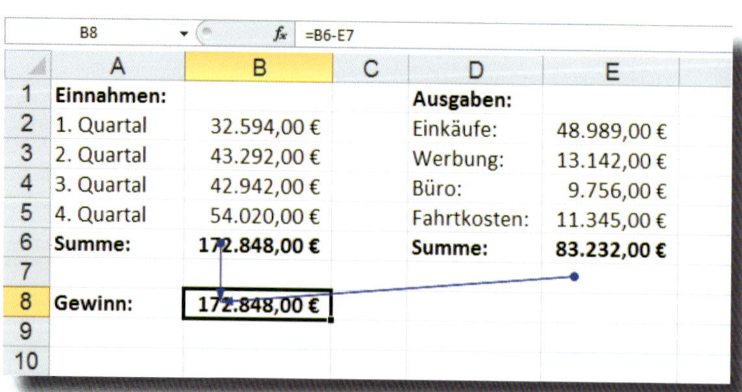

B8 =B6-E7

	A	B	C	D	E
1	**Einnahmen:**			**Ausgaben:**	
2	1. Quartal	32.594,00 €		Einkäufe:	48.989,00 €
3	2. Quartal	43.292,00 €		Werbung:	13.142,00 €
4	3. Quartal	42.942,00 €		Büro:	9.756,00 €
5	4. Quartal	54.020,00 €		Fahrtkosten:	11.345,00 €
6	**Summe:**	**172.848,00 €**		**Summe:**	**83.232,00 €**
7					
8	**Gewinn:**	**172.848,00 €**			
9					
10					

4 Korrigieren Sie den Wert und prüfen Sie nochmals nach.

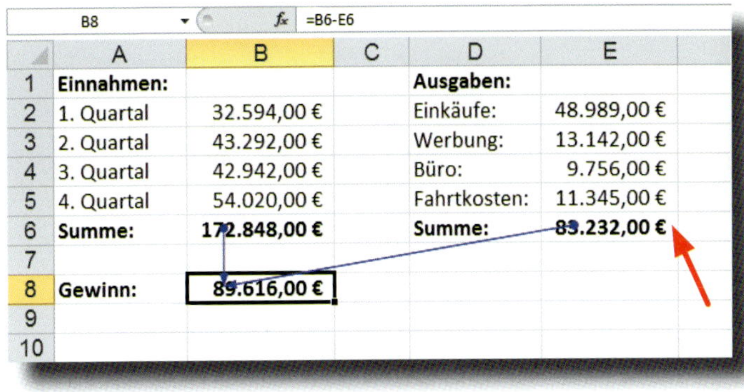

	A	B	C	D	E
1	**Einnahmen:**			**Ausgaben:**	
2	1. Quartal	32.594,00 €		Einkäufe:	48.989,00 €
3	2. Quartal	43.292,00 €		Werbung:	13.142,00 €
4	3. Quartal	42.942,00 €		Büro:	9.756,00 €
5	4. Quartal	54.020,00 €		Fahrtkosten:	11.345,00 €
6	**Summe:**	**172.848,00 €**		**Summe:**	**83.232,00 €**
7					
8	**Gewinn:**	**89.616,00 €**			
9					
10					

5 Vor einer neuen oder einer zusätzlichen Prüfung sollten Sie immer zuerst die Schaltfläche ***Pfeile entfernen*** anklicken, damit Ihre Auswertung übersichtlich bleibt, sonst sehen Sie vor lauter Pfeilen bald keine Zahlen mehr.

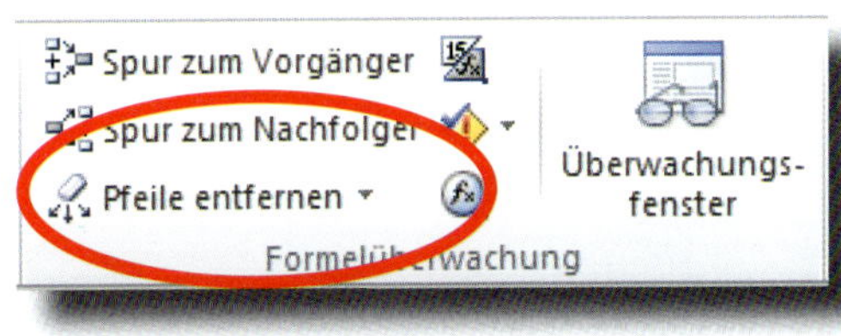

6 Wenn Sie sich die Spur zum Nachfolger anzeigen lassen, so zieht Excel umgekehrt zu eben den Pfeil von der zu untersuchenden Zelle, im Beispiel die Summe der Ausgaben, zu den Zellen, wo der Wert weiterverarbeitet wird.

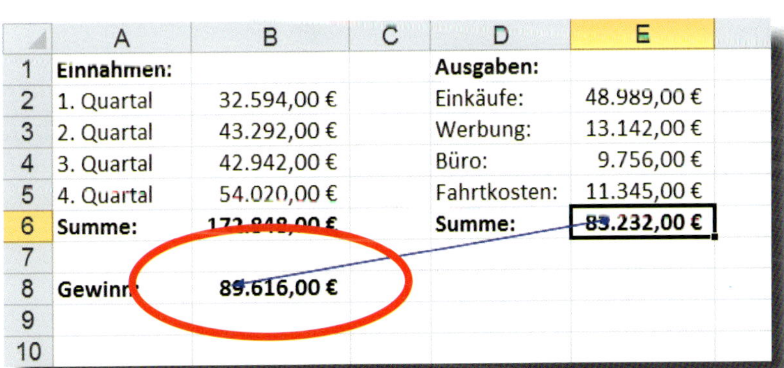

	A	B	C	D	E
1	**Einnahmen:**			**Ausgaben:**	
2	1. Quartal	32.594,00 €		Einkäufe:	48.989,00 €
3	2. Quartal	43.292,00 €		Werbung:	13.142,00 €
4	3. Quartal	42.942,00 €		Büro:	9.756,00 €
5	4. Quartal	54.020,00 €		Fahrtkosten:	11.345,00 €
6	**Summe:**	**172.848,00 €**		**Summe:**	**83.232,00 €**
7					
8	**Gewinn:**	**89.616,00 €**			
9					
10					

Gut zu wissen

Das Instrument der Spurenverfolgung sollten Sie v. a. dann einsetzen, wenn Sie in einer bestehenden Tabelle größere Änderungen vorgenommen haben, z. B. Felder, Zeilen oder Spalten neu eingefügt, verschoben oder gelöscht haben. Nicht immer fallen falsche Bezüge so schnell ins Auge, wie im obigen Beispiel.

Ziel

Jede Zelle ist durch eine eindeutige Adresse definiert, die sich aus Zeilen- und Spaltennummer zusammensetzt. Bei größeren Tabellen kann leicht der Überblick verloren gehen. Sie möchten erreichen, dass eine Zelle einfach ***Summe Verkauf*** oder ***Gewinn*** heißt, ohne dass Sie wissen müssen, dass es die Zelle B6 ist.

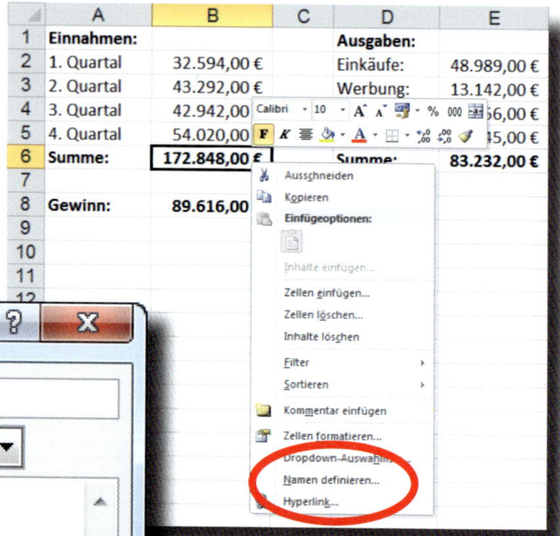

1 Um einer Zelle einen Namen zu geben, aktivieren Sie in der Zelle mit der rechten Maustaste das Kontextmenü und wählen die Option ***Namen definieren***.

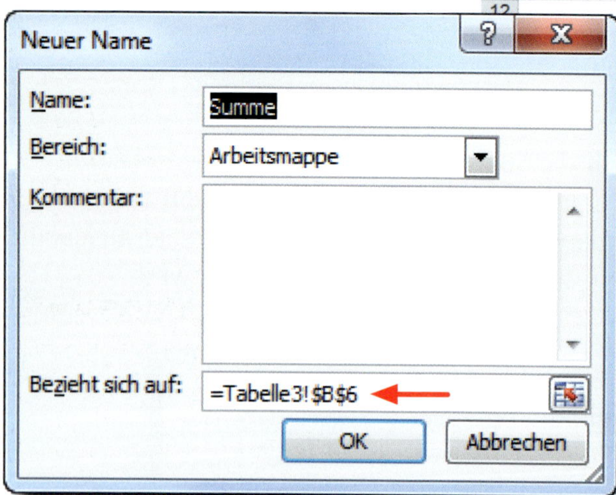

2 Tragen Sie im Feld ***Name*** einen sprechenden Namen für die Zelle ein. Im Feld ***Bezieht sich auf*** zeigt Ihnen Excel die eindeutige Bezeichnung der Zelle.

3 Beachten Sie, dass der Name keine Sonderzeichen oder Leerstellen enthalten darf. Am besten machen Sie statt einer Leerstelle, einen Unterstrich. Statt ***Summe Verkauf*** schreiben Sie kürzer: ***Summe_VK***.

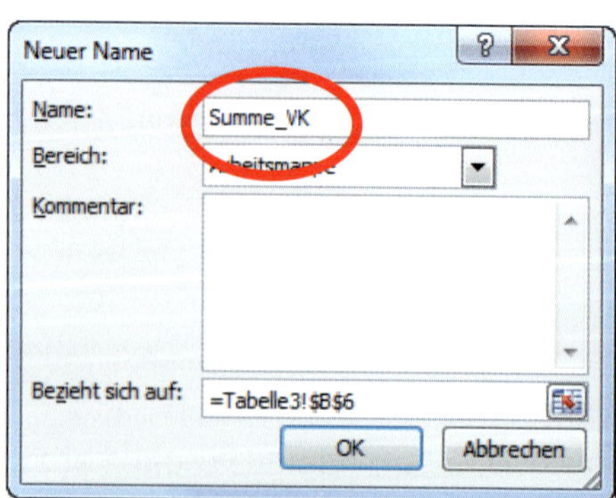

4 Prüfen Sie die Anzeige in der Bearbeitungsleiste. Wenn Sie den Cursor jetzt in die Zelle setzen, wird nicht mehr die Adresse, sondern der vergebene Name angezeigt.

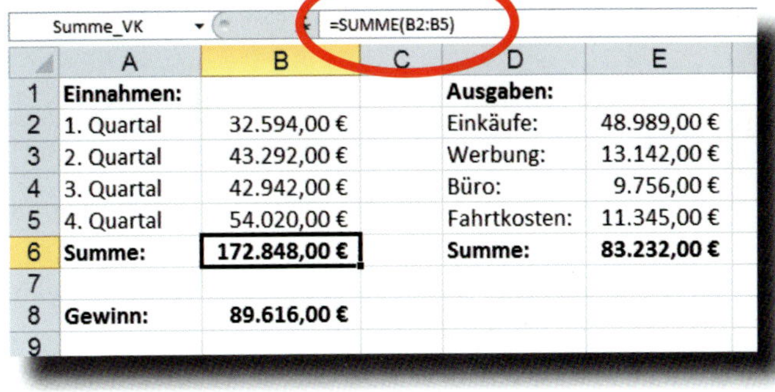
Summe_VK =SUMME(B2:B5)

	A	B	C	D	E
1	**Einnahmen:**			**Ausgaben:**	
2	1. Quartal	32.594,00 €		Einkäufe:	48.989,00 €
3	2. Quartal	43.292,00 €		Werbung:	13.142,00 €
4	3. Quartal	42.942,00 €		Büro:	9.756,00 €
5	4. Quartal	54.020,00 €		Fahrtkosten:	11.345,00 €
6	**Summe:**	**172.848,00 €**		**Summe:**	**83.232,00 €**
7					
8	**Gewinn:**	**89.616,00 €**			
9					

5 Auch in Formeln, die auf die umbenannte Zelle Bezug nehmen, erscheint statt der Zelladresse jetzt der Name. Umfangreiche Formeln werden dadurch auf Anhieb leichter verständlich.

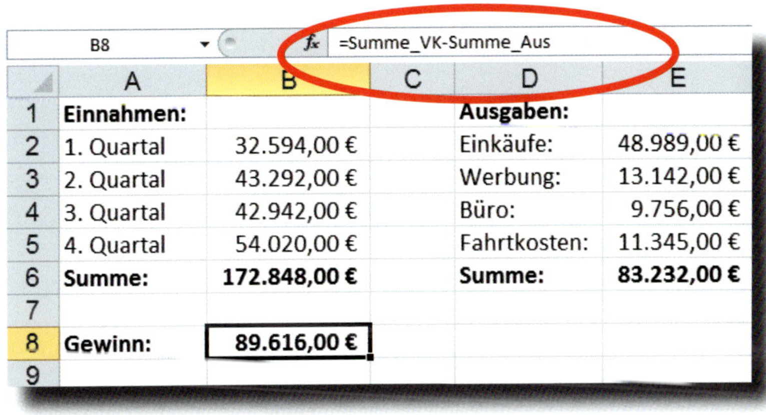
B8 =Summe_VK-Summe_Aus

	A	B	C	D	E
1	**Einnahmen:**			**Ausgaben:**	
2	1. Quartal	32.594,00 €		Einkäufe:	48.989,00 €
3	2. Quartal	43.292,00 €		Werbung:	13.142,00 €
4	3. Quartal	42.942,00 €		Büro:	9.756,00 €
5	4. Quartal	54.020,00 €		Fahrtkosten:	11.345,00 €
6	**Summe:**	**172.848,00 €**		**Summe:**	**83.232,00 €**
7					
8	**Gewinn:**	**89.616,00 €**			
9					

6 Mit dem Symbol ***Namens-Manager*** können Sie sich einen Überblick über alle vergebenen Namen Ihrer Tabelle verschaffen.

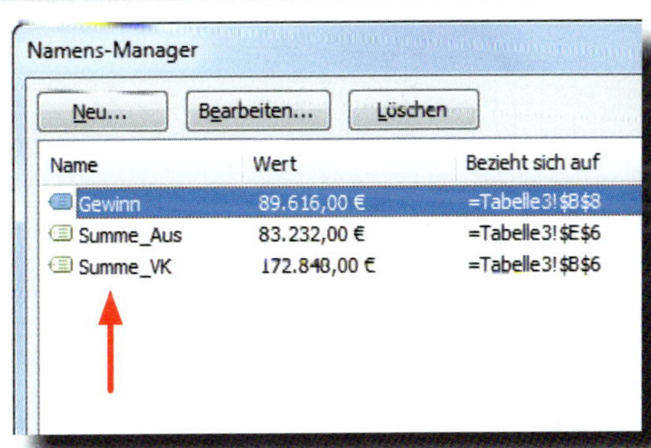
Namens-Manager

Neu... Bearbeiten... Löschen

Name	Wert	Bezieht sich auf
Gewinn	89.616,00 €	=Tabelle3!$B$8
Summe_Aus	83.232,00 €	=Tabelle3!$E$6
Summe_VK	172.848,00 €	=Tabelle3!$B$6

Gut zu wissen

Außer einer einzelnen Zelle können Sie auch einem ganzen Zellbereich einen Namen geben. Sie müssen in diesem Fall zuerst den Bereich markieren und dann wie bei einzelnen Zellen einen Namen vergeben. Dies kann Ihnen in umfangreichen Tabellen die Orientierung erleichtern.

Wichtige Begriffe

Funktion: Eine Funktion in Excel ist jede Formel, die zur Berechnung dient. Excel unterscheidet zwischen rein mathematischen Formeln wie Summe, Wurzel etc., finanzmathematischen Funktionen für Zins- und Kapitalberechnungen, Datumsfunktionen, logischen Funktionen u. a.

Plausibilitätsprüfung: Plausibilitätsprüfungen dienen dazu, Berechnungen daraufhin zu prüfen, ob die Berechnung sinnvoll ist. Es soll z. B. ausgeschlossen werden, dass Formeln sich auf falsche Zellen beziehen oder Ähnliches.

Wenn-Funktion: Die Wenn-Funktion ist eine logische Funktion zur Wahrheitsprüfung. Es wird eine Aktion ausgeführt, wenn ein bestimmter zu prüfender Wert wahr ist. Für den Fall, dass der Wert nicht wahr ist, wird eine andere Aktion ausgeführt. Solche Wenn-Dann-Auswertungen können über bis zu 7 Stufen gestaffelt werden.

13

Daten mit Excel verwalten

In diesem Kapitel lernen Sie:

- ☑ wie Sie Daten in großen Tabellen sortieren können
- ☑ wie Daten gefiltert werden
- ☑ wie Sie in Tabellen nach Daten suchen und wie Sie diese ersetzen
- ☑ wie Sie Ihre Arbeitsblätter und Tabellen schützen können
- ☑ wie Sie Kommentare zu einzelnen Feldern hinterlegen
- ☑ wie Arbeitsblätter sortiert und umbenannt werden
- ☑ wie mehrere Arbeitsblätter für Berechnungen verbunden werden

Ziel

In großen Tabellen ist es oft erforderlich, die Daten in unterschiedlicher Weise zu sortieren. Sie brauchen sich beim Erfassen der Daten jedoch noch keine Gedanken über die Reihenfolge zu machen, da Sie die Daten jederzeit später neu sortieren können, und da eine Sortierung grundsätzlich nach jeder Spalte möglich ist.

1. Als Beispiel dient eine Tabelle mit allen Staaten der EU. Wechseln Sie auf das Menüband ***Daten***. Um alle Staaten alphabetisch zu sortieren, müssen Sie zunächst alle Felder der Tabelle markieren.

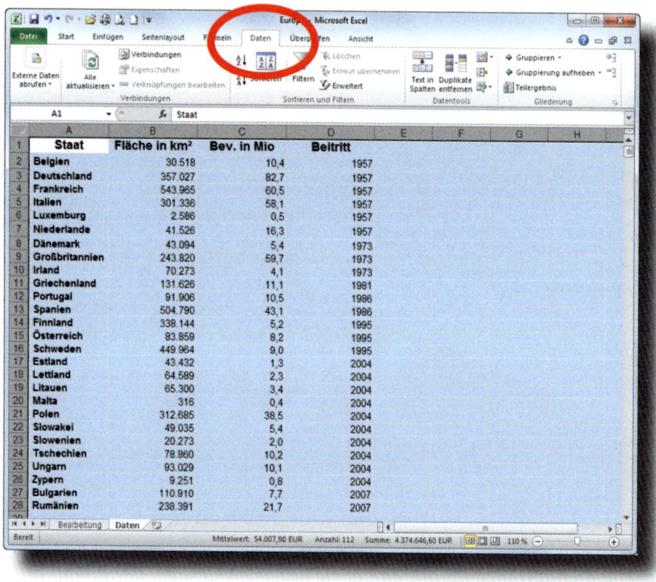

Staat	Fläche in km²	Bev. in Mio	Beitritt
Belgien	30.518	10,4	1957
Deutschland	357.027	82,7	1957
Frankreich	543.965	60,5	1957
Italien	301.336	58,1	1957
Luxemburg	2.586	0,5	1957
Niederlande	41.526	16,3	1957
Dänemark	43.094	5,4	1973
Großbritannien	243.820	59,7	1973
Irland	70.273	4,1	1973
Griechenland	131.626	11,1	1981
Portugal	91.906	10,5	1986
Spanien	504.790	43,1	1986
Finnland	338.144	5,2	1995
Österreich	83.859	8,2	1995
Schweden	449.964	9,0	1995
Estland	43.432	1,3	2004
Lettland	64.589	2,3	2004
Litauen	65.300	3,4	2004
Malta	316	0,4	2004
Polen	312.685	38,5	2004
Slowakei	49.035	5,4	2004
Slowenien	20.273	2,0	2004
Tschechien	78.860	10,2	2004
Ungarn	93.029	10,1	2004
Zypern	9.251	0,8	2004
Bulgarien	110.910	7,7	2007
Rumänien	238.391	21,7	2007

2. Klicken Sie im Menü auf die Auswahl A-Z, die Tabelle wird damit aufsteigend alphabetisch sortiert.

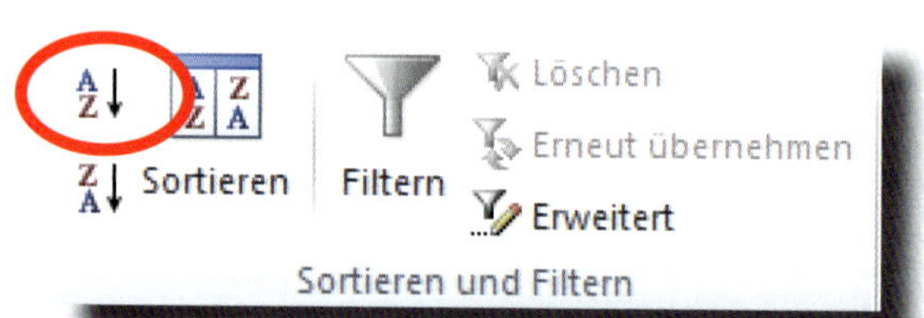

3. Für andere Sortierkriterien, z. B. um alle Länder nach der Fläche zu sortieren, markieren Sie wieder alle Felder und klicken anschließend auf das Sortiersymbol.

4 Wählen Sie im Feld ***Sortieren nach*** die Fläche und geben Sie als Sortierkriterium im Feld ***Reihenfolge*** an: ***Nach Größe absteigend***.

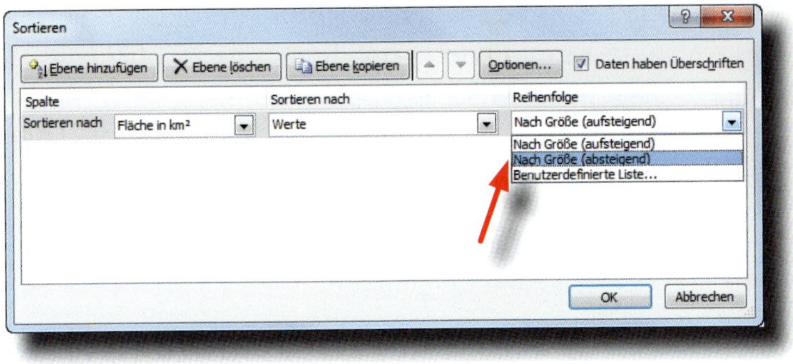

5 Falls alle Spalten, wie im Beispiel eine Überschrift enthalten, so achten Sie darauf, dass im Feld ***Daten haben Überschriften*** ein Häkchen gesetzt ist, damit die Überschrift nicht in die Sortierung einbezogen wird.

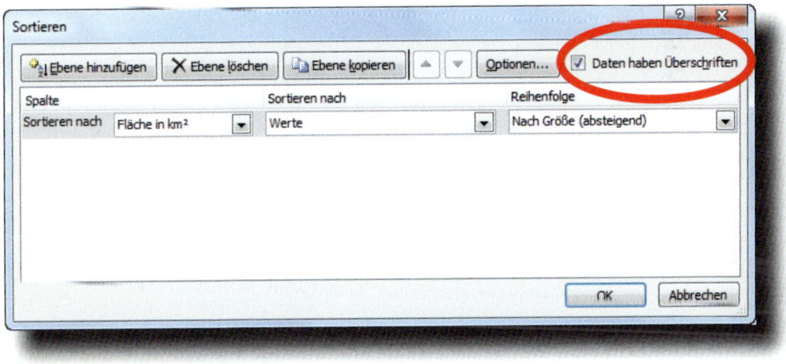

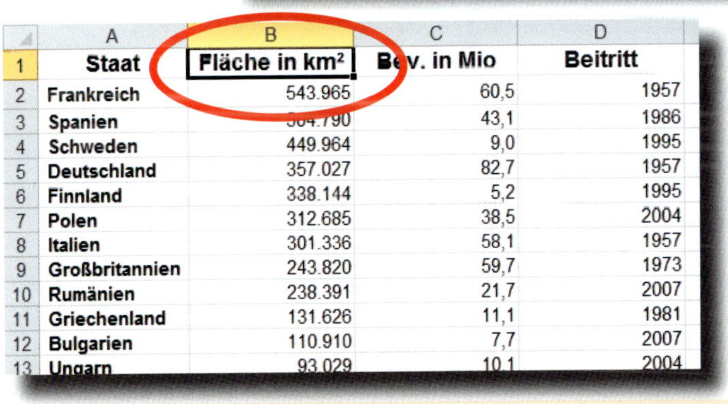

	A	B	C	D
1	Staat	Fläche in km²	Bev. in Mio	Beitritt
2	Frankreich	543.965	60,5	1957
3	Spanien	504.790	43,1	1986
4	Schweden	449.964	9,0	1995
5	Deutschland	357.027	82,7	1957
6	Finnland	338.144	5,2	1995
7	Polen	312.685	38,5	2004
8	Italien	301.336	58,1	1957
9	Großbritannien	243.820	59,7	1973
10	Rumänien	238.391	21,7	2007
11	Griechenland	131.626	11,1	1981
12	Bulgarien	110.910	7,7	2007
13	Ungarn	93.029	10,1	2004

6 Excel sortiert jetzt die gleiche Tabelle nach der Fläche, wobei das größte Land am Anfang steht.

Gut zu wissen

Wenn Sie Tabellen sortieren wollen, sollten Sie immer darauf achten, auch wirklich alle Felder zu markieren, da sonst einzelne Spalten außerhalb bleiben und bei der Sortierung nicht berücksichtigt würden. Die Zuordnung der Werte könnte dadurch fehlerhaft werden.

Ziel

Oft genügt es beim Sortieren nicht, ein einziges Sortierkriterium anzugeben, da der Wert bei mehreren Einträgen in der Tabelle gleich sein kann. Excel bietet Ihnen die Möglichkeit, nacheinander verschiedene Sortierkriterien einzugeben. Im Beispiel der Tabelle mit allen EU-Staaten möchten Sie die Länder nach dem Beitrittsjahr sortieren.

1. Markieren Sie als Erstes alle Felder der Tabelle.

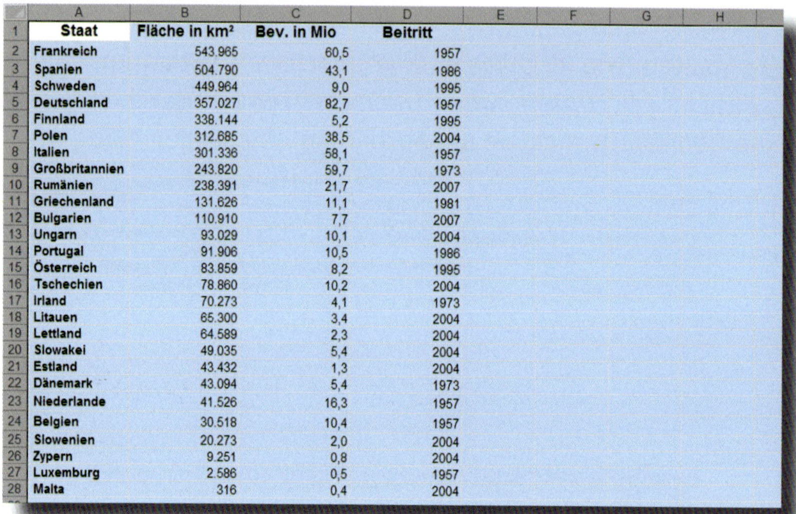

Staat	Fläche in km²	Bev. in Mio	Beitritt
Frankreich	543.965	60,5	1957
Spanien	504.790	43,1	1986
Schweden	449.964	9,0	1995
Deutschland	357.027	82,7	1957
Finnland	338.144	5,2	1995
Polen	312.685	38,5	2004
Italien	301.336	58,1	1957
Großbritannien	243.820	59,7	1973
Rumänien	238.391	21,7	2007
Griechenland	131.626	11,1	1981
Bulgarien	110.910	7,7	2007
Ungarn	93.029	10,1	2004
Portugal	91.906	10,5	1986
Österreich	83.859	8,2	1995
Tschechien	78.860	10,2	2004
Irland	70.273	4,1	1973
Litauen	65.300	3,4	2004
Lettland	64.589	2,3	2004
Slowakei	49.035	5,4	2004
Estland	43.432	1,3	2004
Dänemark	43.094	5,4	1973
Niederlande	41.526	16,3	1957
Belgien	30.518	10,4	1957
Slowenien	20.273	2,0	2004
Zypern	9.251	0,8	2004
Luxemburg	2.586	0,5	1957
Malta	316	0,4	2004

2. Klicken Sie danach im Menü auf das Sortiersymbol.

3. Tragen Sie im Feld ***Sortieren nach*** als Kriterium ***Beitritt*** ein und klicken Sie anschließend auf die Schaltfläche ***Ebene hinzufügen***.

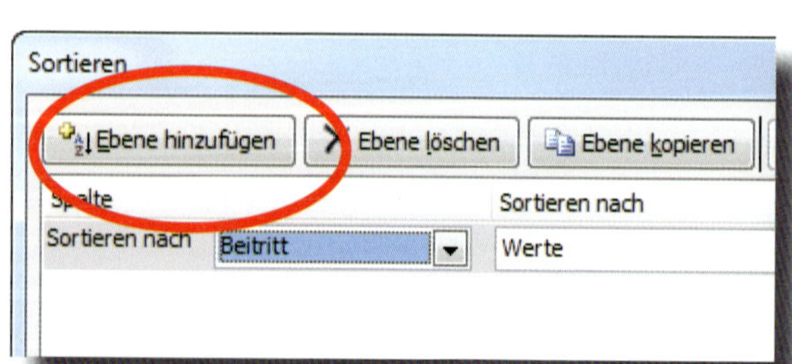

4 Excel fügt Ihnen nun eine neue Zeile ein, in der Sie im Feld ***Dann nach*** jetzt die Spalte ***Staat*** auswählen, um innerhalb aller Staaten, die im gleichen Jahr beigetreten sind, alphabetisch zu sortieren.

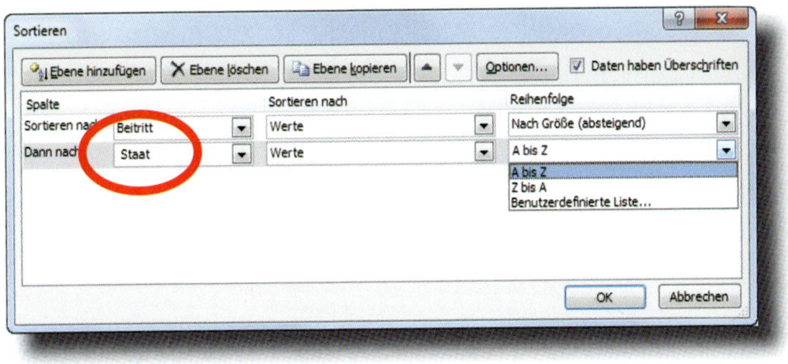

5 Mit der Schaltfläche ***Ebene löschen*** könnten Sie einzelne Sortierebenen wieder entfernen.

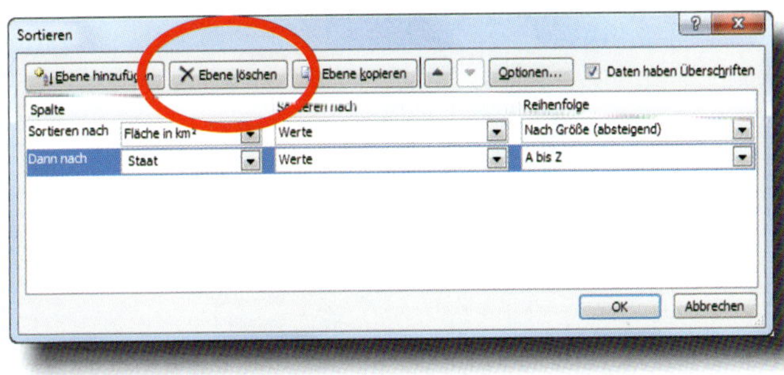

6 Im Ergebnis sortiert Excel jetzt alle Einträge in der Tabelle nach dem Beitrittsjahr und innerhalb des gleichen Jahres werden die Länder alphabetisch sortiert.

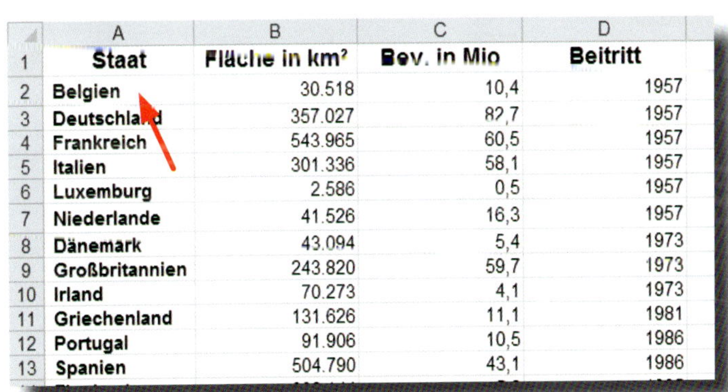

	A	B	C	D
1	Staat	Fläche in km²	Bev. in Mio	Beitritt
2	Belgien	30.518	10,4	1957
3	Deutschland	357.027	82,7	1957
4	Frankreich	543.965	60,5	1957
5	Italien	301.336	58,1	1957
6	Luxemburg	2.586	0,5	1957
7	Niederlande	41.526	16,3	1957
8	Dänemark	43.094	5,4	1973
9	Großbritannien	243.820	59,7	1973
10	Irland	70.273	4,1	1973
11	Griechenland	131.626	11,1	1981
12	Portugal	91.906	10,5	1986
13	Spanien	504.790	43,1	1986

Gut zu wissen

Excel unterscheidet von sich aus, ob in einer Spalte Texte oder Werte stehen. Bei Texten wird als Sortierfolge von A–Z oder umgekehrt von Z–A angeboten. Bei numerischen Werten, d. h. bei Zahlen oder auch Datumswerten, erfolgt die Sortierfolge ***aufsteigend*** oder ***absteigend***.

Ziel

Es kann leicht vorkommen, dass Sie für eine Auswertung oder einen Ausdruck nicht die komplette Tabelle benötigen, sondern nur ausgewählte Daten. Sie müssen in diesem Fall nicht alle nicht benötigten Zeilen ausblenden, sondern können die Filterfunktion von Excel verwenden.

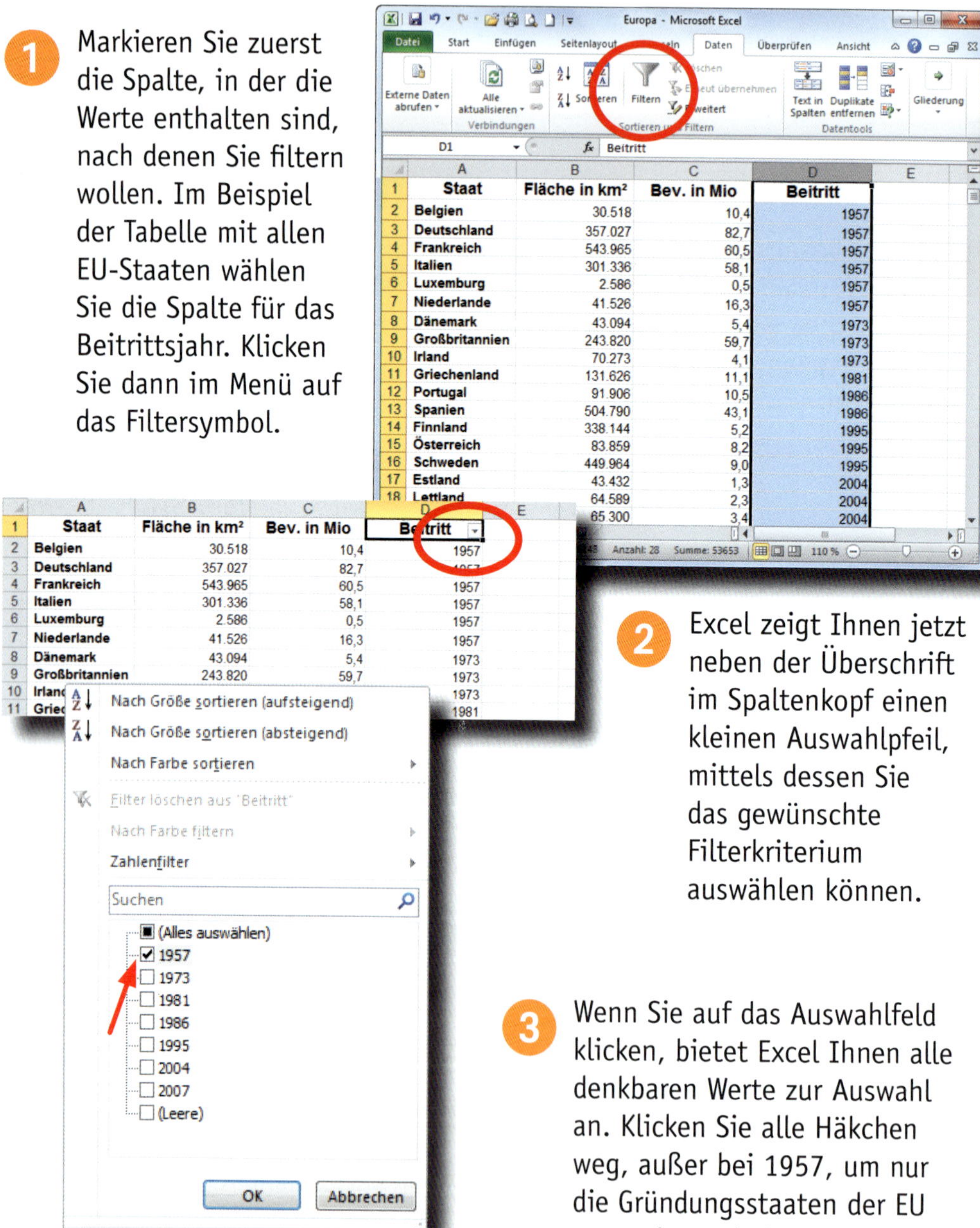

1. Markieren Sie zuerst die Spalte, in der die Werte enthalten sind, nach denen Sie filtern wollen. Im Beispiel der Tabelle mit allen EU-Staaten wählen Sie die Spalte für das Beitrittsjahr. Klicken Sie dann im Menü auf das Filtersymbol.

2. Excel zeigt Ihnen jetzt neben der Überschrift im Spaltenkopf einen kleinen Auswahlpfeil, mittels dessen Sie das gewünschte Filterkriterium auswählen können.

3. Wenn Sie auf das Auswahlfeld klicken, bietet Excel Ihnen alle denkbaren Werte zur Auswahl an. Klicken Sie alle Häkchen weg, außer bei 1957, um nur die Gründungsstaaten der EU angezeigt zu bekommen.

4 Im Ergebnis zeigt das Auswahlfeld jetzt ein kleines Filtersymbol, um Ihnen anzuzeigen, dass Sie im Augenblick nicht alle Daten der Tabelle auf dem Bildschirm sehen.

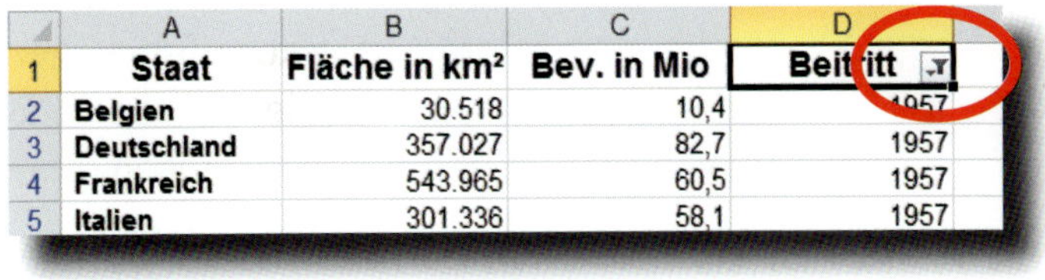

5 Sie möchten jetzt alle Staaten filtern, die mehr als 40 Mio. Einwohner haben. Markieren Sie dazu die Spalte ***Bevölkerung***, klicken Sie auf das Filtersymbol und wählen Sie dann die Option ***Zahlenfilter*** und anschließend ***Größer oder gleich***.

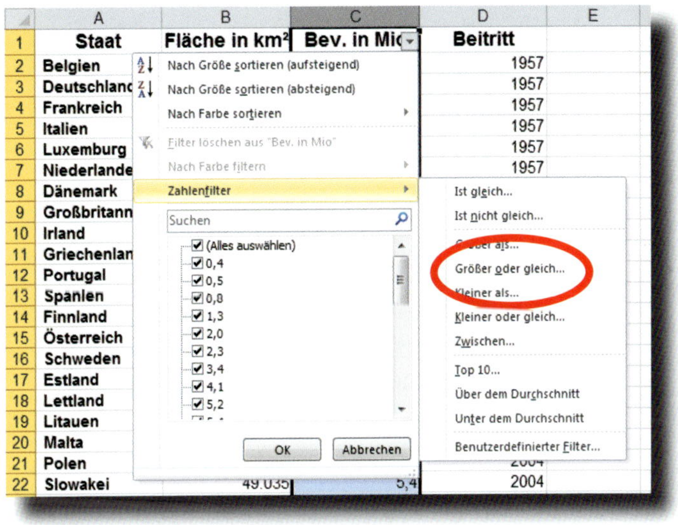

6 Es öffnet sich ein benutzerdefinierter Filter, in dem Sie als Kriterium ***40*** eingeben. Im Ergebnis werden alle Staaten mit mindestens 40 Mio. Einwohnern angezeigt.

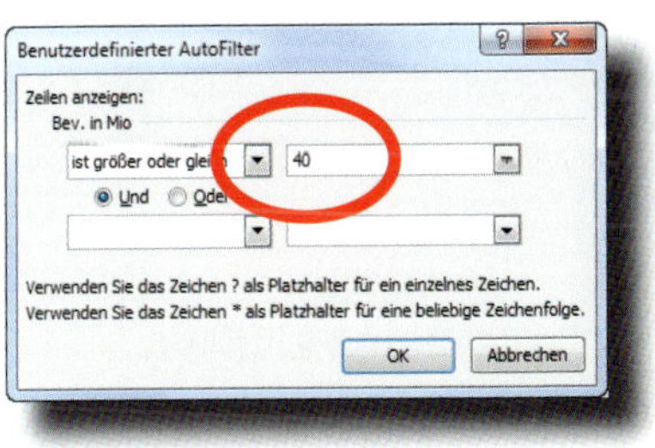

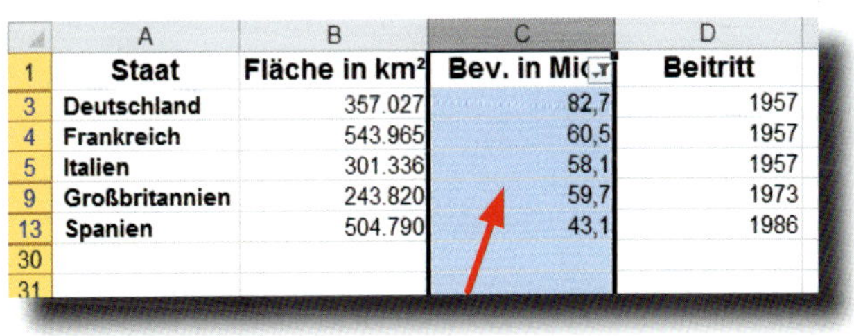

Gut zu wissen

Die Auswahlpfeile oder das Filtersymbol neben der Spaltenüberschrift werden nur auf dem Bildschirm, nicht aber im Ausdruck angezeigt. Sie können so auf der Basis der gleichen Tabelle Ausdrucke erzeugen, die kaum Daten gemeinsam haben.

Ziel

In umfangreichen Tabellen kann es mühsam sein, einen bestimmten Eintrag zu finden. Sie wollen aber nicht nur Einträge finden, sondern vielleicht sogar alle Einträge einer Art, z. B. einen Namen durch einen anderen ersetzen.

1 Das Symbol für die Funktionen ***Suchen*** und ***Ersetzen*** finden Sie im Menüband ***Start***.

2 Sie möchten jetzt in einer Umsatztabelle, bei der allen Firmenkunden Betreuer zugeordnet sind, eine bestimmte Firma suchen, bei der ***Gold*** im Namen vorkommt. Klicken Sie auf das Symbol für ***Suchen und Auswählen*** und wählen Sie dann die Option ***Suchen***.

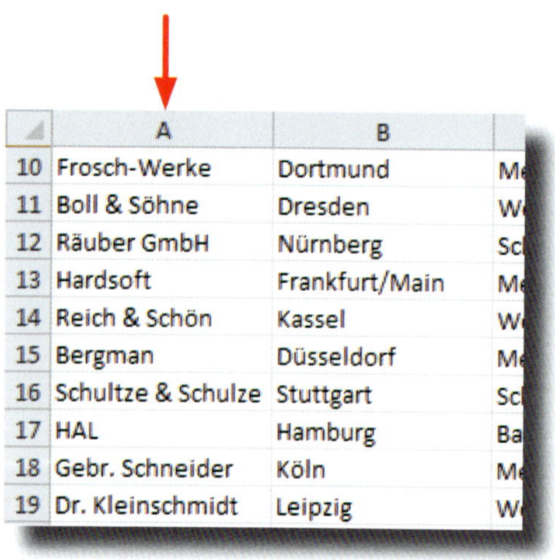

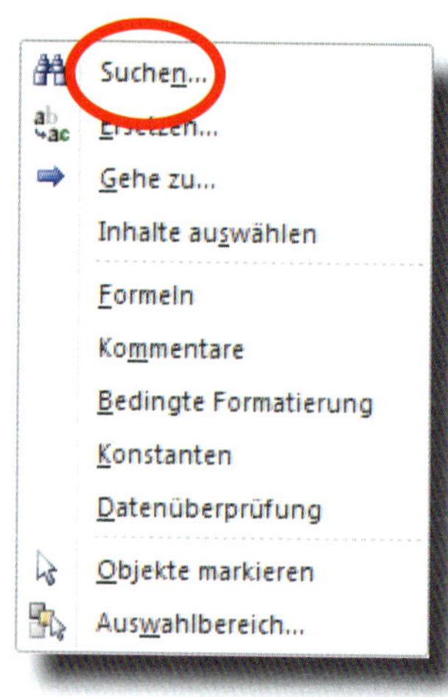

3 Geben Sie als Suchbegriff ***Gold*** ein und klicken Sie auf die Schaltfläche ***Weitersuchen***.

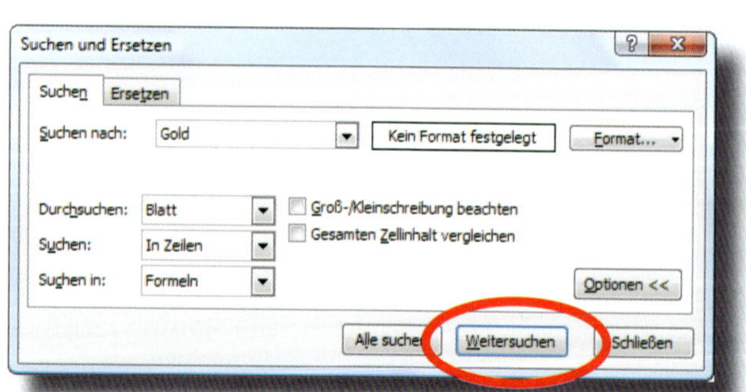

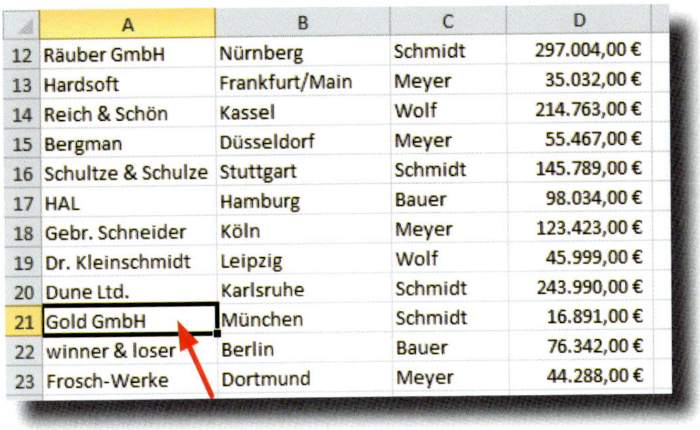

	A	B	C	D
12	Räuber GmbH	Nürnberg	Schmidt	297.004,00 €
13	Hardsoft	Frankfurt/Main	Meyer	35.032,00 €
14	Reich & Schön	Kassel	Wolf	214.763,00 €
15	Bergman	Düsseldorf	Meyer	55.467,00 €
16	Schultze & Schulze	Stuttgart	Schmidt	145.789,00 €
17	HAL	Hamburg	Bauer	98.034,00 €
18	Gebr. Schneider	Köln	Meyer	123.423,00 €
19	Dr. Kleinschmidt	Leipzig	Wolf	45.999,00 €
20	Dune Ltd.	Karlsruhe	Schmidt	243.990,00 €
21	Gold GmbH	München	Schmidt	16.891,00 €
22	winner & loser	Berlin	Bauer	76.342,00 €
23	Frosch-Werke	Dortmund	Meyer	44.288,00 €

4 Der Cursor springt sofort an die erste Stelle, an der er den gesuchten Begriff findet. Mit ***Weitersuchen*** könnten Sie nach weiteren Stellen in der Tabelle suchen.

5 Sie möchten jetzt die Betreuerin ***Meyer*** nicht nur suchen, sondern den Namen durch ***Müller*** ersetzen, da die Mitarbeiterin geheiratet hat. Wählen Sie dieses Mal die Option ***Ersetzen*** und geben Sie bei ***Suche nach*** den Namen ***Meyer*** und bei ***Ersetzen durch*** den Text ***Müller*** ein.

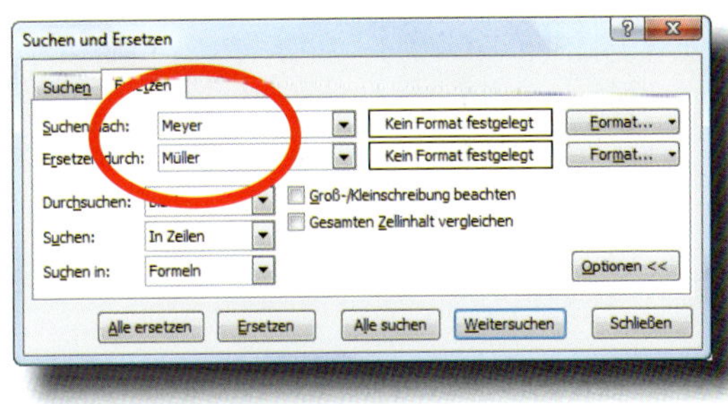

6 Wenn Sie auf ***Alle ersetzen*** klicken, so tauscht Excel alle vorkommenden Treffer automatisch aus und meldet Ihnen, wie viele Ersetzungen es waren. Wollen Sie lieber jede Ersetzung einzeln bestätigen, wählen Sie ***Ersetzen***.

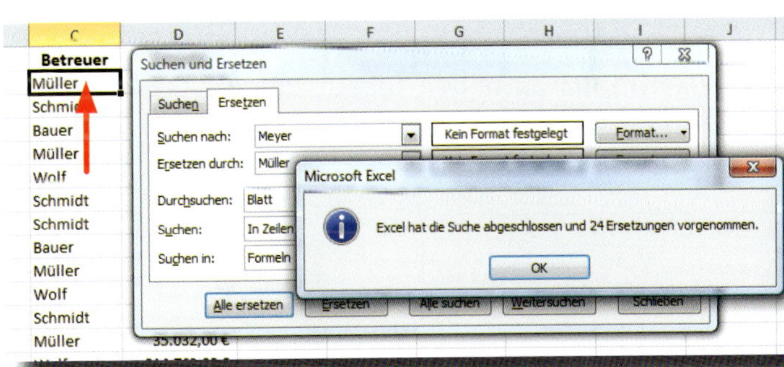

Gut zu wissen

Bei der Eingabe der Suchbegriffe, egal ob beim Suchen oder Ersetzen, reicht es, wenn Sie einen Teil des Suchbegriffs eingeben, ganz gleich, ob der am Anfang, in der Mitte oder am Ende des kompletten Eintrags steht. Excel wird immer alle Zellen finden, in denen dieser Suchbegriff vorkommt.

Ziel

Je komplexer eine Tabelle ist, desto sensibler sind die Daten. Um zu verhindern, dass durch versehentliche Eingaben oder Änderungen Fehler entstehen, oder auch um zu verhindern, dass jemand anders etwas an der Tabelle verändert, bietet Excel Ihnen verschiedene Schutzmechanismen.

1. Wechseln Sie in das Menüband ***Überprüfen*** und klicken Sie auf die Schaltfläche ***Blatt schützen***.

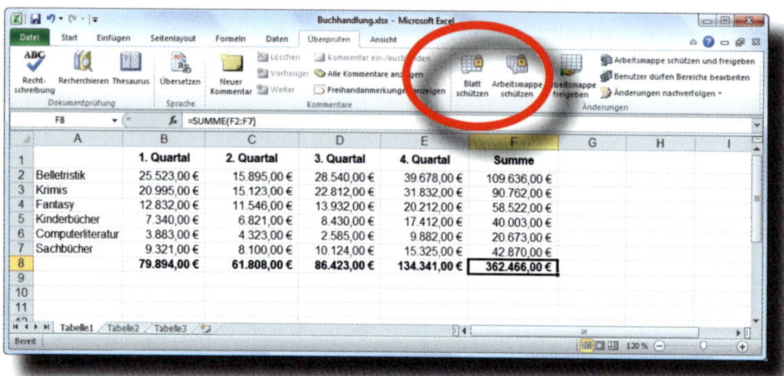

2. Excel öffnet ein Fenster, in dem Sie Ihre Tabelle abgestuft schützen können. Wenn Sie dem Vorschlag von Excel folgen und bestätigen, so können in der aktuellen Tabelle keine Änderungen mehr vorgenommen werden.

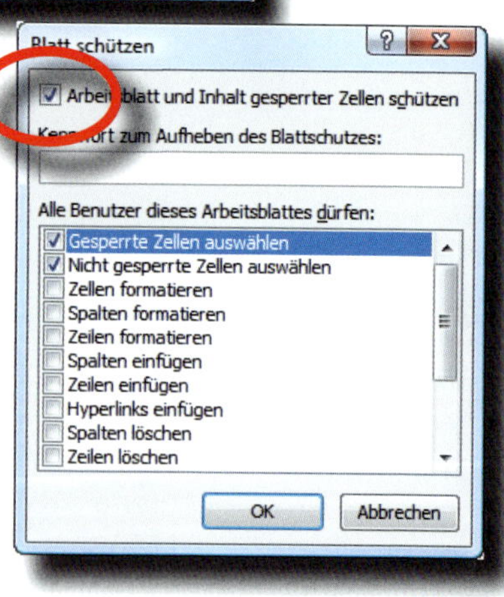

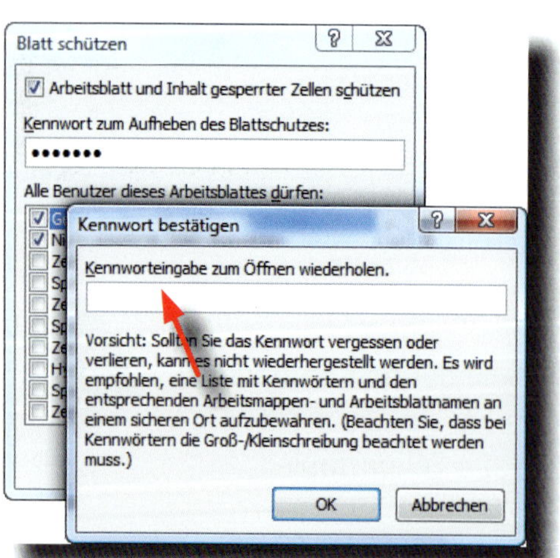

3. Wenn Sie Ihre Tabelle grundsätzlich vor unerlaubtem Zugriff schützen wollen, vergeben Sie ein Kennwort. Sie müssen die Eingabe einmal wiederholen, um Tippfehler auszuschließen. Niemand wird diese Tabelle mehr ohne das Kennwort öffnen können.

4 Mit der Schaltfläche ***Arbeitsmappe schützen*** können Sie die Struktur Ihrer Arbeitsmappe, d. h. die Reihenfolge Ihrer Arbeitsblätter schützen. Sie machen damit aus einem Stapel loser Blätter eine geheftete Mappe.

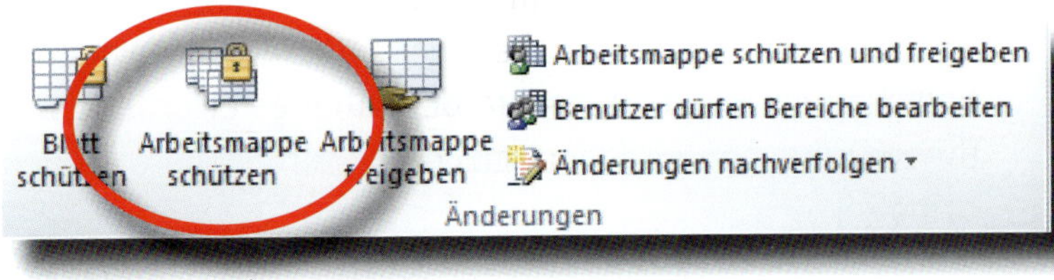

5 Mit der Schaltfläche ***Benutzer dürfen Bereiche bearbeiten*** ist es Ihnen möglich, in einer grundsätzlich gesperrten Tabelle einzelne Zellbereiche, die Sie festlegen, zur Bearbeitung freizugeben.

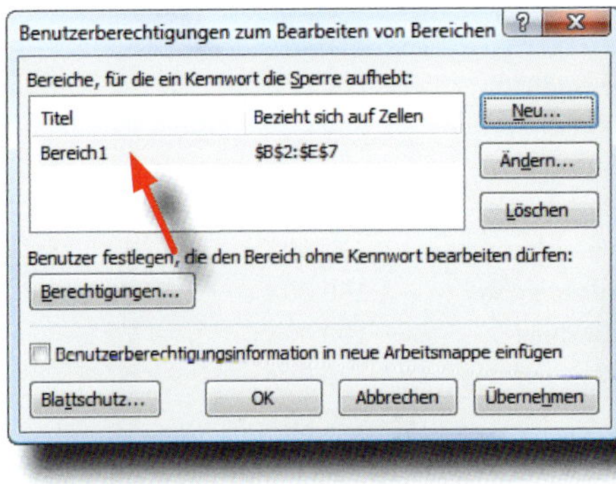

6 Über die Schaltfläche ***Änderungen nachverfolgen*** können Sie alle Änderungen an der Tabelle protokollieren lassen. Alle Zellen, an denen jetzt etwas geändert wird, werden mit einem kleinen blauen Dreieck in der linken oberen Ecke gekennzeichnet.

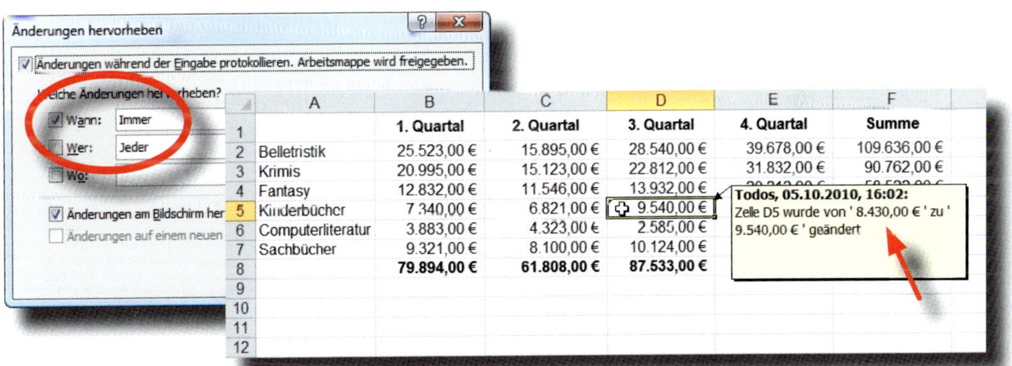

Gut zu wissen

Sie können über die entsprechende Schaltfläche auch freie Kommentare zu einzelnen Zellen hinterlegen. In diesem Fall kennzeichnet Excel die Zellen mit einem kleinen roten Dreieck in der rechten oberen Ecke. Sobald Sie die Zelle anklicken, wird der Kommentar eingeblendet.

Ziel

Excel kann mehrere Arbeitsblätter, die sowohl Tabellen als auch Diagramme enthalten können, zu einer Arbeitsmappe zusammenfassen. Diese einzelnen Arbeitsblätter müssen oft nachträglich bearbeitet werden, wobei es erforderlich sein kann, sie umzubenennen oder auch, sie in eine andere Reihenfolge zu bringen.

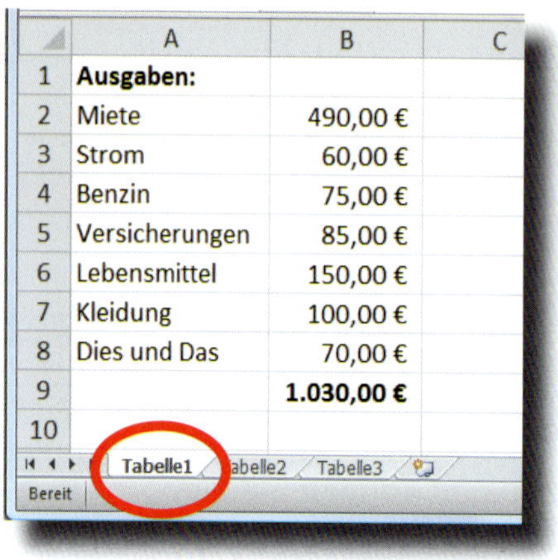

1 Am unteren Rand Ihrer Tabelle sehen Sie die Bezeichnungen ***Tabelle1***, ***Tabelle2*** und ***Tabelle3***. Dieses Blattregister bezeichnet die einzelnen Arbeitsblätter, die bildlich gesprochen vor Ihnen liegen. Durch Anklicken wird das jeweilige Blatt aktiv.

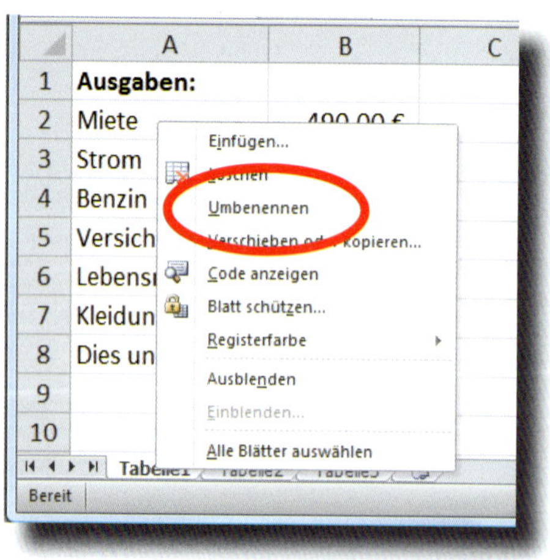

2 Um ein Arbeitsblatt umzubenennen, aktivieren Sie auf dem Blattregister das Kontextmenü mit der rechten Maustaste.

3 Der Titel wird jetzt grau unterlegt, und Sie können den Text mit einem sprechenden Titel überschreiben. Aus ***Tabelle1*** wird im Beispiel ***Januar***.

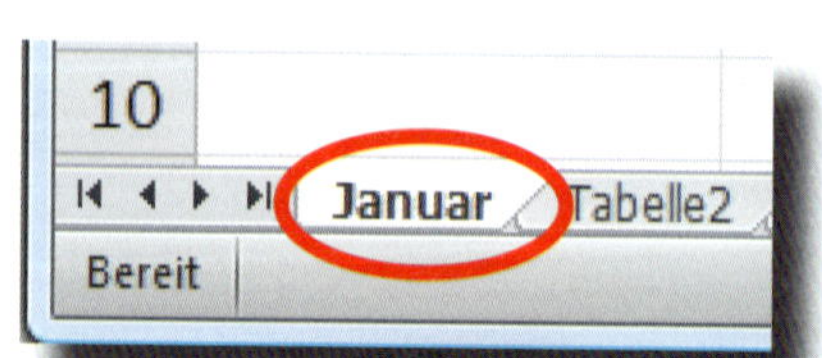

4 Verfahren Sie so auch mit den folgenden Blättern. Wenn Sie nach Februar und März ein weiteres Blatt brauchen, so klicken Sie auf das Symbol zum Einfügen. Excel legt Ihnen ein weiteres Blatt an.

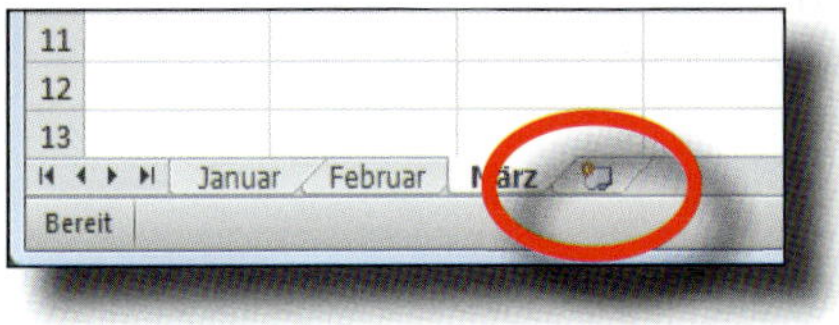

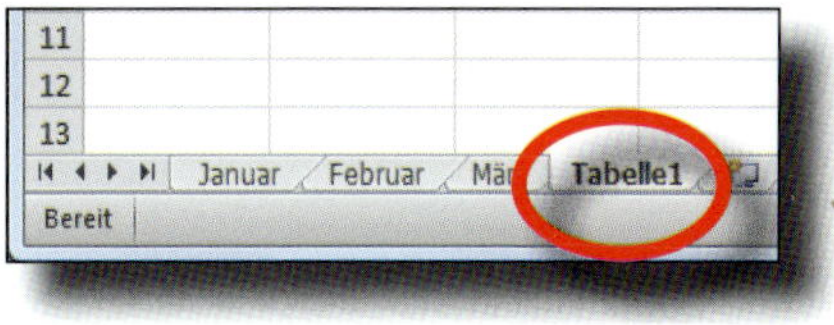

5 Die Reihenfolge Ihrer Arbeitsblätter können Sie sortieren, indem Sie die linke Maustaste auf der Bezeichnung des zu verschiebenden Blattes gedrückt halten. Der Cursor ändert sich in ein kleines Blatt, und Sie ziehen dieses an die gewünschte Stelle.

6 Sie können Ihre Arbeitsblätter auch über die Option ***Verschieben oder Kopieren*** aus dem Kontextmenü sortieren. Sie müssen nur angeben, vor welchem Blatt das zu verschiebende eingeordnet werden soll.

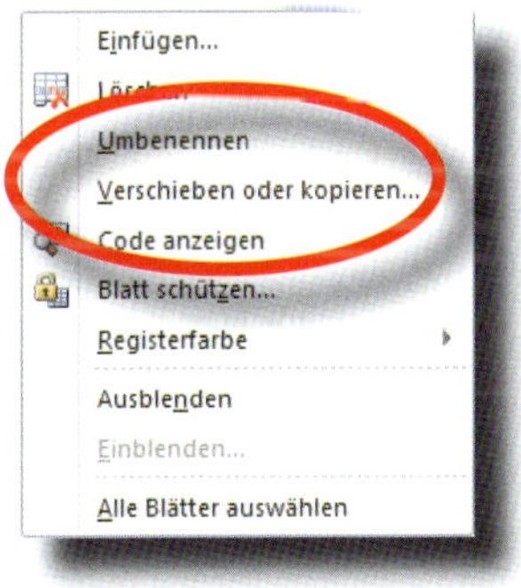

Gut zu wissen

Die Bezeichnungen der Arbeitsblätter können maximal 31 Zeichen lang sein. Sie sollten sich der Übersichtlichkeit halber lieber kurz fassen. Sonderzeichen wie ? oder * sind nicht erlaubt und werden von Excel bei der Eingabe nicht akzeptiert.

Ziel

Außer auf einzelnen Arbeitsblättern können Sie Berechnungen auch über mehrere Arbeitsblätter hinweg durchführen. Sie haben zum Beispiel für jeden Monat auf einem separaten Arbeitsblatt Ihre Einnahmen und Ausgaben festgehalten. Jetzt möchten Sie auf einem zusätzlichen Blatt automatisch die Jahreswerte berechnen lassen.

1. Legen Sie zu Ihren Monatstabellen eine neue Tabelle ***Jahr*** an, wo Sie Ihre Einnahmen und Ausgaben summieren wollen.

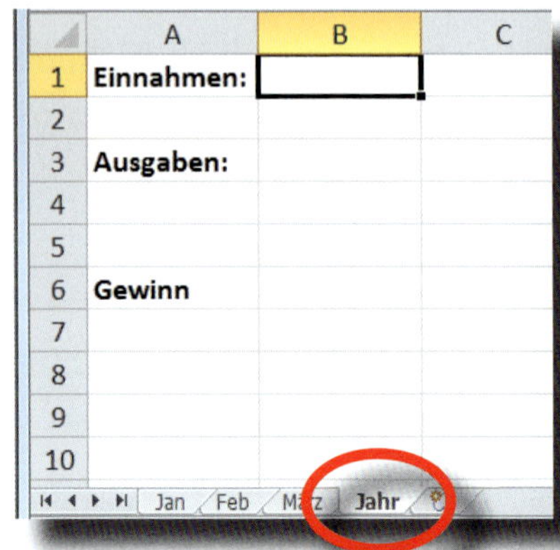

2. Setzen Sie den Cursor in der Jahrestabelle in die Zelle ***B1*** und klicken Sie dann auf das Summensymbol. Excel schreibt jetzt in die Bearbeitungsleiste =SUMME() und wartet auf die Eingabe von Zellen.

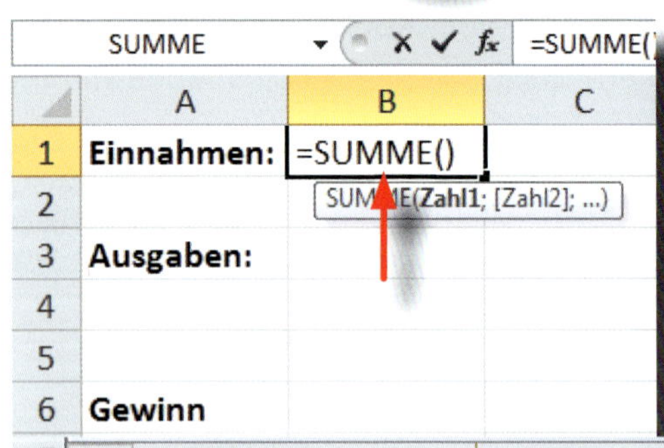

3. Wechseln Sie danach auf das Tabellenblatt für Januar und klicken Sie die Zelle ***B1*** an, in der sich die Summe aller Einnahmen vom Januar befindet.

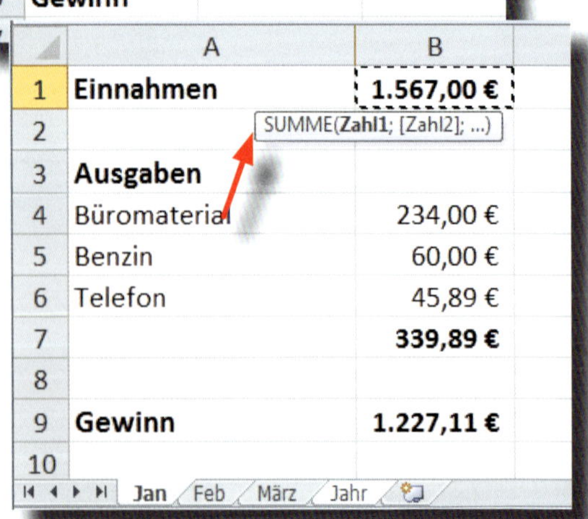

4 Im Bearbeitungsfeld ergänzt Excel den Eintrag zu ***=SUMME(Jan!B4)***. Klicken Sie jetzt auf keinen Fall ins Tabellenblatt, sondern geben Sie nur ein Pluszeichen ein.

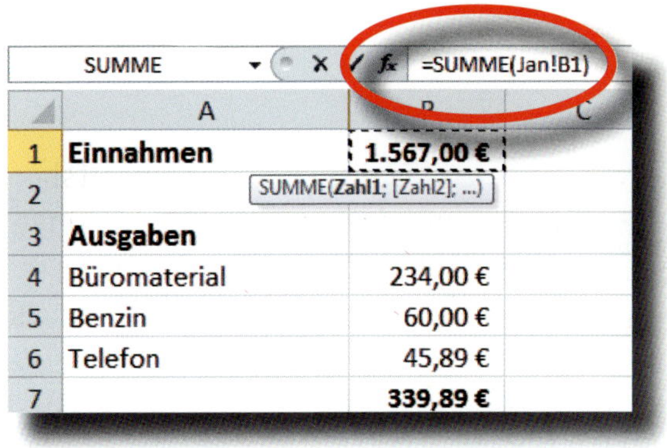

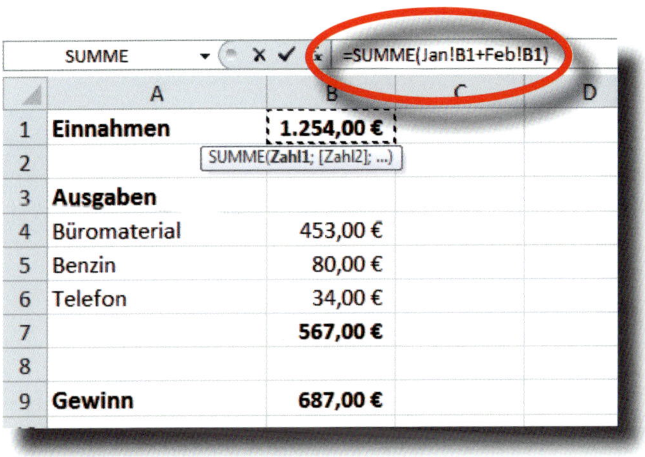

5 Wechsel Sie ins Tabellenblatt für Februar und klicken Sie wiederum auf die Zelle ***B1*** für alle Einnahmen aus dem Februar. Geben Sie wieder ein Pluszeichen ein und wiederholen Sie das Ganze für noch folgende Monate.

6 Klicken Sie zum Abschluss der Berechnung auf die Taste [↵] oder auf das Häkchen in der Bearbeitungsleiste. In der Jahrestabelle wird Ihnen im Feld für die Einnahmen die Summe aller Monatseinnahmen angezeigt.

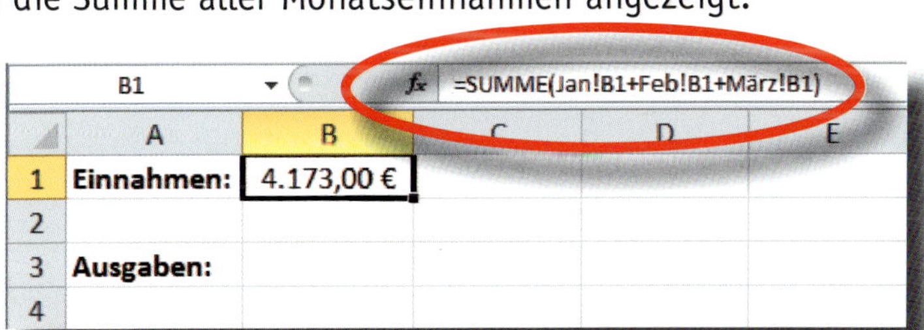

Gut zu wissen

Das Problem bei einer solchen Berechnung über mehrere Arbeitsblätter hinweg ist, dass in jedem einzelnen Arbeitsblatt eine Zelle B1 auftaucht. Excel muss zur Berechnung jedoch die Zellen voneinander unterscheiden können. Dies wird erreicht, indem der Zelladresse der Name des Arbeitsblattes mit einem Ausrufezeichen vorangestellt wird.

Wichtige Begriffe

Arbeitsmappen: Daten werden in Arbeitsblättern erfasst und ausgewertet. Ein Arbeitsblatt kann sowohl Tabellen als auch Diagramme enthalten. Eine Arbeitsmappe umfasst mehrere Arbeitsblätter. Sie können auch Berechnungen über mehrere Arbeitsblätter hinweg ausführen. Eine Excel-Datei entspricht immer einer Arbeitsmappe.

Filter: Filter brauchen Sie, wenn Sie aus einer Tabelle für eine bestimmte Auswertung nicht alle Datensätze benötigen. Sie können nach den vielfältigsten Kriterien Daten auswählen und erhalten dann nur die gefilterten Daten angezeigt. Auch Berechnungen werden nur mit diesen Daten durchgeführt.

Sortierebenen: Excel kann Tabellen grundsätzlich nach jeder Spalte sortieren, wobei die Sortierung bei Textfeldern alphabetisch, bei numerischen Feldern aufsteigend oder absteigend erfolgt. Da sich bei großen Tabellen leicht gleiche Werte in einem Feld für mehrere Datensätze ergeben können, bietet Excel die Möglichkeit, weitere Sortierebenen einzufügen, nach denen in diesem Fall eine zusätzliche Sortierung erfolgt.

Stichwortverzeichnis

A

Absatzendezeichen 15
absoluter Bezug 160, 162
Änderungen nachverfolgen 215
Ansicht 22, 23, 24
  Normal 122
  Seitenlayout 122, 165
Anzahl 151
Arbeitsblatt 112, 120, 124, 215, 216, 218
  schützen 214
Arbeitsmappe 121, 216, 220
  schützen 215
Assistent 115
Aufzählungen 48
ausblenden 136
ausfüllen 128, 142
Ausfüllkästchen 128, 129, 142, 158, 160, 189
Ausrichtung 164
ausschneiden 30, 132

B

Backstage 118, 140
Balkendiagramm 181
Bearbeitungsleiste 120, 124, 127, 145, 147, 149, 150, 156, 159, 203
bedingte Formatierung 175
beenden 12
Befehlsgruppe 114
Bild 186
  ändern 64
  drehen 65
  einfügen 62
Bildeffekt 66
Bildlaufleisten 123
Blattregister 121, 216
Briefpapier 84

C

ClipArts 68, 187
Copyright-Symbol 33

D

Dateibrowser 18
Dateiregister 112, 118, 140
Datenerfassung 126
Datenverlust 36
Datumsformat 91, 156
Design 175
Designvorlage 82
Diagramm 116, 178, 182, 190
  verschieben 182
Diagrammerstellung 178
Diagrammlayout 184, 190
Diagrammtools 179, 184
Diagrammtyp 178, 180, 190
Dokument
  drucken 19
  öffnen 19
  schließen 19
  speichern 19, 36
drucken 19, 98, 139
Drucker auswählen 108
Drucktitel 172

E

einblenden 137
einfügen 31, 132
Entwurf 22
ersetzen 212
Excel-Bildschirm 112
Excel-Kalkulationstabellen 74

F

Fehler in der Formel 198
Fenster teilen 21
Filter 210, 220
Filterkriterium 210
Filtersymbol 211
Formatvorlage 56, 174
  ändern 58
Formel 147, 149, 158, 161, 192, 197, 200
  kopieren 158
Foto bearbeiten 66
Füllfarbe 170, 176
Funktion 192, 204
Funktions-Assistent 151, 192, 194, 196

G
Gitternetzlinien 168, 173, 185
Gliederungsansicht 22
Grafiken 186
Grundrechenarten 144

H
Hilfe-Funktion 113
Hochformat 42

K
Kennwort 118, 214
Klammern 145
Kommentare 215
Kontextmenü 113
Kopf- und Fußzeilen 52, 89
kopieren 30
Kreisdiagramm 181

L
Lineal 15
Liniendiagramm 181
Livevorschau 17, 115, 175
logische Funktionen 195

M
markieren 28, 130
Markierung aufheben 29
Markierungsmodus 29
Maximum 150
Menübänder 14, 16, 24, 113, 114, 116
Minimum 150
Mittelwert 150

N
Nachkommastellen 153
Namen 202
Namenfeld 120
Namens-Manager 203
neue Datei 140
Nummerierung 48

O
Office-Optionen 18
öffnen 18
  von Dateien 140

P
Papierformat 103
PDF-Dokument 38
Platzhalter 81, 90
Plausibilitätsprüfung 198, 204
Prozent 152

Q
Querformat 42, 165

R
Rahmen 168, 176
Rechtschreibkorrektur 34
relativer Bezug 160
rückgängig 119

S
Säulendiagramm 180
Schattierungen 170
Schnelldruck 19, 100
Schnellformatvorlagen 59
Schnellstartleiste 24, 37
Schnellzugriffsleiste 112, 118, 119, 124
Schrift 44
Scrollleiste 20
Seite
  einrichten 99
  drucken 105
Seitenlayout 22, 42, 88
Seitenränder 43, 88, 165
Seitenwechsel 27
Seitenzahlen 54
senden 19
SmartArt 187
Sonderzeichen 32
Sortierebenen 208, 220
sortieren 117, 206
Sortierkriterium 207, 208
Spalten 51
Spaltenbreite 134
Spaltenkopf 126, 130, 137
Sparklines 188
Sparklinetyp 189
speichern 14, 19, 118
  unter 36, 139

Spurenverfolgung 200
Spur zum Nachfolger 201
Spur zum Vorgänger 200
Standardformat 155
Starten 12
Statusleiste 15, 121
Suchen 212
Summenfunktion 148
Syntax 198

T

Tabelle 70
  anpassen 76
  zeichnen 72
Tabellenformatvorlagen 70
Tabellenlayout 164, 176
Tabulatoren 50
Templates 92
Text
  ausrichten 16
  blättern 20
  lesen 20
Textbereich 90
Texteingabe 15
Textformat 154
Thesaurus 34
Titelleiste 14

U

Überschrift zentrieren 166
Umschlag 94
  drucken 94

V

Variablen 146, 162, 193, 194
verschieben 132
Vollbild-Lesemodus 21
Vorlagen 141, 142

W

Währungsformat 156
Wenn-Dann-Funktion 196, 204
Wiederholungszeile 172
Windows Start-Button 12
Word beenden 18
Word-Fenster, Elemente 14
Word-Vorlage 93
  speichern 92

X

XPS-Dokument 38

Z

Zahlenfilter 211
Zahlenformat 154
Zahlenreihen 129
Zeilenabstand 46
Zeilenhöhe 135
Zelladresse 121
Zellbereich 131, 203
Zellen verbinden 167
Zellformate 157, 162
Zoom 20, 123
Zwischenablage 30

Horst-Dieter Radke
Siegfried König

Word & Excel 2010 genau erklärt in Bildern

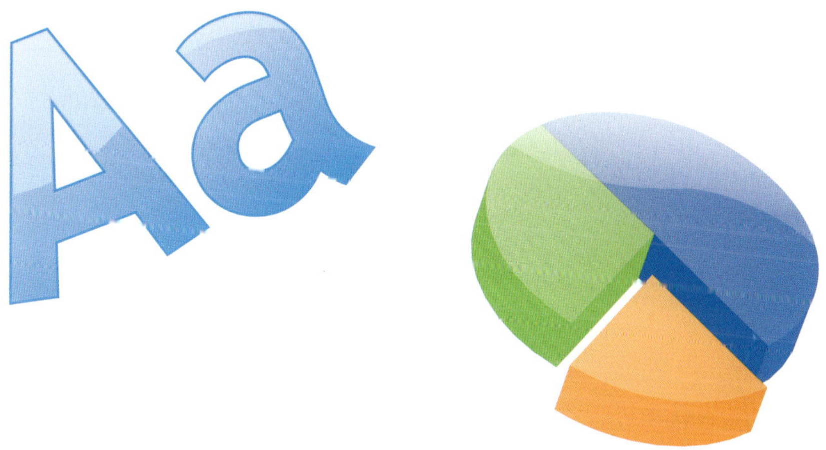

APOLLO

Impressum

ISBN: 978-3-8155-0592-2

Autoren: Horst-Dieter Radke, Siegfried König
Sprachlektorat: Brigitte Hamerski
Cover: Guido Krüsselsberg
Satz: Renate Felmet-Starke
Projektmanagerin: Simone Fischer

Gedruckt in Europa

Die Apollo Medien GmbH ist ein Unternehmen der VEMAG Verlags- und Medien AG, Köln.

Inhaltsverzeichnis

Inhaltsverzeichnis

Vorwort 9

1 Word kennen lernen 11

Word starten und beenden 12
Der Word-Bildschirm 14
Menübänder 16
Das Datei-Menü 18
Texte lesen 20
Die Ansicht wechseln 22
Wichtige Begriffe 24

2 Texte schreiben und bearbeiten 25

Ein neues Dokument anlegen 26
Text eingeben und markieren 28
Text kopieren und verschieben 30
Sonderzeichen und Symbole einfügen 32
Rechtschreibung und Thesaurus 34
Texte speichern 36
PDF- und XPS-Dokumente erzeugen 38
Wichtige Begriffe 40

3 Texte formatieren 41

Die Seite einrichten 42
Die richtige Schrift 44
Der richtige Zeilenabstand 46
Aufzählungszeichen/Nummerierungen 48
Tabulatoren und Spalten 50
Kopf- und Fußzeilen einfügen 52
Seitenzahlen müssen sein 54
Formatvorlagen nutzen 56
Formatvorlagen ändern 58
Wichtige Begriffe 60

4 Grafiken und Tabellen einfügen 61

Bilder einfügen 62
Bildgröße ändern und Bilder anordnen 64
Grafiken und Fotos formatieren 66
Mit ClipArts arbeiten 68
Mit Tabellen arbeiten 70